이것을 배우고
항상 익히자

學而時習之
학 이 시 습 지

이것을 배우고
항상 익히자
學而時習之
학 이 시 습 지

초판 1쇄 인쇄 2020년 12월 20일
초판 1쇄 발행 2020년 12월 24일
옮 긴 이 김승일(金勝一)
발 행 인 김승일(金勝一)
디 자 인 조경미
출 판 사 경지출판사
출판등록 제 2015-000026호

잘못된 책은 바꿔드립니다.
가격은 표지 뒷면에 있습니다.

ISBN 979-11-90159-65-4 (03150)

판매 및 공급처 경지출판사

주소: 서울시 도봉구 도봉로117길 5-14 **Tel**: 02-2268-9410 **Fax**: 0502-989-9415
블로그: https://blog.naver.com/jojojo4

B&R Book Program

이것을 배우고
항상 익히자

學而時習之
학 이 시 습 지

송옌리(宋艶麗) 주편 | 후레이(胡磊) · 천사오밍(陳小明) 부주편

김승일(金勝一) 옮김

경지출판사
Korea Wisdom China

CONTENTS

CONTENTS

첫 번째

「중국특색의 사회주의」가

신시대에 들어서다

1

중화민족의 위대한
부흥을 위한 「중국의 꿈(中國夢)」

　2011년 11월 29일 시진핑 총서기는 "부흥의 길"이라는 주제의 전람
회를 참관할 때, "중화민족의 위대한 부흥을 실현하는 것은 바로 근
대 이후 중화민족의 제일 위대한 꿈이다. 이 꿈은 여러 세대 중국인
의 숙원을 응집한 것이고, 중화민족과 중국인민의 전체적인 이익을
나타낸 것이며, 모든 중화 아들·딸들의 공동된 바람이다."라고 밝
혔다. 「중국의 꿈」은 생동적이고 형상적으로 모든 중국인민의 공동
된 이상과 추구함을 표현한 것이고, 중국특색 사회주의의 지속과 발
전을 위하여 새로 내포된 의미와 시대정신을 주입시킨 것이며, 당심
(党心)과 민심(民心)을 응집시켜 중화의 아들·딸들을 격려한 것이고,
중화민족의 위대한 부흥을 위하여 분투하는 강한 정신적인 힘이 되
게 하는 말이다. 「중국의 꿈」은 풍부한 사상을 내포하고 있고, 중대
한 이론적 의의와 현실적인 의의를 가지고 있으며, 당의 18차 대회에
서 제시한 웅대한 목표, 전략적 임무와 심도 있는 이념을 집중적으로
표현한 것이며, 시진핑 동지를 핵심으로 하는 당 중앙의 역사적 책임
감·사명감·책임정신을 집중적으로 반영한 것이다. 또 중화민족의 공
동 이익, 공동 이상, 공동 소망을 반영하여 인민과 당이 함께 노력하

도록 감동과 격려를 하는데 도움이 되고 있다. 시진핑 총서기는 다방면·다각도에서 대량의 논술을 하였는데, 「중국의 꿈」에 내포된 핵심은 "중화민족의 위대한 부흥"이고, 내포된 기본은 "국가의 부강, 민족의 진흥, 인민의 행복"이며, 신시기에 「중국의 꿈」의 본질이 "국가의 부강, 민족의 진흥, 인민의 행복"에 있다고 밝힌 것이며, 그 내용은 풍부하고 체계적이며, 관점이 예리하고 깊이가 있는 것이다. 이를 보다 자세히 살펴본다면, 첫째는 「중국의 꿈」의 근본적인 목적과 출발점·도착점을 밝히고 있다는 것인데, "「중국의 꿈」은 결국 인민의 꿈"이라고 강조한 것이다. "「중국의 꿈」은 국가의 것이고, 민족의 것이며, 또한 모든 중국인의 것이기에, 반드시 확고하게 인민에 의지하여 실현해야 하고, 반드시 끊임없이 인민을 위하여 행복을 만들어야 하는 것처럼 인민의 행복한 삶에 대한 지향이 바로 우리의 분투목표라는 것이다. 둘째는 「중국의 꿈」의 실현 경로를 밝혔다는 것이다. "「중국의 꿈」을 실현시키려면 반드시 중국의 길을 걸어야 한다"는 것으로, 「중국특색의 사회주의」는 「중국의 꿈」을 실현하는 데 반드시 거쳐야 할 길이라는 것이다. 「중국특색의 사회주의」 길은 개혁개방 40년의 위대한 실천 가운데서 나온 것이고, 중화인민공화국이 수립한 이후 60여 년 동안 지속적으로 탐색하는 가운데 나온 것이며, 근대 이후 170여 년간의 중화민족의 발전과정에 대한 심도 있는 총화(總和)에서 나온 것이고, 중화민족 5000여 년의 유구한 문명의 전승에서 나온 것이며, 깊고 풍부한 역사적 근원과 광범위한 현실적인 기초를 가지고 있는 것이다.

신시대 「중국특색의 사회주의」는 당이 인민을 이끌고 진행한 위대한 사회혁명의 성과이며, 또한 당이 인민을 이끌고 위대한 사회혁명을 현재도 진행하고 있는 진행형이라는 점이다. 그렇기 때문에 전국의 각 민족과 인민은 「중국특색의 사회주의」에 대한 자신감, 이론적 자신감, 제도적 자신감, 문화적 자신감을 높이고, 일관되게 「중국특색의 사회주의」를 지속 발전시켜야 하는 것이다. 「중국의 꿈」을 실현시키려면 반드시 중국의 정신을 널리 알려야 하고, 애국주의를 핵심으로 하고, 민족정신을 핵심으로 하며, 개혁과 혁신을 핵심으로 하는 시대정신이 정신적 동력이 되어 「중국의 꿈」을 실현시켜야 하는 것이다. 또한 「중국의 꿈」을 실현시키려면 반드시 중국의 힘을 응집해야 하고, 반드시 인민을 굳건히 의지하며, 수많은 인민의 적극성·능동성·창조성을 충분히 활용토록 해야 한다. 이와 더불어 「중국의 꿈」을 실현시키려면 홍콩·마카오·대만동포와 해외교포를 포함한 모든 중화의 아들·딸들이 함께 노력하는 것이 필요하며, 이를 통해 "중화민족의 위대한 부흥인 「중국의 꿈」"을 반드시 함께 이룩해야 하는 것이다. 셋째는 「중국의 꿈」의 세계적인 역사적 의의를 밝히는 것이다. "「중국의 꿈」은 평화·발전·합작·공영의 꿈이라고 할 수 있다." "「중국의 꿈」은 모든 나라의 국민들과 평화롭게 발전하는 아름다운 꿈을 추구하는 것과 서로 통하며, 「중국의 꿈」의 실현이 세계에 가져오는 것은 혼란이 아니고 평화이며, 위협이 아니고 기회라는 점이다.

"「중국의 꿈」은 중화민족의 위대한 부흥의 웅대한 목표일뿐만 아니라 모든 사람들이 행복한 삶을 지향하는 실천의 원동력이기도 하다.

시진핑 총서기는 당의 19차 대회의 보고에서 "오늘 우리는 역사의 그 어떤 시기보다 중화민족의 위대한 부흥의 목표를 실현하는데 더욱 가까이에 있고, 이를 이룰 수 있는 자신감과 능력을 더욱 많이 가지고 있다"고 밝혔다. 하지만 "중화민족의 위대한 부흥은 절대로 쉽게 징을 치고 북을 울리면서 이룰 수 있는 것이 아니다." 위대한 꿈을 실현하려면 반드시 위대한 투쟁을 실행하고, 위대한 공정을 건설하고, 위대한 사업을 추진해야 하며, 특히 당은 전국의 인민을 이끌고 실질적인 일을 실천해야 하고, 갈고 닦는 노력을 하면서 앞으로 나아가야 하는 것이다.

2

「중국특색의 사회주의」가

신시대에 들어서다

　당의 19차 대회 보고에서는: "오랜 시간의 노력을 거쳐 「중국특색의
사회주의」가 신시대에 들어섰다. 이것은 중국 발전의 새로운 역사 방
향이다."라고 밝혔다. 이 중대한 정책판단은 당이 「중국특색의 사회
주의」 발전단계·발전상황·발전방향·발전요구에 대하여 정확하게 인
식하고 파악하는데 매우 중요한 의의가 있으며, 또한 우리 당이 거
시적인 정책방침과 행동강령을 제정하는데, 근본적인 근거를 제공하
였다. 「중국특색의 사회주의」가 신시대에 들어섰다는 것은 당과 국가
사업의 발전측면에서 판단한 것이다. '시대'라는 이 개념의 뜻은 매우
풍부하다. 어떤 것은 사회제도에 근거하여 구분하였다. 예를 들어 원
시시대·노예시대·봉건시대·자본주의시대·사회주의시대 등이 그것이
다. 어떤 것은 생산력의 발전수준에 근거하여 구분하였다. 예를 들어
석기시대·농경시대·공업시대·정보화시대 등이 그것이다. 또 어떤 것
은 사람들의 한 시대의 사회운동 주제에 대한 인식에 근거하여 구분
하였다. 예를 들면, 대 혁명시대·대 건설시대·개혁개방시대 등이 그

것이다. 시대발전은 "양변(量變)에서 질변(質變)¹에 이르는 누적의 과정"이며, 동시에 또 다시 새로운 양변을 시작한다. 당이 인민을 이끈 노력의 발자취를 돌아보면, 혁명이든 건설이든 아니면 개혁이든 모두 양의 누적에서 질로 비약하는 여러 발전단계를 거쳤는데, 당의 19차 대회의 보고에서는 "「중국특색의 사회주의」는 신시대에 들어섰다"라고 밝힌 것이다. 이는 역사학적인 시대구분이 아니라 당과 국가사업이 완전히 새로운 발전단계에 들어섰음을 말하는 것이다.

「중국특색의 사회주의」가 신시대에 들어섰다는 것은 충분한 이론·실천과 역사적 근거에 기초한 선언이다. 신시대의 도래는 개혁개방 이래 중국의 경제사회가 발전진보한 필연적인 결과이고, 중국사회 모순운동의 필연적인 결과이며, 세상물정·나라정세·당내정세 등이 변화함에 따라 나타난 필연적인 결과이고, 당이 인민들과 단결하여 밝은 미래를 개척해야 한다는 필연적인 요구인 것이다. 먼저 당의 18차대회 이래 당과 국가의 사업은 역사적인 변화가 발생하였고, 중국의 발전은 새로운 역사의 기점에 서 있다. 이 단계는 개혁개방 40년 동안의 발전과 일맥상통할 뿐 아니라 또한 많은 다른 점이 있다. 당의 집정방식과 전략은 중대한 혁신이 있었고, 발전이념과 발전방식에도 중대한 변화가 있었으며, 발전환경과 발전조건은 큰 변화가 생겼고, 발

---

1) 질량호변률(質量互變律) : 이 규율은 헤겔(黑格爾) 철학의 정화를 흡수해 왔으며, 뿐만 아니라 유물변증법과 서술한 내용이 대체로 일치한다. 즉 일체사물은 모두 하나의 양(量)의 변화가 질의 변화를 유도하는 방향으로 진행되어 왔으며, 오로지 양(量)의 쌓음이 있어 일정한 정도에 도달하였을 때 비로소 질량(質量)의 변화(變化)가 발생하는 것인데, 양변(量變)은 질변(質變)의 전제이며 질변은 양변의 결과라는 의미이다.

전수준과 발전요구도 더욱 높아졌다. 다음으로 당의 이념혁신은 새로운 비약을 이루었고, 시진핑 신시대의 「중국특색의 사회주의」 사상을 형성케 하였으며, 마르크스주의의 중국화 과정에서 창조적 의의와 선명한 시대적 특색을 가지고 마르크스주의 중국화의 새로운 경지를 열은 것이다. 또한 당의 19차 대회부터 20차 대회까지는 "두개 백년"이라는 분투목표의 역사적 합류단계이며, 「중국특색의 사회주의」는 첫 번째 백년의 분투목표에서 두 번째 백년의 분투목표로 나아가는 기본 목표이다. 마지막으로 중국 사회의 주요 모순이 변화하여 이미 날로 성장하는 인민의 행복한 삶의 수요와 불균형·불충분한 발전과의 모순으로 바뀌었으며, 경제건설은 여전히 당과 국가의 중심업무이다. 하지만 지속적인 발전을 더욱 중시하고 전반적으로 협조하여 발전 불균형·불충분의 문제를 힘써 해결해야 할 것이다.

「중국특색의 사회주의」가 신시대에 들어선 것은 풍부하게 내포된 의미가 있다. 당의 19차 대회 보고는 "다섯 가지"로서, 서로 다른 각도에서 신시대 「중국특색의 사회주의」의 본질적인 의미를 나타냈다. 즉 "선인들의 뜻을 이어받아 미래를 개척하고 지난날을 이어받아 앞길을 개척하여 새로운 역사조건에서 「중국특색의 사회주의」의 위대한 승리를 계속 쟁취하는 시대이다"라는 것은 신시대의 역사적 맥락을 말한 것이고, "전반적으로 샤오캉(小康)사회를 건설하고, 더 나아가 전반적으로 사회주의 현대화 강국을 건설하여 승리하는 시대이다"라는 것은 시대의 실천주제를 말한 것이며, "전국 인민이 단결노력하고, 끊임없이 행복한 삶을 창조하고, 점차적으로 전국 인민이 부를 이루는 시대이다"라는 것은 신시대의 인민성을 말한 것이고, "모든 중화의 아들·딸들이 일심협력하여 중화민족의 위대한 부흥을 위한 「중국의 꿈」을 힘을 다해 이루는 시대이다"라는 것은 신시대의 민족성을 말한 것이며, "중국이 갈수록 세계무대의 중앙에 가까이 다가가 끊임없이 인류를 위하여 큰 공헌을 하는 시대이다"라는 것은 신시대의 글로벌화를 말한 것이다. 이 "다섯 가지"의 중요한 이론판단은 시야가 넓고 심오하며 긴밀하게 연결되어 있고, 서로 관통되어 있기 때문에 열심히 배우고 이해하여 전반적으로 정확히 그 본질의 뜻과 핵심을 파악해야 한다.

「중국특색의 사회주의」가 신시대에 들어섰다는 것은 매우 큰 의미가 있다. 당의 19차 대회의 보고는 "3가지 의미함"으로 요약하였다. 첫째는 근대 이래 오랫동안 고통을 당한 중화민족이 흥기하고 부유해지고 강해지는 위대한 비약을 맞이했고, 중화민족의 위대한 부흥의 밝은 미래를 맞이했음을 의미하는 것이며, 둘째는 과학사회주의가 21세기의 중국에서 강한 생기와 활력을 발산하여 세계에서 「중국특색의 사회주의」의 위대한 깃발을 높이 들었음을 의미하며, 셋째는 「중국특색의 사회주의」 길을 걸어가는데 필요한 이론·제도·문화가 끊임없이 발전하여 개발도상국의 현대화로 나아가는 길을 넓혔고, 세계에서 발전을 가속화하고 있을 뿐만 아니라 자체적 독립성을 유지하려는 국가와 민족에게 새로운 선택을 제공해 주었으며, 인류의 문제를 해결하기 위하여 중국의 지혜와 중국의 방안이 공헌하였음을 의미한다. 이 "3가지 의미"는 「중국특색의 사회주의」가 신시대에 들어선 역사적인 의의·정치적인 의의·세계적인 의의를 심도 있게 밝힌 것이며, 시진핑 동지를 핵심으로 하는 당 중앙이 신시대 「중국특색의 사회주의」를 지속 발전시켜야 한다는 굳은 신념과 높은 자신감을 나타낸 것이다.

3

중국사회 주요 모순의

역사적 변화

중국 사회의 주요모순을 과학적으로 분석하고 정확하게 파악하는 것은 중국공산당이 정확한 노선방침정책을 제정하는 중요한 전제이다. 당의 8차 대회에서 처음으로 중국 사회의 주요모순을 밝혔다. 당의 11기 6차 중앙전국회의에서는 진일보적으로 "중국사회의 주요 모순은 인민들의 날로 확대되는 물질문화 수요와 낙후한 사회생산과의 모순이다"라고 제시하였으며, 당과 국가의 전반적인 업무를 해 나가는데 있어서 중요한 지침을 제공하였다. 시진핑 총서기는 당의 19차 대회 보고에서 시대와 함께 더불어 「중국특색의 사회주의」는 신시대에 들어섰으며, 중국 사회의 주요 모순은 이미 날로 증가하는 인민의 행복한 삶의 수요와 불균형·불충분한 발전과의 모순으로 바뀌었다"라고 밝혔다. 이는 우리 당이 중국 발전의 새로운 역사방향을 매우 심도 있게 파악하기 위한 중대한 판단이며, 신시대 「중국특색의 사회주의」 사업을 지속하고 발전시키는데 현실적이고 미래적인 지도적 작용을 할 것이다. 사회생산 방면에서 볼 때, 개혁개방 40년 동안의 빠른 발전을 거쳐 중국사회의 생산력 수준은 전체적으로 눈에 띄게 향상되었고, 국내 생산총액은 2010년부터 부동의 세계 2위 자리를 지키고 있으며, 화물의 수출입과 서비스 무역총액은 세계 평균 2위이고, 대외투자와 외국자본이용율은 각각 세계 2위·3위이며, 제조업 증가액은 연속해서 세계 1위이고, 고속철도 운영 총길이와 고속도로 총길이, 그리고 항구 물동량은 평균 세계 1위이며, 220여 종의 중요한 농공업제품 생산능력은 변함없이 세계 1위를 지키고 있다. 이는 중국이 장기적으로 존재해 오고 있던 결핍경제와 공급부족 상황이 근본적으로 변화되는 상황을 발생시켰음에도 "낙후한 사회생산"을 운운하는 것은 이미 중국의 발전현상을 진실되게 반영하지 못하고 있음을 잘 설명해 주고 있는 것이다. 사회적 수요 방면에서 볼 때, 경제사회 발전과정에서 중국은 10억이 넘는 인구의 의식문제를 안정적으로 해결하였으며, 전체적으로 샤오캉시대을 실현하고, 1인당 평균 국내 총생산액이 1978년의 156달러 정도에서 2016년의 8,000여 달러로 성장하였으며, 이미 중상위 수준에 달하는 국가에 도달하였다. 인민들의 생활수준이 끊임없이 향상됨에 따라 인민의 수요는 다양화·다단계·다방면의 특징을 나타내고 있고, 물질문화생활에 대하여 더욱 높은 요구를 제시했을 뿐만 아니라, 민주·법치·공평·정의·안전·환경 등 방면의 요구도 갈수록 증가하고 있으며, "물질문화 수요"만 말하는 것은 이미 인민들의 바람과 요구를 진실하게 전반적으로 반영하지 못한 것이라고 할 수 있다. 종합적으로 각 방면의 상황을 분석할 때, 인민의 행복한 삶의 수요를 만족시키는데 영향을 끼치는 요소는 매우 많지만, 주된 것은 발전의 불균형과 불충분의 문제라고 할 수 있다. 발전의 불균형은 각 구역, 각 영역, 각 방면의 발전이 균형을 이루지 못하여 전국의 발전수준이 향상되는 것을 억제하고 있는 것을 가리킨다. 발전의 불충분은 주로 일부 지역, 일부 영역, 일부 분야에서 아직 발전을 하는데 불충분한 문제가 존재하고, 발전시켜야 하는 임무는 여전히 무겁다는 것을 가리키고 있다. 사회생산력 면에서 볼 때, 중국은 세계에서 선진화 국가가 되어 있고, 심지어 세계를 앞서 나가는 생산력을 가지고 있을 뿐만 아니라, 또한 대량의 전통적이고 원시적인 상대적으로 낙후한 생산력을 가지고 있으며, 또한 서로 다른 지역, 다른 영역의 생산력 수준과 분포도 매우 불균형하다. "5위1체"[2]라는 총체적인 구도로 볼 때, 경제발전 수준은 국가발전 수준의 주요한 현상이기는 하지만 그것이 전부는 아니며, 경제발전을 추진하는 동시에 국가차원으로 각 방면에서의 발전을 전반적으로 추진해야만, 비로소 더 높은 수준에서 인민들의 날로 증가하는 행복한 삶의 수요를 만족시킬 수 있는 것이다. 도시와 구역발전에서 볼 때, 중국 각 지역 간·도시 간의 발전수준의 격차는 여전히 비교적 크며, 동부지역과 일부 대도시는 서방 국가와 비슷하지만, 농촌과 중서부지역 특히 혁명군거지·소수민족·변경·빈곤한지역의 경제사회발전은 여전히 비교적 낙후해 있다. 수입 배분 면에서 볼 때, 중국 1인당 평균수입은 세계에서 중간 이상의 대열에 처해있지만, 수입 배분의 격차가 여전히 비교적 크고, 수천만의 인구가 아직 빈곤상태에서 벗어나지 못하고 있으며, 도시에서도 아직 어려운 시민들이 많이 있다. 이런 발전 불균형·불충분의 문제는 서로를 방해하여 많은 사회적 모순과 문제

---

2) 5위1체 : 경제건설·정치건설·문화건설·사회건설·생태문명건설을 하나처럼 동시에 건설하자.

를 가져오고 있으며, 현 단계에서 각종 사회적 모순이 뒤엉키고 있는 주된 근원이다.

당의 19차 대회보고는 중국사회 주요 모순에 대한 설명을 "인민의 날로 증가하는 행복한 삶의 수요와 불균형·불충분 발전 간의 모순"으로 수정하였으며, 중국 사회생산력의 새로운 단계적 특징을 반영하였고, 또 당과 국가사업 발전의 중점요구를 반영하였으며, 당과 국가의 거시적인 정책방침, 장기적인 전략을 제정하는데 중요한 근거를 제공해 주었다. 동시에 중국 사회의 주요 모순의 변화는 중국 사회주의가 처해있는 역사적 단계에 대한 우리의 판단을 바꾸지 않았음을 반드시 인식해야 한다. 중국은 여전히 장기적으로 사회주의 초기단계에 처해 있을 것이라는 기본적인 국정은 바뀌지 않았으며, 또한 중국은 세계에서 제일 큰 개발도상국이라는 국제적인 위치도 바뀌지 않았다. 그렇기 때문에 반드시 사회주의 초기단계라는 기본국정과 현실에 굳게 대처하고 있는 중대한 당과 국가의 생명선, 그리고 인민의 행복선인 당의 기본노선을 견고하게 붙잡고 나가야 할 것이다.

4

신시대 중국공산당의
역사적 사명

중국공산당은 창립부터 공산주의 실현을 당의 최고 이상과 최종
목표로 하고, 뒤돌아보지 않고 용감하게 중화민족의 위대한 부흥을
실현하는 역사적인 사명을 짊어졌다. 당의 19차 대회보고는 96년간
당이 역사적 사명을 이루기 위하여 바친 힘겨운 노력과 이룩한 큰 성
과를 회고하고, 신시대에 중국공산당의 역사적 사명을 심도 있게 밝
혔으며, 당이 신시대에서 역사적 사명을 더욱 잘 감당하기 위하여 사
상을 동원하고 나가야 할 방향을 명확히 지적했다.

중국공산당은 민족부흥 사명의 적합한 담당자이다. 중화민족의 위
대한 부흥을 실현하는 것은 근대 이후 중국민족의 가장 위대한 꿈이
며, 이 역사적 사명을 잘 감당하면 스스로 중국의 각 민족과 인민의
진심어린 지지를 얻을 수 있다. 1840년 아편전쟁 이후 중국은 점차적
으로 반식민지·반봉건사회의 구렁텅이에 빠졌고, 5천년의 찬란한 문
명으로 세계 선두에 섰던 중화민족은 내우외환의 암흑 속으로 빠져
버렸었다. 그때부터 "국가와 민족을 멸망에서 구하고 중국을 부흥시
키자"는 구호는 전체 중국의 근대역사를 관통하는 주제가 되었으며,
수많은 현인지사들이 굴복하지 않고, 희생을 두려워하지 않으며, 용

감하게 전진하고, 감격적이고 눈물겨운 투쟁을 하였으며, 각양각색의 도전을 마다하지 않았다. 태평천국운동·무술변법운동·의화단운동 등을 통해 굴복을 원하지 않는 중국인민의 힘으로 매번마다 항쟁하였지만 실패하였다. 쑨중산(孫中山, 孫文)은 "현재 열강이 주위에서 호시탐탐 노리고 있는 상황"을 감안하여 비록 "중화를 진흥시키자"라는 구호를 외치며 신해혁명(辛亥革命)을 이끌어 중국을 수천 년간 통치했던 군주독재제도를 마치게 했지만, 반식민지·반봉건의 중국사회 특성과 중국인민의 비참한 운명을 바꿔놓지는 못했다. 역사의 반복적인 비교에서, 각종 정치역량의 반복적인 힘겨루기에서, 마르크스·레닌주의가 중국 공인운동과 결합하는 과정에서, 1921년 중국공산당은 시대의 요구에 의해 탄생했다. 이때부터 중국인민은 민족독립·인민해방·국가부강·인민행복을 도모하기 위한 투쟁의 기둥이 생겼고, 중국인민은 정신적으로 수동적이었던 것에서 능동적인 것으로 바뀌었다.

민족부흥의 역사적인 사명을 이루기 위해 중국공산당은 인민을 단결시키고 이끌며 28년간의 유혈전쟁을 치른 끝에 신민주주의혁명을 완성하였고, 신 중국을 건립하였으며, 중국의 수천 년간의 봉건독재 정치에서 인민민주로 향하는 위대한 비약을 실현했고, 중화민족의 위대한 부흥을 위하여 근본적인 장애를 깨끗하게 제거했으며, 인민을 단결시키고 이끌어 사회주의 혁명을 완성하였고, 사회주의 기본제도를 확립하였으며, 사회주의 건설을 추진하고, 중화민족의 역사 이래 제일 광범위하고도 심도 있는 사회변혁을 완성하였으며, 중화민족의 근대의 끊임없는 쇄락에서 운명을 근본적으로 돌이켰고, 번영부강을 향해 지속적으로 나아가는 위대한 비약을 실현하였고, 중화민족의 위대한 부흥을 위하여 견고한 기초를 다졌으며, 인민을 단결시키고 이끌어 개혁개방의 위대한 혁명을 진행하였고, 「중국특색의 사회주의」길을 개척하였으며, 중국이 큰 걸음으로 시대를 따라잡고 일어섬으로써 부유하고 강해짐으로의 위대한 비약을 맞이하게 하였으며, 중화민족의 위대한 부흥을 위하여 밝은 미래를 개척하였던 것이다.

　근대 이래의 중국역사를 회고해 보면, 중국공산당이 있었기에 비로소 중국인민의 운명을 바꿀 수 있었고, 중화민족의 새로운 눈부심을 창조할 수 있었다. 오늘 우리는 역사 속 어떤 시기보다도 중화민족의 위대한 부흥이라는 목표에 더욱 가깝고, 더욱 큰 자신감과 능력으로 실현해 내고 있다. "백리를 가려는 사람은 90리를 반으로 삼는다"고 하는 말처럼 중화민족의 위대한 부흥은 절대 수월하게 북을 치면서 실현할 수 있는 것이 아니다. 오직 초심을 잃지 않고, 사명감을 깊이 새기고, 높은 곳에서 멀리 바라보며, 편안할 때도 위험을 미리 생각하고, 과감하게 변혁하고 혁신해야 만이 전국의 각 민족과 인민을 단결시키고 이끌어 전면적인 샤오캉사회를 건설하고, 신시대 「중국특색의 사회주의」의 위대한 승리를 얻을 수 있는 것이다.

5

시진핑이 영도하는 신시대의
「중국특색의 사회주의」 사상

　당의 19차 대회는 시진핑 신시대의 「중국특색의 사회주의」 사상을
분명히 제시하였고, 또한 체계적으로 발표하였으며, 당의 헌장에서
시진핑 신시대의 「중국특색의 사회주의」 사상을 마르크스·레닌주의,
모택동 사상, 등소평 이론, '3가지 대표'의 중요사상, 과학발전관과 함
께 당의 행동지침으로 확립했다. 이것은 당의 19차 대회의 중요한 포
인트이며 중대한 역사적인 공헌이다. 시진핑 신시대의 「중국특색의
사회주의」 사상의 역사적 지위를 깊게 깨달아야 한다. 개혁개방 이래
무엇이 사회주의이며, 어떻게 사회주의를 건설할 것인가에서, 어떤
당을 건설하며, 어떻게 당을 건설할　것인가, 더 나아가 어떤 발전을
이루고 어떻게 발전하느냐 까지 중국공산당은 이런 시대적인 문제를
탐색하고 답하는 과정에서 끊임없이 이론의 혁신을 추진하여 등소평
이론, '3가지 대표'의 중요사상, 과학발전관을 형성해 왔다. 당의 18차
대회 이래 시진핑 총서기는 "신시대에 어떤 「중국특색의 사회주의」를
지속시키고 발전시킬 것이며, 어떻게 「중국특색의 사회주의」를 지속
시키고 발전시킬 것인가?"라는 중대한 시대적인 과제를 둘러싸고 이

론과 실천을 결합시켜 일련의 치국이정(治國理政)³의 새로운 이념·새로운 사상·새로운 전략을 밝혔으며, 완전히 새로운 시야로 중국공산당의 집정규율·사회주의건설규율·인류사회발전규율에 대한 인식을 심화시켰으며, 시진핑 신시대의 「중국특색의 사회주의」 사상을 형성시켰다. 당의 19차 대회보고는 "5가지"⁴로 시진핑 신시대의 「중국특색의 사회주의」 사상의 역사적 지위에 대해 요약하였다. 하나는 전승(傳承)을 강조하였는데, 이 사상은 마르크스·레닌주의, 모택동 사상, 등소평 이론, '3가지 대표'의 중요사상, 과학발전관에 대한 전승과 발전을 말하는 것이며, 당과 인민의 실천경험과 단체지혜의 결정이며, 「중국특색의 사회주의」 이론체계의 중요한 구성부분이라는 것을 분명하게 밝혔다. 둘은 혁신성을 강조하였는데, 이 사상은 마르크스·레닌주의의 중국화한 최신의 성과임을 분명히 밝혔고, 당의 18차 대회 이래 당이 이론혁신에서 이룬 새로운 비약 및 이것이 「중국특색의 사회주의」를 지속하고 발전시키는데 대한 매우 큰 지도적 의미를 반영하였다. 셋은 시대성을 강조하였는데, 이 사상은 전당과 전국의 인민이 중화민족의 위대한 부흥을 이루기 위하여 분투하는 행동지침임을 분명하게 밝혔고, 이 사상은 마르크스의 중국화 과정에서의 시대적 의의와 시대적 특색을 밝혔다. 이러한 시진핑 신시대의 「중국특색의 사회주의」 사상의 정신적 본질과 풍부하게 내포된 뜻을 우리는 깊이 깨달

---

3) 치국이정(治國理政) : 국가 통치와 정책 운영
4) 5가지 : 1. 교육의 질(教育质量), 2. 아름다운 중국(美丽中国), 3. 탈 빈곤(精准脱贫), 4. 농촌진흥(乡村振兴), 5. 실물경제(实体经济)

아야 한다. 이 사상의 정신적 본질과 풍부하게 내포된 뜻은 "8가지의 명확"과 "14가지의 지속"에서 집중적으로 나타난다.

"8가지의 명확"이란 첫째, 「중국특색의 사회주의」를 지속 발전시키는 것을 명확히 하고, 총 임무는 사회주의 현대화와 중화민족의 위대한 부흥을 실현하여 전면적인 샤오캉사회를 건설하는 기초 위에서 금세기 중엽에 부강하고, 민주와 문명과 조화롭고 아름다운 사회주의 현대화 강국을 두 단계로 나누어 건설하는 것이다. 둘째, 신시대에 중국사회의 주요 모순은 인민의 날로 증가하는 아름다운 삶에 대한 수요와 불균형·불충분한 발전과는 분명히 모순이 있음을 명확히 하고, 반드시 인민을 중심으로 한 발전사상을 지속하여 끊임없이 인민들의 전면적인 발전과 전국 인민들의 부유함을 촉진시켜야 한다. 셋째, 「중국특색의 사회주의」 사업의 총체적인 구도는 "5위1체"이고, 전략구도는 "4가지 전면"[5]임을 명확히 하고, 나아가는 길의 자신감, 이론의 자신감, 제도의 자신감, 문화의 자신감을 견고히 하는 것을 강조한다. 넷째, 전반적으로 개혁을 심화시키는 총체적인 목표는 「중국특색의 사회주의」 제도를 완벽히 하고, 발전시키며, 국가의 통치체계와 통치능력의 현대화를 추진하는 것임을 명확히 한다. 다섯째, 전반적으로 법에 따라 나라를 통치하는 총 목표는 「중국특색의 사회주의」 법치체계를 건설하고, 사회주의 법치국가를 건설하는 것임을 분명히 한다. 여섯째, 당의 신시대의 강군목표는 당의 지휘를 따르고 싸움에서 이길 수 있으며, 기풍이 우수한 인민군대를 건설하고, 인민

---

5) 4가지 전면 : 첫째, 공동의 목표, 둘째, 인민의 공동인식, 셋째, 국가의 의지, 넷째, 사명의 감당.

군대를 세계 일류군대로 건설하는 것임을 명확히 한다. 일곱째, 중국 특색의 대국적 외교는 새로운 국제관계의 구축을 추진하고 인류운명의 공동체 구축을 추진해야 함을 명확히 한다. 여덟째, 「중국특색의 사회주의」의 제일 본질적인 특징은 중국공산당의 지도이고, 「중국특색의 사회주의」 제도의 제일 큰 장점은 중국공산당의 지도이며, 당은 최고 정치지도역량임을 분명히 하고, 신시대의 당의 건설을 위한 총 요구를 제시하고, 정치건설이 당의 건설 중에서 점하는 중요한 지위를 두드러지게 하는 것이다.

"14가지 지속"의 기본방침은, 당의 모든 업무에 대한 지도를 지속하고, 인민을 중심으로 하는 것을 지속하며, 전면적인 개혁심화를 지속하고, 새로운 발전이념을 지속하며, 인민이 주인인 것을 지속하고, 전반적으로 법에 따라 나라를 통치하는 것을 지속하며, 사회주의 핵심가치체계를 지속하고, 발전과정에서 민생을 보장하고 개선하는 것을 지속하며, 사람과 자연의 조화로운 공생을 지속하고, 총체적인 국가안전관을 지속하며, 당이 인민군대에 대한 절대적인 지도를 지속하고, "한 나라 두 체제"와 조국통일을 추진하는 것을 지속하며, 인류운명공동체를 구축하는 것을 지속하고, 전반적으로 엄격하게 당을 통치하는 것을 지속하는 것을 가리킨다. 시진핑 신시대의의 「중국특색의 사회주의」 사상은 신시대에 「중국특색의 사회주의」를 지속시키고 발전시키는 총 목표·총 임무·총체적인 구도·전략구도와 발전방향·발전동력·발전 절차·외부조건·정치보증 등 기본문제와 반드시 장기적으로 지속하고 또한 끊임없이 발전시켜야 함을 체계적으로 서술하였다. 이러한 시진핑 신시대의 「중국특색의 사회주의」 사상의 중대한 역사적인 공헌에 대해 깊이 깨달아야 한다. 이를 위해 집중적으로 아래와 같이 표현하였다.

첫째, 마르크스주의의 새로운 경계를 개척한 것이고, 마르크스주의의 기본원리가 중국과 구체적으로 서로 결합하는 또 한 차례의 비약을 실현한 것이며, 마르크스주의의 중국화 과정에 획기적인 의미가 있다. 둘째, 「중국특색의 사회주의」의 새로운 경계를 개척하였고, 신시대의 「중국특색의 사회주의」의 본질적인 특징·발전규칙·건설경로를 심도 있게 밝혔으며, 더 나아가 「중국특색의 사회주의」의 시대적 특색·실천특색·이론특색·민족특색을 나타냈다. 셋째, 치국이정의 새로운 경계를 개척하였고, 이 사상은 당과 국가사업이 역사적인 변혁을 가져오도록 이끌었으며, 중국의 경제실력·과학기술실력·국방실력·종합적인 국력이 한 단계 크게 발전할 수 있도록 밀어주었다. 당에 대한 치리(治理)[6]와 통치의 새로운 경계를 개척하였고, 이 사상의 인도 하에 공산당은 굳건한 결심과 전에 없던 강도로 전면적인 엄격한 당에 대한 통치를 추진하였으며, 당 관리와 치당(治党)이 "관대하고 부드럽고 느슨한" 것에서 "엄격하고 철저하고 강한"것으로 바꾸었고, 당의 단결통일이 더욱 견고해지고, 당군(党群) 관계가 현저히 개선되었으며, 당은 혁명성 단조(鍛造)[7]를 통해 더욱 견고해졌다.

---

6) 치리(治理) : 어떤 지역이나 나라 따위를 도맡아 다스리는 것.
7) 단조(鍛造) : 가열한 금속재료에 프레스나 해머 등으로 힘을 가하여 소성변형을 하게 해서 바라는 형상으로 성형하는 것을 말한다.

시진핑 신시대의 「중국특색의 사회주의」 사상은 중국공산당과 중국인민의 실천경험이 함께 뭉친 지혜의 결정체지만, 주요 창립자는 시진핑 동지이다. 시진핑 동지는 당 중앙의 핵심, 전당의 핵심으로 전당과 전국인민을 이끌어 당과 국가사업을 추진하는 실천과정에서 마르크스주의 정치가, 이론가의 깊은 통찰력, 민첩한 판단력과 전략적 결정으로 일련의 획기적인 의의가 있는 새로운 이념, 새로운 사상, 새로운 전략을 제시했으며, 시진핑 신시대의 「중국특색의 사회주의」 사상의 창립에 결정적인 작용을 발휘했고 결정적인 공헌을 하였다.

6

"4가지 전면"의 전략적 조치

2014년 12월 시진핑 총서기는 장쑤성(江蘇省)에서 조사 연구할 때, "전반적으로 샤오캉사회를 건설하고, 전반적으로 개혁을 심화시키며, 전반적으로 법에 따라 치국을 추진하면서 전반적으로 엄격하게 당을 통치하는 것에 협조하고 촉진시켜 개혁개방과 사회주의 현대화 건설이 새로운 단계에 올라갈 수 있도록 추진해 나아가야 한다."고 강조하였다. 2015년 2월 2일 시진핑 총서기는 장관급 주요 공직자 간부들이 당의 18기 4차 전당대회 정신을 배우고 관철시켜 전반적으로 의법치국(依法治國, 법에 의해 나라를 통치하는 것-역자 주)을 추진한다는 것을 주제로 하는 연구반 개설식에서의 연설에서 "4가지 전면"이라는 전략구도의 논리관계를 집중적으로 논술하였으며, "4가지 전면"은 이미 시진핑 동지를 핵심으로 하는 당 중앙이 치국이정(治國理政, 국가 통치와 정책 운영-역자주)하는 전략구도가 되었고, 공산당의 치국이정 방침이 시대와 함께 하는 새로운 창조라고 선포하였다.

"4가지 전면" 전략구도는 중국발전 현실의 수요 속에서 얻은 것이고, 인민들의 간절한 기대 속에서 얻은 것이며, 우리가 직면한 돌출된 모순과 문제해결을 추진하기 위하여 제시된 것이며, 중국이 "큰 것에서 강함으로" 넘어가는 중요한 단계에서 체계성·완전성·협동성을 더욱 발전시키고, 치리하는 필연적인 선택이다. "4가지 전면"을 협조해서 촉진시키는 것은 「중국특색의 사회주의」를 지속 발전시켜 중화민족의 위대한 부흥을 말하는 「중국의 꿈」을 실현하는데 매우 큰 현실적인 의미와 깊은 역사적 의미를 가지고 있는 것이다. "4가지 전면" 전략구도는 간결하고, 완벽하고, 심오하며, 모든 "전면"은 풍부한 사상의 내용이 있다. 전반적으로 샤오캉사회를 건설하는 것은 바로 2020년까지 경제가 지속적으로 건강하게 발전하고, 인민민주가 끊임없이 확대되며, 문화 소프트실력이 현저히 증강하고, 인민의 생활수준이 전반적으로 향상되며, 에너지절약형·환경우호형 사회건설이 매우 큰 발전을 가져오는 것을 확보하여, 현대화와 민족부흥을 실현하기 위해 견고한 기초를 다지는 것이다. 전반적으로 개혁을 심화시키는 것은 바로 경제체제의 개혁을 중점으로 하고, 정부와 시장과의 관계를 잘 처리하는 것을 핵심으로 하며, 전반적으로 경제·정치·문화·사회·생태문명·국방과 군대건설·당의 건설 등 각 방면의 제도를 혁신하여 「중국특색의 사회주의」 제도가 더욱 성숙하고 틀을 갖추게 하며, 국가 치리체계와 치리능력의 현대화를 실현토록 하는 것이다. 전반적으로 '의법치국'을 추진하는 것은 바로 「중국특색의 사회주의」 법치의 길을 지속하여 「중국특색의 사회주의」 법치체계를 건설하고, 사회주의 법치국가를 건설하며, 과학적인 입법, 엄격한 집법, 공정한 사법 등 전 국민이 법을 지키는 것을 실현하자는 것이다. 전반적인 엄격한 치당은 바로 당의 헌장을 근본적으로 준수하고, 당의 정치건설을 우선순위에 놓고, 사상으로 당을 건설하는 것과 제도로 당을 건설하는 것이 같은 방향으로 힘을 내어 당의 각항 건설을 통합적으로 추진하며, 당내 정치생활을 엄격히 하고, 엄격하게 간부를 관리하며, 심도 있는 풍조 개선을 지속하고, 당의 규율을 엄격하고 명확히하며, 인민의 감독 작용을 발휘하여 당의 자아 정화·자아 완성·자아 혁신·자아 향상을 실현하며, 당의 선진성과 순결성을 항상 유지케 하기 위함이다. "4가지 전면"의 전략구도는 전략목표가 있을 뿐 아니라 전략조치도 있으며, 전체를 총괄할 뿐만 아니라 중점을 돌출시켜 서로 긴밀하게 연결되어 있는 유기체이다. 전반적으로 샤오캉사회를 건설하는 것은 분투 목표이며, 전략적 통솔과 목표를 이끄는 작용을 한다. 전반적으로 개혁을 심화한다는 것은 전반적인 샤오캉사회를 건설하기 위해 강한 동력을 제공할 뿐만 아니라 또한 전반적인 의법치국, 전반적인 엄격한 당 통치의 수요이기도 하다. 전반적인 의법치국은 전반적인 샤오캉사회를 건설하는데 있어서 중요한 내용이며, 또한 전반적인 샤오캉사회를 건설하기 위해 법치보장을 제공하며, 전반적인 개혁의 심화, 전반적인 엄격한 치당은 모두 법치궤도에서 진행해야 한다는 것이다. 전반적인 엄격한 치당은 "4가지 전면"의 전략구도를 추진하는 관건이며, 전반적인 샤오캉사회건설, 전반적인 개혁 심화, 전반적인 의법치국은 모두 반드시 당의 영도를 엄격히 지켜야 한다. "4가지 전면"의 전략구도는 중국공산당의 치국이정의 위대한 실천과 일치하며, 중화민족 부흥의 위대한 꿈을 실현하는 것과 일치하며, 「중국특색의 사회주의」의 위대한 사업을 추진하는 것과 일치하는 것이다.

7
"4가지 위대함"

당의 19차 대회보고는 "4가지 위대함" 즉 위대한 투쟁, 위대한 공정, 위대한 사업, 위대한 꿈을 통일된 완전체로 묶어서 제시하였으며, 당의 비전운명, 국가의 비전운명, 민족의 비전운명의 고도의 통일을 나타냈고, 무엇이 신시대의 역사적인 사명이며, 어떻게 신시대에 당의 역사적인 사명을 실현할 것인가에 대하여 과학적인 논술과 명확한 대답을 하였는데, 이는 이론상의 중대한 혁신일 뿐만 아니라 실천에서의 더욱 강력한 인도였다. 위대한 꿈을 이루기 위해서는 반드시 위대한 투쟁을 해야 한다. 사회는 모순운동을 하는 가운데 전진하는 것이며, 모순이 있으면 투쟁이 있는 것이다. 오늘날 새로운 위대한 투쟁 내용은 매우 광범위하고 표현형식도 필연적으로 복잡하고 다양한 것이기 때문에, 우리는 항상 고도의 정치적 경각심을 유지하고, 끊임없이 정치에 대한 예민성과 정치에 대한 분별력을 강화하여 언제든지 투쟁할 준비를 해야 한다. 이를 위해서는 첫째, 자발적으로 당의 지도와 중국 사회주의제도를 고수하며, 모든 당의 지도와 중국 사회주의제도를 약화시키고 왜곡하고 부정하는 모든 언행을 단호하게 반대해야 한다. 둘째, 자발적으로 인민의 이익을 수호하며 인민의 이익을 해하고 군중에서 벗어나는 행위에 대해 단호하게 반대해야 한다. 나아가 자발적으로 개혁과 혁신시대의 흐름에 뛰어들어 모든 고질적인 병폐를 단호하게 타파시켜야 한다. 셋째, 자발적으로 중국의 주권·안전·발전이익을 수호하며, 조국을 분열시키고 민족단결과 사회조화와 안정을 파괴하는 모든 행위를 단호히 반대해야 한다. 넷째, 자발적으로 각종 위험에 대비하며 정치·경제·문화·사회등 영역과 자연계에서 나타나는 모든 어려움과 도전에 대해 단호히 싸워 이겨야 한다.

　이러한 위대한 투쟁들이 장기적이고 복잡하고 어렵다는 것을 충분히 인식하여 투쟁정신을 발양하고 투쟁능력을 향상시키며 끊임없이 노력하여 위대한 투쟁을 승리로 이끄는 새로운 결과를 얻어내야 한다. 위대한 꿈을 이루려면 반드시 위대한 공정을 건설해야 한다. 중국공산당의 지도가 없으면 민족부흥은 필연적으로 공상적인 꿈이 된다는 것을 역사는 이미 증명했고, 또한 앞으로도 계속해서 증명하게 될 것이다. 새로운 역사적 조건하에서 우리 당은 항상 시대의 선봉, 민족의 중추가 되어야 하고, 항상 마르크스주의 정당이 되어 반드시 시종일관 스스로 견고해 져야 할 것이다. 목표가 원대하고 임무가 어려울수록 도전이 빈번히 다가오고 모순이 집중되기에, 당의 새로운 위대한 공정을 건설하는 것을 더욱 깊이 추진해야 할 것이다. 당의 19차 대회의 요구에 따라 더욱 자발적으로 당의 원칙을 견고히 하고, 문제를 용감하게 직면하며 과감하게 뼈를 깎아 독을 치료하고, 당의 선진성과 순결성을 해치는 요소를 없애며, 당의 건강한 조직을 침식하는 모든 바이러스를 제거해야 하고, 당의 정치지도력·사상인도력·

군중조직력·사회호소력을 끊임없이 강화하여 중국공산당의 영원히 왕성한 생명력과 강한 전투력을 보장토록 해야 할 것이다.

위대한 꿈을 이루려면 반드시 위대한 사업을 추진해야 한다. 「중국특색의 사회주의」는 개혁개방 이래 당의 모든 이론과 실천의 주제이며, 당과 인민이 모든 고난을 거쳐 엄청나게 큰 대가를 지불하여 얻은 근본적인 성과이다. 「중국특색의 사회주의」 길은 당대 중국의 진보발전 할 수 있는 근본적인 방향이며, 사회주의 현대화를 실현하고, 인민의 아름다운 삶을 창조하기 위해 필연적으로 거쳐야 하는 길이며, 「중국특색의 사회주의」 이론체계는 당과 인민이 중화민족의 위대한 부흥을 이루는 것을 지도하는 정확한 이론이고, 「중국특색의 사회주의」 제도는 당대 중국의 발전과 진보하는 근본적인 제도적 보장이며, 「중국특색의 사회주의」 문화는 전당 전군(全軍)과 전 국민이 용감하게 전진하도록 격려하는 강한 정신적인 힘이다. 최근 몇 년간 중국의 경제사회발전은 "풍경이 유독 아름답다", "중국의 기적" 등으로 불려 질 정도로 전 세계의 주목을 받았고, "중국의 방안"은 특별한 사랑을 받았으며, "중국 모델"은 큰 빛을 발했고, "중국의 안정"과 "서구의 난"은 형식이 선명하게 대비되어 이른바 "역사종결론"을 타파했으며, 개발도상국이 현대화로 나아가는 경로를 확장시켜 주었다. 새로운 시대에 위대한 사업을 추진하려면 반드시 자발적으로 전도(前途)에 대한 자신감, 이론에 대한 자신감, 제도에 대한 자신감, 문화에 대한 자신감을 증강시켜야 하며, 지난날 걸어온 폐쇄적이고 굳어버린 길을 가지 않아야 할뿐만 아니라 또한 나아갈 목표에 대한 깃발을 바꾸는 잘못된 길을 가지 않아야 하며, 정치적 자신감을 유지하고, 노력과 번영을 고수하며, 언제나 「중국특색의 사회주의」를 고수하고 발전시켜 나가야 한다. 위대한 투쟁, 위대한 공정, 위대한 사업, 위대한 꿈은 긴밀하게 연결되고 상호 관통하면서 상호작용하는 하나의 유기체이다. 위대한 꿈은 첫째, 정확한 방향으로 이끌어 위대한 투쟁·위대한 공정·위대한 사업을 위한 항로로 인도하는 길을 제공하며, 둘째, 위대한 투쟁은 책임감 있는 정신을 명시하여 위대한 공정·위대한 사업·위대한 꿈을 위하여 장애물을 제거하고 견인하는 것을 제공하며, 셋째, 위대한 공정은 지도 역량을 단련하여 위대한 투쟁·위대한 사업·위대한 꿈을 위하여 견고한 보장을 제공하며, 넷째, 위대한 사업은 나아갈 방향을 가리키는 깃발을 높이 들어 위대한 투쟁·위대한 공정·위대한 꿈을 위해 전진하는 길을 개척하게 한다. "4가지 위대함" 중에서 결정적인 작용을 하는 것은 당의 새로운 위대한 공정을 건설하는 것이다. 위대한 공정을 추진하려면 위대한 투쟁·위대한 사업·위대한 꿈의 실천과 결합하여 진행해야 하며, 세계형세가 심하게 변화하는 역사적 여정에서 당은 언제나 시대의 앞에 서고, 국내외의 각종 위험과 시험에 대응하는 역사적 여정에서 언제나 전국 인민의 기둥이 되며, 「중국특색의 사회주의」를 지속 발전시키는 역사여정에서 언제나 굳건한 지도핵심이 되도록 보장을 해주어야 한다.

8
"4가지의 자신감"

    2016년 7월 1일 시진핑 총서기는 중국공산당 창립 95주년을 경축하는 대회에서 "초심을 잃지 않고 계속 전진하려면 「중국특색의 사회주의」 길에 대한 사신감·이론에 대한 자신감·제도에 대한 자신감·문화에 대한 자신감을 고수해야 하며, 당의 기본노선이 흔들림이 없이 계속적으로 「중국특색의 사회주의」라는 위대한 사업을 앞으로 밀고 나가야 한다."고 밝혔다. 또한 "문화에 대한 자신감은 더욱 기초적이고, 더욱 광범위하며, 더욱 깊은 자신감을 가져야 한다"고 강조하였다. 시진핑 총서기는 "4가지 자신감"에 대한 중요한 논술은 당의 18차 대회에서 제시한 「중국특색의 사회주의」 "3가지 자신감"의 표현을 창조적으로 확장시킨 것으로 진일보적으로 자신감을 높이고 공동적인 인식을 응집시켰다는데 중요한 의미가 있다.

    "4가지 자신감"은 중국근대 이후 역사발전의 주제와 임무에 대한 자발적인 인식과 파악을 통해서 정립한 것이다. 90여 년 동안 분투하는 여정에서 공산당은 인민을 단결시키고 이끌면서 신민주주의 혁명·사회주의 혁명·개혁개방 등의 3가지 큰일을 완성하고 추진하였으며, 중국역사를 천지 개변시키는 변화를 이루었고, 근본적으로 중국

인민과 중화민족의 비전과 운명을 변화시켰으며, 5000여 년의 문명역사를 지닌 중국의 면모를 몰라보게 달라지게 했고, 전에 없었던 중화민족의 위대한 부흥이라는 밝은 앞날을 보여주게 하였다. 이는「중국특색의 사회주의」길에 대한 자신감·이론에 대한 자신감·제도에 대한 자신감·문화에 대한 자신감을 갖게 하는 깊은 역사적 근거인 것이다.

 "4가지 자신감"은 역사경험에서 얻은 교훈에 대한 깊은 요약에서 온 것이다. 90여 년간 공산당은 마르크스주의와 중국현실을 서로 결합시키는데 주력하였고, 마르크스주의 중국화를 추진하는 과정에서 국제공산주의운동·중국혁명·건설·개혁을 실천하는 가운데 풍부한 경험과 교훈을 쌓았으며, 어떤 깃발을 들고, 어떤 길을 가며, 어떠한 정신 상태로, 어떠한 목표를 향하여 계속 전진해야 하는지를 더욱 명확히 인식하게 되었다. 이는「중국특색의 사회주의」길에 대한 자신감, 이론에 대한 자신감, 제도에 대한 자신감, 문화에 대한 자신감을 깊이 실천하게 된 근거가 되었다.

 "4가지 자신감"은 시대적인 대세와 역사발전의 기회와 도전의 명확한 판단과 파악에서 왔다고 할 수 있다. 국내외 형세를 종합적으로 연구하고 판단할 때, 비록 발전할 수 있는 기회와 위험 부담을 갖게 하는 도전이 전무후무하게 많았지만, 그런 중에도 중국이 발전할 수 있는 중요한 전략적 기회는 여전히 존재했었다. 이를 포착하여 우리 중국은 여전히 경제사회가 지속적으로 건강하게 발전할 수 있었고, 공산당이 설립된 지 백년이 될 때까지 전반적인 샤오캉사회를 건설할 것이며, 신 중국의 건국이 백년이 될 때에는 부강·민주문명·조화로운 사회주의 현대화 국가건설을 지속적으로 실현할 수 있도록 견지해 나갈 것이다. 이는 「중국특색의 사회주의」 길에 대한 자신감·이론에 대한 자신감·제도에 대한 자신감·문화에 대한 자신감의 시대적 근거인 것이다.

9

새로운 발전이념

2015년 10월 29일 당의 18기 5중 전회 관보에서는 '십삼오(十三五)시기'[8]의 발전목표를 이루고, 발전의 난제를 해결하며, 발전의 장점을 깊게 뿌리내리려면 반드시 혁신·녹색·개방·공유의 발전이념을 견고하게 수립하고, 또한 확실하게 관철시켜야 한다."고 강조하였다. 이는 중국공산당이 처음으로 제시한 새로운 발전이념이며, 중국공산당의 경제사회 발전규율 인식에 대한 심화를 집중적으로 반영한 것이며, 마르크스주의 발전관을 극대화하여 중국공산당이 전국의 인민을 이끌고 전면적으로 샤오캉사회를 건설하는 최종단계에서 위대한 승리를 쟁취하고, 끊임없이 새로운 경지를 개척하고 발전시켜 나가는데 강대한 사상무기를 제공해 주었다. 새로운 발전이념이 내포하고 있는 뜻은 매우 풍부하다. 혁신발전을 지속하는 것은 바로 혁신을 국가발전 전체의 핵심적 위치에 놓고, 혁신이 국가의 모든 업무를 관통하게 하고, 혁신이 사회적으로 좋은 기풍이 되게 하는 것이다. 조화로운 발전을 지속하는 것은 바로 도시농촌구역의 조화로운 발전을 중점적으로 추진하고, 경제사회의 조화로운 발전을 추진하며, 신형공업화·

---

8) 십심오(十三五)시기 : 제13차 5개년 계획을 말하는데 그 시기는 2016년~2020년이다.

정보화·도시화·농업현대화의 동시 발전을 추진하여 국가실력을 강화하는 동시에 국가의 소프트 파워를 향상시키며 끊임없이 완전성을 강화하고 발전해 가는 것이다. 녹색 발전을 지속하는 것은 바로 에너지절약과 환경보호를 지속하는 것이며, 지속적인 발전의 가능성을 고수하여 사람과 자연의 조화로운 발전의 새로운 국면을 형성하는 것이다. 개방 발전을 지속하는 것은 바로 호리공영(互利共贏)의 개방전략을 시행하여 더욱 높은 단계, 더욱 높은 수준의 개방형 경제를 발전시키고, 글로벌 경제치리에 적극적으로 참여하며, 인류운명공동체를 구축하는데 노력하는 것이다. 공유발전(共有發展)을 지속하는 것은 바로 발전은 인민을 위하고, 발전은 인민을 의지하며, 발전성과는 인민이 누리는 것을 고수하여 전 국민이 발전과정에서 더욱 많은 만족감을 얻게 하는 것이다. 새로운 발전이념은 서로 통하고 서로를 촉진시킨다. 혁신 발전이 중요시하는 것은 발전 동력의 문제를 해결하는 것이고, 조화로운 발전이 중요시하는 것은 발전의 불균형문제를 해결하는 것이며, 녹색발전이 중요시 하는 것은 사람과 자연의 조화문제를 해결하는 것이고, 개방발전이 중요시하는 것은 발전의 내외 연동문제를 해결하는 것이며, 공유발전이 중요시하는 것은 사회공평과 정의 문제를 해결하는 것이기에 통일적으로 관철시켜야 하며, 이것을 돌보다 저것을 놓쳐서는 안 되며, 또 서로 대체해서도 안 된다. 새로운 발전이념은 중국공산당이 국내외의 발전경험과 교훈을 심도 있게 요약한 기초위에서 형성된 것이며, 또 중국 발전 중에서의 돌출된 모순과 문제를 제기한 것이며, '십삼오' 더 나아가 장기간의 중국 발전사를 통해 발전방향 및 발전포커스의 집중적인 표현이며, 전 국면을 치리하고, 근본을 치리하며, 멀리 치리하는 가이드라인이다. 새로운 발전이념으로 중국의 경제발전을 이끌고 추진하며, 끊임없이 경제발전의 어려운 문제를 해결하고, 경제발전의 새로운 국면을 개척하는 것을 지속해야 한다. 사상과 행동을 새로운 발전이념 위에 통일시켜 통합적으로 새로운 발전이념을 관철시키는 능력과 수준을 향상시키기 위하여 노력하며, 새로운 발전이념의 관철과 실행을 이끌어 갈 수 있는 중점적인 업무를 붙들고 새로운 발전이념의 관철과 실행을 통합적으로 밀고 나아가야 한다. 모든 발전이념에 대하여 또 중점을 파악하여 중점적으로 모든 이념이 실천 중에서 돌파해 나갈 수 있도록 밀고 나가야 할 것이다.

10

인민을 중심으로 하는 발전사상

인민은 진정한 영웅이다. 이것은 역사의 진리이며, 영원히 잊을 수 없는 것이다. 당의 19차 대회 보고에서 "인민은 역사의 창조자이며, 당과 국가운명의 근본적인 힘이다."라고 분명하게 밝혔다. 즉 백성을 얻으면 나라를 얻고, 백성을 잃으면 나라를 잃는다는 말처럼, 당의 근본은 인민에 있고 당의 힘은 인민에 있음을 굳게 믿으며, 모든 것은 인민을 위하고, 모든 것은 인민에 의지하며 언제나 인민과 고난을 같이 하고, 생사를 같이 하며, 혈육관계를 유지하는 것을 고수 하는 것은 중국공산당이 모든 어려움과 위험을 싸워 이기는 근본적인 보장이라는 의미이다. 인민을 중심으로 하는 것을 지속하려면 반드시 인민의 주체적 지위를 고수하도록 해야 한다. 마르크스주의는 사람은 생산력 발전을 형성하고 밀고 나가는 주체요소이며, 또 사회발전을 밀고 나가는 근본적인 힘이라고 했다. 『공산당선언』에서 마르크스·엥겔스는 대다수의 사람을 의지하고, 대다수의 사람을 위하여 이익을 도모하는 것을 공산주의운동의 주요 상징으로 하였다. 중국공산당은 언제나 인민입장이라는 근본적인 정치적 입장을 고수하여 인민이 역사의 전진을 밀고 나가는 거대한 작용을 매우 중요시하였고,

이를 충분히 발휘하였다. 인민무장을 확대하는 것에서부터 혁명근거지를 설립하는 데까지, 도급생산을 전면적으로 추진하여 만민창업이 활발하게 일어나는 데 까지 중국공산당은 언제나 인민을 존중하고 밀접하게 인민을 의지하여 중국혁명·건설·개혁을 한걸음씩 앞으로 밀고 나아갔다. 실천이 증명하였듯이 중국공산당이 얻은 모든 성취는 모두 인민을 의지하여 함께 분투한 결과였다. 힘을 다해 신시대의 장정(長征)을 잘 헤쳐나아가려면 반드시 근본적인 취지를 실천하고, 군중노선을 잘 걸으며, 인민이 주인임을 보장해야만 한다. 반드시 「중국특색의 사회주의」 정치발전의 길을 지속하고, 민주제도를 완벽히 하며, 민주형식을 풍부히 하고, 민주루트를 확장하며, 인민이 주인이 되는 것을 국가정치생활과 사회생활에 적용해야 한다.

인민을 중심으로 하는 것을 지속하려면 반드시 대중을 위하여 당을 세우고 인민을 위하여 집정해야 한다. 왜 사람의 문제가 어떤 정당, 어떤 정권의 특성을 검증하는 시금석이라는 것일까? 『공산당선언』은 "과거의 모든 운동은 모두 소수 사람의 것이었으며, 또는 소수의 사람을 위하여 이익을 도모하는 운동이었다. 무산계급의 운동은 절대다수 사람의 것이고, 절대다수의 사람을 위하여 이익을 도모하는 독립적인 운동이다."라고 하였다. 온 마음과 온 뜻을 다하여 인민을 위하여 일하고, 대중을 위하여 당을 세우고, 인민을 위하여 집정하는 것은 중국공산당이 모든 착취계급 정당과의 근본적인 차이이며, 모든 것은 대중을 위하고 모든 것이 대중을 의지하는 것은 중국공산당이 언제나 고수하는 근본적은 관점이며, 백성들이 잘 살 수 있도록 하는 것은 중국공산당의 모든 업무의 출발점과 도착점이다. 반드시 인민을 마음의 제일 높은 위치에 놓고, 많은 인민들이 근본적인 이익을 잘 얻을 수 있고, 잘 유지하고, 잘 발전시키며, 인민이 옹호하는지 안 하는지, 찬성하는지 안 하는지, 기뻐하는지 안 하는지, 응하는지 안 하는지를 모든 업무득실의 근본적인 표준으로 하여, 중국공산당이 언제나 마르지 않는 힘의 원천을 갖도록 해야 한다.

  인민을 중심으로 하는 것을 지속하는 것이 반드시 경제사회 발전의 모든 부분에서 나타나도록 해야 한다. 시대는 출제자이고, 우리는 납하는 사람이며, 인민은 검열하는 사람이다. 자발적으로 근본적인 취지와 당의 군중노선을 실천하려면, 언제나 인민의 아름다운 생활에 대한 추구를 분투목표로 하고, 인민에 의지하여 역사적 위업을 창조해야 한다. 흔들림 없이 새로운 발전이념을 관철하여 경제발전의 품질과 효율을 향상시키며, 발전의 불균형·불충분의 문제를 집중하여 해결하고, 더욱 높은 품질, 더욱 높은 효율, 더욱 공정하게, 더욱 지속가능한 발전을 이루기 위해 노력해야 한다. 중국 사회주의의 기본 경제제도와 배분제도를 지속하고 완성하여 수입배분을 더욱 합리적이고 질서 있게 추진하며, 발전성과가 더욱 많고 더욱 공평하게 모든 인민에게 혜택이 가도록 해야 한다. 발전 중 민생을 보장하고 개선하는 것을 지속하며, 발전 중 민생의 부족부분을 보완하고, 사회주의 공평 정의를 추진하며, 어린애가 있으면 보육하는 곳이 있고, 무엇을 배우려면 가르쳐주는 곳이 있으며, 근로한 만큼 보상을 받고, 아프면 잘 치료받으며, 늙었을 때 부양하는 곳이 있고, 살만한 곳에서 거주

하며, 약한 사람을 도와주는 곳이 있는 등 면에서 끊임없이 새로운
발전을 하여, 모든 인민이 함께 건설하고, 함께 공유하는 발전을 통
해 더욱 많은 만족감·행복감·안전감을 가질 수 있도록 보장하며, 끊
임없이 사람의 전면적인 발전과 모든 인민의 부를 촉진케 해야 한다.
인민들의 개척정신을 존중하고, 자발적으로 인민을 선생으로 모시
고, 능력자에게 도움을 청하며, 지혜로운 자에게 책략을 물어보아 각
항·각 방면의 노동자·기업가·창의적 인재·각급 간부들을 위하여 능
력을 발휘할 수 있는 무대와 환경을 창조하며, 광범위하게 인민을 동
원하고 조직하여 당이 지도하는 위대한 사업에 뛰어들 수 있도록 해
야 할 것이다.

두 번째

사회주의 현대화의 전면적 건설을
시작하는 국가의 신 노정(路程)

11
샤오캉(小康)사회의 건설을
전면적으로 이룩하자

 당의 19차 대회 보고에서는 "지금부터 2020년까지는 전면적으로 샤오캉사회를 건설하는 최후의 시기이다."라고 밝혔다. 전면적으로 샤오캉사회를 건설하고, 계획한 대로 첫 번째 백년의 분투목표가 중화민족의 위대한 부흥을 이룩하는 것이라는 점에 중대한 의의가 있다는 것을 충분히 인식해야 하며, 향후 몇 년간 강도가 세고 목표성이 강한 조치를 취하여 전면적인 샤오캉사회를 건설하여 전면적으로 사회주의 현대화국가를 건설하는 새로운 노정을 개척하기 위한 견고한 기초를 다져놓아야 한다.

 전면적으로 샤오캉사회를 건설하는 것은 사회주의 현대화 과정에서 중요한 이정표이다. 개혁개방 이후 중국공산당은 현대화 건설의 "세 발걸음(三步走)"[9]이라는 전략목표를 확립하였다. 제1보의 목표는 인민들의 먹고 입는 문제를 해결하는 것이며, 이는 1980년대 말에 이미 이루었다. 제2보의 목표는 인민들의 생활이 전체적으로 샤오캉사회에 도달하는 것이며, 이것도 20세기말에 이미 완성하였다. 제3보의

---

9) 세 발걸음(3步走) : 덩샤오핑(鄧小平)이 1987년 밝힌 3단계 중국경제 발전론으로, 溫飽온포-小康소강-大同대동으로 나아가자는 실용주의적 경제 정책이다.

목표는 신 중국 성립 백년이 되었을 때 기본적으로 현대화를 실현하는 것이다. 이어서 중국공산당은 또 당 건립 백년이 되었을 때 경제가 더욱 발전하고, 민주화가 더욱 진전되었으며, 과학교육이 더욱 진보하고, 문화가 더욱 번영하며, 사회가 더욱 조화로우며, 인민의 생활이 더욱 부유해진 샤오캉사회를 건설하며, 그리고 또 향후 30년을 분투하여 신 중국이 성립된 지 백년이 되었을 때, 기본적으로 현대화를 실현하여 중국을 사회주의 현대화국가로 건설하는 것이라고 제시하였다. 당의 19차 대회는 국제형세와 중국의 발전조건을 종합적으로 분석하여 2020년부터 21세기 중엽까지의 웅대한 목표에 대하여 진일보적으로 전략적인 조치를 취하였다. 즉 2020년부터 2035년까지 전면적으로 샤오캉사회를 건설한다는 기초위에서 또 15년을 분투하여 사회주의 현대화를 기본적으로 실현한다는 것이다. 나아가 2035년부터 21세기 중엽까지는 현대화를 기본적으로 실현한다는 기초위에서 또다시 15년을 분투하여 중국을 부강·민주·문명·화해(和諧)라는 아름다운 사회주의 현대화 강국으로 건설해야 한다. 전면적으로 샤오캉사회를 건설하고, 현대화를 기본적으로 실현하며, 전면적으로 사회주의 현대화 강국을 건설하는 것은 시간적으로 긴밀하게 연결되고, 각종 사업발전에서 전면적으로 맞물려 지난 것을 이어받아 새것을 창조하고 계속해서 추진해 나아가는 관계이다. 최근 몇 년간 중국경제사회는 건강한 발전을 지속하였으며, 1인당 국민소득 수준으로 볼 때 현재 이미 8,000달러를 넘어 중상위 소득국가에 속하고 있으며, 2020년까지 전면적으로 샤오캉사회를 건설할 때는 1만 달러에 도달하거나 초과할 수 있으며, 고소득 국가기준에 더욱 가까워질 것이다. 전면적으로 샤오캉사회를 건설한 것은 우리가 현대화 건설의 제3보 전략목표를 실현하기 위하여 필히 거쳐야 할 위·아래를 연결하는 중요한 발전단계를 지났음을 상징하는 것이며, 중국공산당이 인민에 대하여, 역사에 대하여 약속한 장엄한 약속을 이루었음을 상징하는 것이며, 중국이 중위 소득국가에서 상위 소득국가로 발전하는 견고한 발자국을 내딛었음을 상징하는 것이다.

전면적인 샤오캉사회의 건설을 눈앞에 두고 있지만, 또한 일부 숨겨진 문제와 약점을 직면하고 있기 때문에 많은 어려움과 도전을 극복해야만 한다. 그러한 어려움에는 주로 경제사회영역에 있어서 중대한 위험부담이 비교적 많고, 빈곤퇴치를 해야 하는 임무가 막중하며, 생태환경보호 임무도 매우 중요하지만 아직 갈 길이 멀고, 발전하는 데 있어서 품질과 효율이 아직도 높지 못하고, 국민의 소질과 사회문명 수준이 여전히 더 향상되어야 하며, 국가 거버넌스 체계와 거버넌스 능력을 더욱 강화해야 하는 것 등이다.

전면적인 샤오캉사회를 건설하는 임무는 막중하고 무거우며 막판의 싸움이 매우 중요하다. 지금부터 2020년까지는 전면적인 샤오캉사회건설의 최후시기이며, 또한 마지막으로 돌파해야만 하는 시기이다. 우리는 시진핑의 새로운 시대 「중국특색의 사회주의」 사상을 깊이 관철하고, 사회 주요모순의 변화를 잘 파악하며, 경제건설·정치건설·문화건설·사회건설·생태문명건설을 통합하여 추진하고, 과학과 교육을 통한 국가 활성화 전략·인재강국전략·혁신주도형발전전략·

향촌진흥전략·구역조화발전전략·지속가능한 발전전략·군민융합발전전략을 굳건히 실시하며, 중점 파악·문제점 보완·약점 보강 등을 통해 전면적인 샤오캉사회를 건설하는 투쟁에서 최후의 승리를 이뤄내야 한다. 특히 중대한 위험을 예방해야 하는 문제점을 해결하고, 정확한 빈곤퇴치, 오염에 대한 예방치리 등을 위한 전투에서 반드시 잘 승리하여 경제사회가 지속적으로 건강하게 발전할 수 있도록 보장해 주어야 한다. 반드시 전면적인 샤오캉사회를 건설해야 한다는 요구에 따라 열심히 이를 이룩하는데 나타나는 공백을 찾고, 증상에 따라 약을 처방하여 전면적인 샤오캉사회건설이 인민의 인정을 받고, 역사적인 검증을 견디어 낼 수 있게 해야 할 것이다.

12

전면적으로 사회주의
현대화 국가를 건설하자

당의 19차 대회보고에서는 "19차 대회에서 20차 대회까지는 '두 개 백년'[10] 분투목표의 역사적 교차시기이다. 우리는 전면적으로 샤오캉 사회를 건설하고, 첫 번째 백년의 분투목표를 이루어야 할뿐만 아니라 또한 기세를 몰아 전면적인 사회주의 현대화 국가건설이라는 새로운 길을 열어 두 번째 백년의 분투목표를 향하여 진군해야 한다."고 밝혔다. 전면적으로 사회주의 현대화 국가를 건설하는 것은 당의 19차 대회의 중대한 전략적 조치이며, 중국공산당이 국제·국내형세와 중국발전의 현실을 종합적으로 분석한 기초위에서 결정한 중대한 책략이며, 중국공산당이 중국발전의 현실에 적응한 필연적인 선택이며, 전당·전군·전 국민을 동원하여 한마음으로 중화민족의 위대한 부흥의 「중국의 꿈」을 실현하자는데 위대한 의의가 있다.

전면적으로 사회주의 현대화 국가를 건설하는 것은 중국공산당이 전면적인 샤오캉사회건설을 완성한 이후에 부연한 새로운 분투목표이며, 중국 사회주의 현대화 건설의 "3발걸음(三步走)"이라는 총 전략

---

10) 두 개 백년 : 첫 번째 100년은 중국공산당 창당 100년째가 되는 2021년까지를 말하고, 두 번째 100년은 신 중국 건국 100년째가 되는 2049년을 말한다.

의 지속과 심화이다. 첫 번째 백년 분투목표의 실현에서 두 번째 백년 분투목표까지 중간에 30여 년의 시간이 있는데, 이를 두 단계로 나누어 전략적으로 조치했으며, 2035년까지 기본적으로 사회주의 현대화를 실현하며, 금세기 중엽까지 중국을 부강·민주·문명·조화를 아우르는 아름다운 사회주의 현대화 강국을 건설한다는 것이다. 이렇게 개혁개방 이래 중국 사회주의 현대화 건설의 발전과정은 더욱 뚜렷하고 완전한 노선도가 형성되었다. 즉 개혁개방초기부터 1980년대 말까지 인민들의 먹고 입는 문제를 해결하며, 20세기말까지 인민들의 생활이 샤오캉 수준까지 도달하게 하며, 2020년까지 전면적으로 샤오캉사회를 건설하며, 2035년까지 기본적으로 사회주의 현대화를 건설하며, 2050년까지 전면적으로 부강·민주·문명·조화를 아우르는 아름다운 사회주의 현대화 강국을 건설한다는 것이다.

전면적으로 사회주의 현대화 국가를 건설한다는 전략적 조치를 제시한 것은 "4가지 전면"이라는 전략적 조치의 연속성을 유지하는 데 유리하다. 당의 18차 대회 이래 시진핑 동지를 핵심으로 하는 당 중앙은 전면적인 샤오캉사회건설, 전면적인 개혁의 심화, 전면적인 의법치국, 전면적인 엄격한 당 치리를 혁신적으로 제기하였다. "4가지 전면"이라는 전략적 조치는 중국공산당의 치국이정의 새로운 전략적 조치이며, 당과 국가사업의 발전을 추진하는 중대한 조치이다. "4가지 전면"의 전략적 조치 중에서 전면적인 개혁의 심화, 전면적인 의법치국, 전면적인 엄격한 당 치리는 모두 장기적인 전략적 조치이며, 전면적인 샤오캉사회건설은 단계성적인 전략목표이다. 이는 전면적인 샤오캉사회건설을 완성한 이후에 기회를 놓치지 않고 전면적인 사회주의 현대화 국가 건설이라는 새로운 전략목표를 제시하고, 전면적인 샤오캉사회건설과 연결하여 "4가지 전면"이라는 전략적 조치의 연속성과 안정성을 유지하자는 것이며, 계속해서 "4가지 전면"이라는 전략적 조치의 요구에 따라 당과 국가사업이 끊임없이 앞을 향하여 발전하는 것을 밀고 나아가는데 유리하다.

두 번째 백년의 두 가지 단계성 목표가 그려낸 발전노정은 더욱 뚜렷하고, 거기에 나타난 시대적 특색은 더욱 선명하다. 중국사회 주요 모순의 변화를 잘 파악하여 발전 불균형·불충분의 문제를 해결하는데 필요한 경제건설·정치건설·문화건설·사회건설·생태문명건설의 목표를 명확히 제시하였으며, 특히 2050년의 목표에 "아름다운"이라는 두 글자를 추가하여 전면적으로 "5위1체"의 전체적인 요구를 나타냈다. 이러한 요구를 제시하면서 발전의 품질에 대한 요구를 돌출시키면서도 수량 지표를 설정하지 않았고, "두 배가 되게 하자"는 등의 지표를 제기하지 않은 것은 각 방면에서 새로운 발전이념을 관철케 하고 발전의 품질에 대한 효율을 향상시키는데 주의력을 집중시켜 당과 국가사업이 전면적으로 발전해 나가는데 편리하도록 하였다.

우리가 이루려고 하는 것은 사회주의 현대화임을 강조한 것은 인민을 중심으로 하는 현대화이며, 전 국민이 함께 부유해지는 현대화이다. 2035년의 목표이든 2050년의 목표이든 모두 빈곤퇴치·민생개선·함께 부를 실현하자는 요구를 선명하게 나타낸 것이다.

이러한 두 가지 단계의 목표는 미래에 전면적으로 사회주의 현대화

강국을 건설하는 탑 레벨의 설계로서 과학적이고 실무적일뿐 아니
라, 또 인심을 고무시켜 전당·전군·전 국민을 이끌고 중화민족의 위
대한 부흥을 의미하는「중국의 꿈」을 이루자는데 있는 것이다.

13
신시대「중국특색의 사회주의」
발전의 전략적 조치

　당의 19차 대회보고에서는 "전면적인 샤오캉사회 건설에서 기본적인 현대화 실현까지, 더 나아가 전면적인 사회주의 현대화 강국 건설까지 건설하자는 것은 신시대「중국특색의 사회주의」발전을 위한 전략적 조치이다."라고 밝혔다. 이 중대한 전략적 조치는 당의 신시대를 위한 웅대한 청사진이고, 동원령이며, 중국 현대화 건설계획의 새로운 발전을 나타낸 것이며, 중국 혁신발전의 신경지에 대한 새로운 요구를 제시한 것이다. 국제·국내형세와 중국의 발전조건을 종합적으로 분석하고, 심화연구하고, 반복적으로 논증하는 기초위에서 2020년에서 금세기 중엽까지 30년간을 전면적인 사회주의 현대화 국가건설을 두 단계로 나누어 조치한 것이라고 명확히 하였다.

　첫 번째 단계는 2020년에서 2035년까지 전면적인 샤오캉사회를 건설한다는 기초위에서 15년을 더 분투하여 기본적으로 사회주의 현대화를 건설하겠다는 것이다. 이것은 중국공산당이 처음에 제시했던 "3걸음" 전략의 세 번째 전략을 15년 당겨서 실현할 수 있음을 의미한다. 이는 개혁개방 40년 이래 중국의 경제사회가 빠른 발전을 지속하고, 각항의 사업이 전면적으로 진보발전하며, 국가의 면모가 전에 없던 거대한 변화가 발생할 것임을 고려한 것이었다. 현재의 양호한 환경과 발전추세로 볼 때, 2035년까지 기본적인 사회주의 현대화 건설을 이룩하는 것은 확실하다고 볼 수 있다. 기본적으로 사회주의 현대화를 실현하기 위한 주요 목표와 요구는, 경제건설 방면에서는 중국의 경제실력과 과학기술실력이 대폭적으로 상승하여 혁신적 국가의 선두에 들어서는 것이고, 정치건설 방면에서는 인민의 평등한 참여와 평등한 발전권리가 충분히 보장받고, 법치국가·법치정부·법치사회가 기본적으로 건설되며, 각 방면의 제도가 더욱 완벽히 되어 국가 거버넌스체계와 거버넌스능력의 현대화를 기본적으로 실현하며, 문화건설 방면에서는 사회의 문명수준이 새로운 높이에 도달하고, 국가문화의 소프트 파워가 현저히 증강되며 중화문화의 영향이 글로벌적으로 더욱 광범위하게 깊이 침투되고, 사회건설 방면에서는 인민들의 생활이 더욱 부유해지고, 중산층의 비율이 눈에 띄게 향상되며, 도시·농촌지역의 발전 격차와 주민생활 수준의 격차가 현저히 좁아지고, 기본적인 공공서비스의 균일화가 기본적으로 실현되며, 전 국민이 공동으로 부유해지는 상황이 견고한 발걸음을 내딛고, 생태문명건설 방면에서는 생태환경이 근본적으로 좋아지고, 아름다운 중국을 건설한다는 목표를 기본적으로 실현한다는 것이다.

두 번째 단계는 2035년부터 금세기 중엽까지 기본적으로 현대화를 실현한다는 기초위에서 15년을 더 분투하여 중국을 부강·민주·문명·조화를 아우르는 아름다운 사회주의 현대화 강국을 건설한다는 것이다. 그때의 중국을 내다볼 때 "5위1체" 건설은 진일보적으로 현저한 성과를 얻을 것이며, 중국 사회주의 물질문명·정치문명·정신문명·사회문명·생태문명은 전면적으로 향상될 것이다. 중국은 높은 수준의 물질문명을 소유하고, 사회생산력 수준은 대폭적으로 향상되며, 핵심경쟁력은 세계에서 상위에 속하고, 경제총량과 시장규모는 기타 국가를 초월하며, 부강한 사회주의 현대화 강국을 건설하게 될 것이다. 중국은 수준 높은 정치문명을 소유하여 집중적이고 또 민주적이며 규율이 있을 뿐만 아니라 자유도 있으며, 통일된 의지가 있을 뿐만 아니라 또 개개인이 마음이 편하고, 생동적이고, 활발한 정치적 국면을 형성하고, 의법치국과 의덕치국이 유기적으로 결합하여 민주적인 사회주의 현대화 강국을 건설하게 될 것이다. 중국은 수준 높은 정신문명을 소유하여 사회주의 핵심가치를 실천하는 것이 전 사회의 자발적인 행동이 되며, 국민수준이 현저히 향상되고, 중국정신·중국가치·중국역량이 중국발전의 중요한 영향력과 추진력이 되어 문명의 사회주의 현대 강국을 건설하게 될 것이다. 중국은 수준 높은 사회문명을 소유하여 도시와 농촌 주민이 보편적으로 행복하고, 평안한 생활을 누리며, 전 국민의 공동부유가 기본적으로 실현되고, 공평정의가 보편적으로 드러나며, 사회가 활력이 넘치고 또한 규범과 질서가 있으며, 조화로운 사회주의 현대화 강국을 건설하게 될 것이다. 중국은 수준 높은 생태문명을 소유할 것이고, 하늘이 푸르고, 땅이 푸르며, 물이 맑은 아름다운 생태환경이 보편적인 상태가 될 것이며, 사람과 자연이 조화롭게 공존하는 새로운 경지를 창조하고, 아름다운 사회주의 현대화 강국을 건설하게 될 것이다. 그때가 되면 중국은

5000여 년의 문명역사를 지닌 나라로써 전에 없던 생기와 활력을 발산하게 될 것이며, 국가 거버넌스체계와 거버닌스능력의 현대화를 실현하여 종합적인 국력과 국제영향력이 글로벌세계를 선두에 서서 이끌게 되는 국가가 될 것이고, 인류의 운명공동체를 구축하고, 세계평화와 발전을 추진해 나아가는데 더욱 큰 공헌을 할 것이며, 중화민족은 더욱 앙양된 자세로 세계민족 위에 우뚝 서게 될 것이다.

14

돌다리도 두드리며 건너는 것과 고층
설계를 강화하는 것은 같은 논리하다

2012년 12월 31일 시진핑 총서기는 18기 중국공산당 중앙정치국 제2차 단체교육에서 "돌다리도 두드리며 건너는 것과 고층설계를 강화하는 것의 논증은 통일된 것이다. 일부분의 단계성 개방을 추진하려면 고층설계를 강화한다는 전제하에서 진행해야 하며, 고층설계를 강화하려면 일부분의 단계성 개혁개방의 기초 위에서 계획해야 한다."라고 밝혔다. 이 논술은 개혁개방의 성공경험에 대한 총결(總結)[11]이며, 또 유물변증법에 대한 계승발전이며, 중요한 이론과 현실적인 의의가 있는 것이다. 돌다리도 두드리며 건너는 것은 중국공산당이 개혁개방을 추진하는 중요한 방법이며, 또 중국특색이 강하고 중국 국정에 부합하는 개혁개방의 방법이다. 개혁개방은 지금까지 누구도 해본 적이 없는 혁신적인 사업이며, 배울 수 있는 방법이 없으며, 걸어갈 수 있는 길이 없으므로 우리는 일하면서 배우고, 실천을 통해 탐색할 수밖에 없다. 바로 돌다리도 두드리며 건너는 것을 통하여 우리는 비로소 실천을 더욱 잘 알아가고 인식할 수 있었으며, 개혁개방은 처음에는 쉽지만 나중에는 어려웠기에 순차적으로 조금씩 나아가

---

11) 총결(總結) : 전체를 통틀어서 매듭짓는 것.

며 커다란 성과를 얻을 수 있었다. 고층설계를 강화하는 것은 돌다리도 두드리며 건너는데 필연적인 결과이다. 40년간의 지속적인 발전을 통해 중국의 개혁개방은 이미 공격기·심해기에 들어섰으며, 앞으로 나아갈 길의 어려움, 문제와 위험은 늘어가며 개혁의 체계성·관련성은 더욱 두드러지고, 수많은 전면성·구조성·전략성의 문제는 날이 갈수록 분명하게 드러나며, 고층설계에서 중시하는 중요성은 더욱더 돌출적으로 나타나고 있다. 이는 중국공산당이 전략계획과 설계를 더욱 중시하고, 잘 하며, 방향과 목표를 명확히 할 것을 요구하고 있다. 부분적인 단계성 개혁개방을 추진하려면 고층설계를 강화해야 한다는 전제하에서 진행해야 하며, 고층설계를 강화하려면 일부분의 단계성 개혁개방을 추진하는 기초 위에서 계획해야 한다.

돌다리도 두드리며 건너는 것과 고층설계를 강화하는 것의 논증은 통일된 것이다. 첫째는 언제나 돌다리도 두드리며 건너는 기초적인 작용을 지속해야 한다. 고층설계를 강화하는 것은 원천이 없는 물과 뿌리가 없는 나무가 아니며, 돌다리도 두드리며 건너지 않고 실천 중의 탐색과 총화(總和)[12] 경험이 없으면, 아무리 좋은 고층설계라도 탐색과정에서 방향을 잃고 현실과는 위반되는 결과를 가져올 것이다.

돌다리도 두드리며 건너는 것은, 첫째 임시방편이 아니고, 단계성 조치도 아니며, 여전히 우리가 전면적인 개혁을 심화해 가는 것을 촉진시키고, 현대화 발전과정에서 따라야 할 중요한 원칙이기 때문이다. 둘째 언제나 고층설계의 통합적인 작용을 지속시켜야 한다. 고층설계

---

12) 총화(總和) : 전체적인 화합.

를 강화하는 것을 통해 개혁의 체계성·전체성·협동성을 강화하여 돌다리도 두드리며 건너기 위해서는 더욱 많은 방법론의 근거를 제공할 수 있어야 하기 때문이다. 셋째는 양자를 개혁개방의 위대한 실천에 통일시켜 개혁개방이 비전이 있을 뿐만 아니라 탐사성도 있으며, 계획성이 있을 뿐 아니라 돌파성도 있도록 보장해야 한다. 이렇게 해야만 비로소 「중국특색의 사회주의」가 더욱 잘 지속하고 발전할 수 있는 것이다.

15

확고히 인민에게 의지하는
개혁을 추진하자

2013년 12월 3일 시진핑 총서기는 중국공산당 중앙정치국 제11차 단체교육에서 "인민 군중을 배우고 파악하는 것은 역사 창조자의 관점이며, 인민에 확고히 의지하여 개혁을 추진해야 한다."라고 밝혔다. 이 논술은 인민은 개혁을 추진하는 힘의 원천이며, 우리가 계속하여 개혁을 심화시키는 근본적으로 의지할 힘이라고 심도 있게 밝혔다.

인민에게 단단히 의지하여 개혁을 밀고 나아가는 것은 중국 개혁개방의 기본 경험이다. 개혁의 소리를 시작한 진리기준의 대토론인 가정도급생산의 전면적인 추진이든, 향진기업의 새로운 돌기(突起)이든, 모두 인민 군중들이 용감히 창조하고 적극적으로 참여한 결과이다. 40년 이래 중국공산당은 시종 모든 것은 인민을 위하여, 모든 것은 인민에 의지하여, 군중에서 나와 군중으로 가는 군중노선을 고수하였고, 사회발전규율의 존중과 인민의 역사주체적 지위 존중의 일치성을 고수하였으며, 인민이 옹호하는지 안 하는지, 찬성하는지 안 하는지, 기뻐하는지 안 하는지, 동의하는지 안 하는지를 각항의 개혁정책을 제정하는 출발점과 착지점으로 삼았으며, 사회주의 사회생산력이 발전하는데 유리한지, 사회주의 국가의 종합국력을 증강시키는데 유리한지, 인민들의 생활수준을 향상시키는데 유리한지 이 "3가지 유리한지"를 개혁 득실성패의 근본적인 기준으로 삼았고, 정확한 이론과 노선에 대한 방침과 정책을 제기하고 관철시키는 것을 통해 인민을 이끌고 나아갈 뿐만 아니라, 또 인민이 창조를 실천하고 발전해야 한다는 요구에 따라 앞으로 나아가는데 필요한 동력을 얻었다. 뒤를 돌아볼 때, 개혁개방은 인식과 실천에 있어서 매순간 돌파와 발전이 있었고, 개혁 중 모든 새로운 사물의 성장과 강대함은 개혁개방의 모든 방면의 창조와 축적에서 얻어진 것이며, 모든 것은 억만 인민의 실천과 지혜에서 온 것이다.

인민에게 확고히 의지하여 개혁을 밀고 나아가는 것은 계속하여 개혁을 심화시키는 근본적인 힘이다. 심도 깊게 개혁을 추진하는 복잡하고 어려운 수준은 개혁개방 초기보다 못하지 않다. 실천이 증명하듯이 각종 영역과 각종 사회층면에 분산되어 복잡하게 얽힌 구체적인 이익국면에 직면할수록, 안정적인 개혁발전의 막중한 임무에 직면할수록, 인민군중의 절박한 요구에 따라 정책주장을 완벽하게 해야 하며, 인민의 지혜와 민심을 잘 모으며, 인민의 힘을 더욱 잘 불러일으켜 개혁의 심화를 위하여 견고한 군중기초를 쌓아야 한다. 개혁의 심화는 인민의 이익과 관계되고, 또한 인민들 자체의 일이며, 인민의 참여가 없으면 안 되며, 군중들에 의한 창조가 없어서는 더욱 안 된다. 군중의 기초가 부족하고 인민의 지지와 참여가 없으면 어떠한 개혁도 성공을 할 수 없다. 어떠한 어려움과 도전에 직면하더라고 인민의 지지와 참여만 있으면 극복 못할 어려움이 없으며, 넘지 못할 문턱이 없다. 우리는 당의 군중노선을 열심히 관철시켜야 하고, 인민 군중을 최대한 흡수하여 개혁에 참여시켜 개혁에 대해 언제나 뜻을 함께하는 민심에 의지해야 하고, 언제나 파도를 가르고 나아가는 민중의 동력이 함께 하도록 보장해야 한다. 우리는 어떠한 중대한 개혁을 추진하더라도 모두 인민의 이익을 도모해야 한다는 데서 출발하여 방향을 계획하고, 조치를 제정하며, 인민에게 확고히 의지하여 추진하고, 개혁을 추진할 때 인민의 지혜를 흡수하고, 개혁을 추진할 때 인민의 힘을 모으며, 개혁을 검증할 때 인민을 의지하여 평가하며, 전면적인 개혁개방 심화의 과정이 인민이 광범위하게 참여하고 보편적으로 혜택을 누리는 과정이 되도록 해야 한다.

16

고품질 발전

당의 19차 대회 보고에서 중국경제는 이미 고속성장 단계에서 고품질 발전단계로 방향을 바꾸었다고 밝혔다. 이는 시진핑 동지를 핵심으로 하는 당 중앙이 중국경제의 새로운 방향에 대한 과학적인 판단이며, 향후 중국경제의 발전을 위하여 방향을 알려주고 임무를 제기하였으며, 중대한 현실적인 의미가 있다. 2017년 12월 개최한 중앙경제업무회의에서는 "고품질 발전을 밀고 나아가는 것은 현재와 향후의 발전 방향을 확정하고, 경제정책을 제정하며, 거시적인 조정을 실시하는 근본적인 요구이다."라고 강조하였다.

고품질발전을 밀고 나아가는 것은 경제의 지속적인 건강 발전을 유지하는 필연적인 요구이며, 중국사회 주요 모순의 변화와 전면적인 샤오캉사회건설, 전면적인 사회주의 현대화 국가건설의 필연적인 요구이다. 개혁개방 40년 이래 중국공산당은 "무에서 유", "적음에서 많음으로"의 문제를 성공적으로 해결하였고, 현재 고품질 발전을 강조하는 것은 미래지향적으로 "많음에서 좋은 것으로", "좋은 것에서 더욱 좋은 것으로"의 문제를 해결하기 위함이다. 중국 사회의 주요 모순은 이미 인민의 날로 증가하는 아름다운 생활에 대한 수요의 불균형·불충분이라는 발전 모순으로 바뀌었으며, 중국경제를 고품질 발전으로 바뀌도록 밀고 나아가는 것은 경제시스템이 더욱 많은 고품질의 상품과 서비스, 더욱 많은 선진적이고 실용적이며, 고부가가치와 고효율적인 신기술 신산업 신업태, 더욱 많은 취업을 창출하는 신형 노동집약형 산업과 서비스업, 더욱 많은 환경이 우호적인 생산방식·생활방식·소비방식, 더욱 많은 인민의 생활품질을 향상시키고 만족감을 증가시키는 물질문화 상품 등을 제공하게 하며, 중국사회의 주요 모순을 해결하는 효율적인 수단이다. 고품질 발전은 강국의 근본이고, 꿈을 이루는 기초이며, 개혁속도를 빠르게 하고, 끊임없이 경제의 혁신력·경쟁력 등 품질면에서의 우세를 강화해야만 "두개 백년"의 분투목표를 이루는데 견고한 기초를 쌓을 수 있는 것이다.

고품질 발전은 새로운 발전이념을 나타내는 발전이며, 즉 혁신이 제1동력이 되고, 조화가 개성특징이 되며, 녹색이 보편적인 형태가 되고, 개방이 반드시 거쳐야 할 길이 되며, 공유가 근본적이 되는 것이다. 고품질 발전을 이루려면 고품질 공급을 이루고, 상품과 서비스의 품질을 향상시켜 날로 향상하고, 풍부해진 수요를 더욱 잘 만족시켜 주민소비의 업그레이드를 희망하는 발걸음을 따라가야 하며, 고품질 수요를 이루고 공급과 수요가 더욱 높은 수준에서 균형을 이루는 것을 촉진시키며, 계속하여 중산층을 확장하고, 도시화 수준과 주민수입 수준을 향상시키며, 양로·의료·교육 부담을 줄이고, 억제된 수요를 방출하며, 고품질 자원의 분배를 이루고, 시장이 자원조치에서의 결정적인 작용을 충분히 발휘케 하며, 재산권제도를 완벽히 하고, 가격제도를 정리하며, 자원이 비생산부문에서 고효율부문으로 배정되는 장애를 타파하고, 고품질이 생산에 투입되는 것을 실현하고, 내포된 발전을 더욱 중시하며, 노동생산율과 자원의 집약이용 수준을 진일보 향상시키고, 총 요인의 생산성을 향상시키며, 발전의 지속가능성을 증강시키고, 고품질 분배를 이루고, 초기 배분단계는 각종 요인이 시장가치에 따라 분배에 참여하는 것을 촉진시키고, 주민의 소득이 지속적으로 성장하는 것을 촉진시키며, 재분배 단계는 고소득을 조절하고, 중간소득이 향상되며, 저소득이 보장이 되는 국면을 형성토록 해야 한다. 고품질 발전을 밀고 나아가려면 현대화 경제체계를 건설해야 하며, 이는 중국 발전의 전략목표이다. 시진핑 총서기는 당의 19차대회 보고에서, "현대화 경제체계를 건설하는 것은 반드시 거쳐야 하는 중요한 길을 뛰어넘어야 하는 절박한 요구와 중국발전의 전략목표이다."라고 밝혔다. 이 전략목표를 실현하려면 반드시 고품질 발전의 요구를 확고히 파악하고, 품질제일·효율우선을 고수하며, 업무의 주요 라인을 확고히 파악하고, 공급 측 구성개혁을 추진하는 것을 견고히 하며, 기본경로를 단단히 파악하고, 품질변혁·효율변혁·동력변혁을 밀고 나아가야 하며, 초점을 단단히 파악하고, 실물경제·과학기술 혁신·현대금융·인력자원 협동발전의 산업체계 건설을 가속화시켜야 하며, 제도적 장애를 확고히 파악하고, 시장구조가 효율적이고, 미시적 주체가 활력을 띠며, 거시적 조정이 법칙적인 경제체계를 구축하도록 해야 한다. 전면적인 샤오캉사회 건설의 3대 공격전 승리를 중점적으로 잘 장악해야 한다. 중대한 위험을 방지하고 해결하는 공격전에 잘 대처하고, 금융위험을 방지하여 거시적인 레버리지비율[13]을 효율적으로 통제하고, 금융서비스 실물경제 능력을 눈에 띄게 증강시키며, 체계성 위험을 효율적으로 예방하여 제어토록 해야 한다. 정확한 빈곤퇴출 공격전에 잘 대처하고, 특정된 빈곤군중을 잘 파악하여 정확한 빈곤퇴치를 도우며, 심각한 빈곤지역을 향하여 빈곤퇴출 성과를 공고히 하고, 빈곤퇴출 품질을 향상시켜야 한다. 오염방지 공격전에 잘 대처하고, 더욱 큰 결심을 내리며, 더욱 강한 조치를 취하고, 오염방지 강도를 강화하여 생태환경 품질이 전체적으로 개선되게 해야 한다.

---

13) 레버리지 비율 : 기업의 소유자가 대 준 자본에 대하여 채권자가 대 준 자본이 얼마나 되는지를 측정하는 지표. 이것으로 타인 자본에 대한 기업의 의존도를 측정한다.

17

현대화 경제체계의 건립

당의 19차 대회보고에서 처음으로 "현대화 경제체계를 건설하자."라고 제기하였다. 이는 중국이 전면적인 샤오캉사회 건설에서 승리하고 전면적인 사회주의 현대화 국가를 건설하는 새로운 노정을 개척하는 중대한 임무이며, 중국 경제발전의 새로운 추세, 새로운 기회를 붙잡고 새로운 모순과 새로운 도전을 대응하는 중대한 조치이며, 중국 공산당이 「중국특색의 사회주의」 경제건설규율의 인식에 대한 심화를 집중적으로 반영하였으며, 새로운 시대에 경제업무를 잘 할 수 있는 총 강령이다. 현대화 경제체계를 건설하는 것은 고비를 뛰어넘는 절박한 요구이며, 중국발전의 전략목표이다. 개혁개방 이래 중국 경제체계는 끊임없이 보완해왔지만 "크지만 강하지 않다"는 특징은 여전히 뚜렷하고, 과학기술·인력자원·생산자본 등 요인의 수준은 선진 국가와 비교했을 때 아직 커다란 격차가 존재하며, 많은 산업은 여전히 글로벌가치사슬의 중저가 상태에 처해있고, 기업의 국제경쟁력은 전체적으로 아직 강하지 못하며, 특히 브랜드·품질·기준에서 여전히 격차가 크다. 동시에 중국경제발전에서 불균형불충분의 문제는 비교적 두드러지고 장기적으로 누적된 구조성 모순도 여전히 존재하며 도시농촌, 지역, 주민들의 소득격차가 여전히 비교적 크고 산업, 업태, 기업분화 현상이 두드러지며 에너지, 원재료 등 영역은 여전히 과잉생산력이 존재하고 기계, 전자 등 영역의 기술업그레이드는 비교적 큰 제약에 직면하였으며 빈곤퇴출, 농업농촌, 생태보호, 공공서비스 등 방면의 부족한 부분은 더욱 강화해야 한다. 그 외에 국제금융위기의 심층적 영향은 계속 눈에 띄게 나타나며, 세계경제의 회복과정은 여전히 어려우며, 보호주의, 일방주의, 포퓰리즘 및 세계화 사고가 왕성해지고 주입형 부정영향을 과소평가할 수 없다. 전체적으로 볼 때 중국 경제는 이미 고속성장에서 고품질 발전단계로 방향을 바꾸었으며 발전방식을 바꾸고 경제구조를 최적화하며 성장동력을 전환하는 공격기에 처해 있어 새로운 발전이념을 관철하고, 현대화 경제체계를 건설하며 끊임없이 중국의 경제실력과 종합국력을 키워 더욱 높은 품질, 더 높은 효율성, 더욱 공평하게 더욱 지속가능한 발전을 이룰 것을 절박하게 요구한다. 현대화 경제체계를 건설하는 것은 매우 풍부한 과학적인 내포된 뜻이 있다. 당의 19차 대회보고에서는 이에 대하여 체계적이고 심도 있는 논술을 하였으며 "11343"으로 요약할 수 있다. 즉 "1가지 방침"을 고수하는 것은 바로 품질제일, 효율이 우선이며, "1개 주 라인"을 고수하는 것은 바로 공급측 구조성 개혁을 주 라인으로 하는 것이며, "3대 개혁"을 밀고 나아가는 것은 바로 경제발전의 품질혁신, 효율혁신, 동력혁신을 밀고 나아가 총 요인의 생산력을 향상하는 것이며, "4위 협동"의 산업체계를 건설하는 것은 바로 실물경제, 과학기술 혁신, 현대금융과 인력자원이 협동하여 발전하는 산업체계의 건설을 주력하여 가속화하는 것이며, "3개 유"의 경제체계를 건설하는 것은 바로 시장구조가 효율적이고 미시적인 주체가 활력적이며 거시적인 조정이 법칙적인 경제체제를 주력하여 구축하며 끊임없이 경제혁신력과 경쟁력을 증강하는 것이다.

당의 19차 대회보고는 현대화 경제체계 건설을 둘러싸고 공급측 구조성 개혁을 심화하고 혁신적인 국가건설을 가속화하며, 향진진흥전략을 실시하고 구역간의 조화로운 발전전략을 실시하며, 사회주의 시장경제체제보완을 가속화하고, 전면적인 개방의 새로운 국면 "6대 임무"의 형성을 밀고 나아가는 일련의 전략조치를 제기하였다. 이런 임무와 조치는 현재와 미래, 일부와 전체, 시장과 정부, 국제와 국내 등 중대한 관계를 과학적으로 처리하였으며, 주력점이 정확하고 실속가치가 높으며 영향 받는 면이 넓고 중국 현대화 경제체계의 "4량8주"를 구축하였다. 그중에 많은 정책과 조치는 예를 들어 "2030년 혁신적인 국가행렬에 들어가고" "두 번째 토지도급이 만료 후 재 연장 30년" "함께 보호하고 무분별한 개발을 하지 않는 것을 방향으로 장강경제구역의 발전을 추진한다" "글로벌 경쟁력을 가진 세계 일류기업을 양성한다" "자유무역항의 건설을 탐구한다" 등이며 시대의 요구에 적응하고 보편적인 관심에 대응하여 민심을 격려하고 분발하도록 한다.

18
사회주의 시장경제 체제의
완전함을 가속시키자

    당의 19차 대회 보고는 "사회주의 시장경제 개혁의 방향을 지속하고" "사회주의 시장경제 체제의 완성을 가속화 할 것"을 제기했으며, "경제체제 개혁은 반드시 재산권제도와 요소의 시장화 분배를 완벽히 하는 것을 중점으로 하며, 재산권의 동기부여를 실현하고, 요소가 자유롭게 유동하며, 가격의 반응이 융통성 있고, 경쟁이 공평하고 질서 있으며, 우수한 기업은 더욱 발전하고, 열등기업은 도태되어야 한다."고 밝혔다. 이런 중요한 논술은 사회주의 시장경제 체제의 완성을 가속시켜야 하는 중점임무와 중국 현대화 경제체제 건설을 구축하는 중요한 제도적 조치를 명확히 한 것이며, 시진핑 새시대의 「중국특색의 사회주의」 사상이 경제체제 개혁영역에서 구체적으로 표현된 것이다. 사회주의 시장경제 체제를 완벽히 하는 것을 가속화하는 것은 중국이 경제발전 방식의 방향을 바꾸는 꼭 거쳐야 할 길이며, 중국이 현대화 경제체제를 건설하는 근본적인 제도적 보장이다. 경제체제 개혁의 핵심문제는 정부와 시장의 관계를 정확하게 잘 처리하는 것이다. 개혁개방 이래 중국은 사회주의 시장경제 체제를 점차적으로 구축하였으며, 여전히 빨리 완성하고 있다. 현재 중국 경제체제 개혁의 중점은 당의 18기 3중 전회에서 제기한 "시장이 자원조치 면에서 결정적인 작용을 하는 것과 정부의 작용을 더욱 잘 발휘해야 하는 요구"를 실행하여 시장규칙을 더욱 존중하고, 운영상 환경을 최적화하며, 각종 요소의 자유유동의 실현을 촉진하고, 동시에 정부의 작용을 더욱 잘 발휘하며, 사회주의 기본제도와 시장체제가 더욱 잘 결합하여 시장의 "보이지 않는 손"과 정부의 "보이는 손"이 상호 보충하고, 상호 협조하며, 상호 촉진시키는 것이다.

사회주의 시장경제 체제를 빨리 완성하려면 전면적으로 당의 19차 대회에서 제기한 경제체제 개혁임무와 요구를 실행해야 한다. 첫째는 재산권제도를 신속하게 완벽히 하고, 재산권의 동기부여를 실현하는 것이다. 재산권제도를 완벽히 하려면 반드시 공동 소유제를 주체로 하고, 여러 가지 소유제경제의 공동발전이라는 기본경제 제도를 지속시키고, 완벽히 해야 하며, 흔들림 없이 공동 소유제경제를 공고히 하고 발전시키며, 흔들림 없이 비공동 소유제경제 발전을 격려·지지·인도해야 하며, 공평을 핵심원칙으로 하여 재산권 보호를 힘써 강화하고, 지적재산권 제도를 완벽히 하며, 법에 따라 각종 소유제경제 재산권과 합법적인 이익을 보호해야 한다. 둘째는 요소시장화 조치를 완벽히 하는 것을 가속화하여 요소의 자유로운 유동을 실현하는 것이다. 노동력시장 개혁을 심화하고, 법에 따라 평등취업을 보장하며, 토지시장 개혁을 심화하고, 도시농촌의 통일된 건설용지시장 건설을 가속화하며, 자본시장 개혁을 심화하고, 단계별 자본시장의 건강한 발전을 촉진시켜야 한다. 셋째는 시장이 주로 가격을 결정하는 체제를 완벽히 하는 것을 가속화하고, 가격반응의 융통성을 실현한다. 자원성 상품, 독점업계 등 영역의 요인가격이 시스템을 형성하는 개혁을 심화하고, 가격영역 반독점의 집법을 강화하며, 이율과 환율시장화 개혁을 심화하고, 인민폐의 국제화를 안정적으로 추진해야 한다. 넷째는 공평 경쟁시장의 환경을 완벽히 하는 것을 가속화하고, 통일적인 개방과 질서 있는 경쟁을 실현하는 것이다. 전면적으로 시장이 네거티브 리스트에 들어오는 제도를 실시하고, 통일된 시장과 공평경쟁을 방해하는 각종 규정과 방법을 말끔하게 정리하며, 신전한 사회의 신용시스템을 구축해야 한다. 다섯째는 각종 유형의 기업이 갖고 있는 시장의 주체적 지위를 공공하게 하는 것을 가속화하고, 우수한 기업은 발전하고 열등기업은 도태시켜야 한다. 국유기업의 개혁을 심화하고, 혼합 소유제경제를 발전시켜야 한다. 민영기업과 공동으로 가깝고, 깨끗한 정상적인 관계를 구축하고, 법에 따라 민영기업의 법인재산권과 경영자주권을 보호하며, 기업가의 경영을 격려하고 보호하며, 민영기업이 경영치리 수준을 향상시키고, 현대의 기업제도를 구축하도록 이끌어야 한다. 여섯째는 거시적인 조정을 혁신하고, 완벽히 하며, 정부작용을 더욱 잘 발휘하는 것이다. 경제와 사회 발전 규율을 지키고, 과학적이고 적절하며 효율적인 거시조정을 실시해야 한다. 시장작용과 기업주체의 지위를 존중하고, 전면적으로 정부기능을 정확히 이행해야 한다.

19

혁신형의 국가를 건설하자

혁신은 발전을 이끄는 첫 번째 동력이며, 현대화 경제시스템을 건설하는 전략의 버팀목이다. 당의 19차 대회 보고에서는 "혁신적인 국가건설을 가속화하자"고 명확히 제기하였다. 이는 새로운 발전이념을 관철시키고, 현대화 경제시스템을 건설하는 중대한 전략적 임무이며, 경제발전이 새로운 상태에서 순조롭게 발전방식의 변화·경제구조의 최적화·성장동력의 전환이라는 문턱을 뛰어넘는 것을 밀고 나아가는 전략적 조치이며, 또한 전면적인 샤오캉사회 건설과 전면적인 사회주의 현대화 국가건설에서 승리하는 중요한 내용이자 전략적 버팀목이며, "2개 백년"의 분투목표를 실현하는데 있어서 매우 중요한 의의가 있다. 혁신적인 국가의 주요 상징은 과학기술과 인재가 국력 강성의 제일 중요한 전략자원이 되고, 노동생산성과 사회생산력 향상이 주로 과학기술 진보와 전면적인 혁신에 의지하며 세계 일류의 과학연구기구 및 연구형 대학과 혁신적인 기업을 소유하고, 혁신적인 법률제도 환경·시장환경·문화환경이 우수한 것이다. 혁신적인 국가의 본질은 혁신활동에 의지하여 경제발전과 경쟁력 향상을 밀고 나아가며, 척도지표는 주로 혁신자원·지식창조·기업혁신·혁신성과·혁신환경 등의 방면에서 나타난다. 혁신적인 국가를 건설하는 전략적 조치는 당 중앙이 2006년에 제시한 것이다. 당의 17차 대회는 2020년에 혁신적인 국가 행렬에 들어선다고 제기하였고, 당의 18차 대회는 혁신구동 발전전략을 진일보적으로 제기하였으며, 2016년에 반포한『국가혁신구동발전전략 요강』은 2020년에 혁신적인 국가 행렬에 들어가고, 2030년에 혁신적인 국가 선두에 들어서며, 2050년에는 세계 과학기술 혁신강국을 건설한다고 제시하였다. 당의 18차대회 이래 중국의 과학기술발전은 눈부신 성과를 얻었고, 과학기술 진체능력이 지속적으로 향상되었으며, 양자통신과 컴퓨터, 고온초전도체, 중성미자 진동 등 영역에서 많은 중대한 오리지널 성과를 얻었고, 국가과학기술 주요 프로젝트가 일련의 중대한 기술과 엔지니어링 혁신을 실현하였으며, 이동통신 영역에서는 "2G따라가기" "3G돌파" "4G병행"에서 "5G인도(引導)"까지의 점프식 발전을 실현하였다. 2016년에 과학기술 진보가 경제성장에 대한 기여율은 56.2%에 달하여 2012년보다 400% 향상하였고, 첨단기술 산업의 증가치가 공업 증가치를 차지한 비중이 2.4%에 달하여 2012년보다 300% 향상하였다. 하지만 중국 과학기술의 기초는 여전히 약하고, 혁신구동의 체제에 적응하는 시스템이 완벽하지 않으며, 혁신시스템의 전체적인 효율이 높지 않고, 과학기술 인재 대오는 크지만 강하지 못하며, 세계 과학기술 강국을 건설하는 목표에 비하여 아직은 중대한 과학기술 난관에 직면해 있고, 관건적인 영역의 핵심기술은 사람의 구도에 제약을 받아 근본적으로 변화하지 못하였으며, 과학기술 혁신능력 특히 오리지널 능력은 여전히 매우 큰 격차가 있다. 예를 들어 2016년 핵심기술 능력과 혁신능력을 제일 잘 평가할 수 있는 국내발명 특허신청 접수량과 수권량이 전체 특허에서 차지한 비중이 40%와 20%가 안 되며, 현재 백만 명 중 연구원 수는 1000명 정도로 고소득 국가의 4000명 정도 수준보다 훨씬 낮다. 당의 19차 대회는 혁신적인 국가건설을 가속화하는데 대하여 전략적인 조치를 하였으며, 일련의 목표임무를 제시하였다. 즉 세계과학기술 최전방을 정확히 조준하고, 기초연구를 강화하며, 국가의 중대한 과학기술프로젝트를 실시하는 것을 확대하고, 미래형 기초연구, 선두형 오리지널 성과의 중대 돌파를 실시하며, 관건적인 범용기술, 최전방 선두기술, 현대 공정기술, 전복성 기술혁신을 돌출시켜 과학기술강국·품질강국·우주강국·인터넷강국·교통강국·디지털강국·지혜로운 사회를 건설하는데 유력한 버팀목을 제공해야 한다고 하였다. 또한 국가의 혁신시스템 건설을 강화하고 돌파형·선두형·플랫폼 일체화의 국가실험실을 건설하며, 세계 일류 과학연구 기구·연구형 대학·혁신적인 기업을 건설하고, 신형의 운영체제를 구축하며, 기능보완, 선순환의 협동 혁신이라는 신국면을 형성해야 한다고 하였으며, 나아가 과학기술체제 개혁을 심화하고, 전면적으로 과학기술 혁신환경을 최적화하며, 기업에게 기술혁신을 격려하는 각종 정책을 제정 실시하며, 기업혁신 부도체제를 강화하고, 기업에 적극 위탁하여 국가기술 혁신센터를 건설하며, 진정으로 기업을 주체로 하는 시장을 향해 산학연이 깊게 융합된 기술혁신시스템을 구축하고, 중소기업의 혁신에 대한 지지를 강화하며, 과학기술성과 전환을 촉진시켜야 한다고 했다. 이를 위해서는 혁신문화를 강력하게 선도하고, 지적재산권 창조·보호·운영을 강화하여 많은 국제수준을 가진 전략과학 기술인재, 과학기술 선두인재, 청년과학 기술인재와 수준 높은 혁신단체를 양성해야 한다고 했다.

20
공급 측면에서의
구조개혁을 강화하자

　2015년 11월 10일 시진핑 총서기는 중앙재경지도자소조 제11차 회의에서 "총수요를 적당하게 확대하는 동시에 공급 측면의 구조개혁을 힘써 강화하고, 공급시스템 품질과 효율을 힘써 향상하며, 경제가 지속적으로 성장하는 동력을 증강시키고, 중국사회 생산력 수준의 전체적인 향상을 밀고 나아가자"고 강조하였다. 당의 19차 대회보고는 공급측면 구조개혁의 심화라는 신 발전이념을 관철시키고, 현대화 경제시스템을 건설하는 중요한 전략을 우선순위에 놓고 반드시 품질 제일, 효율 우선을 지속시켜 공급측면의 구조개혁을 주요 라인으로 하여 경제발전 품질개혁·효율개혁·동력개혁을 밀고 나아가 전요인의 생산성을 향상시켜야 한다고 강조하였다. 이것은 중국공산당이 공급측면의 구조개혁이라는 경제발전과 경제업무의 주 라인에 대한 새로운 컨셉이고, 새로운 요구이며, 시진핑 동지를 핵심으로 하는 당 중앙의 신 발전이념을 지도로 하여 공급측면의 구조개혁을 밀고 나아가는 굳건한 결심과 역사적 책임을 다 할 것을 분명히 나타냈다.
　공급측면의 구조개혁은 중국 경제발전의 새로운 상태 등 일련의 심각한 변화에 직면하여 제시한 개혁전략이고, 중국경제가 고속성장단계에서 고품질 발전단계로 전환해야 하는 필연적인 선택이며, 국제발전의 대세와 중국발전의 단계성 요구에도 부합되는 것이다. 현재 세계과학기술과 산업의 영역은 심각한 변혁이 발생하고 있고, 공급시스템 조정이 빨라지고 있으므로 우리는 반드시 이 역사적인 기회를 경제발전의 거대한 구동력으로 바꾸어야 하며, 그렇게 하지 아니하면 다음 국제경쟁에서 수동적인 입장이 될 수 있는 것이다. 중국 공급시스템의 생산성은 강대하며, 220여 종의 주요 공산품과 농산품의 생산능력은 세계 제1위이다. 하지만 중국의 생산능력은 대부분 중저가, 저 품질, 저 가격의 수요만 만족시킬 수 있으며, 대량의 과잉생산성이 있을 뿐이다. 공급구조는 수요의 새로운 변화에 적응하지 못하고, 효과적인 공급은 심각하게 부족하며, 관건적인 핵심기술은 장기적으로 남에게 구속을 받고 있고, 일부 중요한 원자재·관건적인 부품·첨단장비·우수한 농산품은 수입에 의존하며, 여행·체육·건강·양로·가정 등에 대한 공급은 주민의 수요를 만족시키지 못하고 있다. 당의 18차 대회 이래 중국의 공급측면의 구조개혁은 단계적인 눈에 띄는 성과를 냈지만, 지속적인 심화는 아직 갈 길이 먼 상황이다. 따라서 오로지 진일보적으로 공급측면의 구조개혁을 추진하고, 공급시스템의 품질을 향상시켜야만 비로소 인민의 날로 증가하는 아름다운 삶의 수요에 더욱 잘 적응할 수 있으며, 더욱 높은 수준에서 공급과 수요관계의 새로운 균형을 이룰 수 있는 것이다.

공급측면의 구조개혁을 심화시키려면, 반드시 주요 공격방향을 파악해야 한다. 구체적으로 말한다면, 전면적으로 상품과 서비스품질을 향상시키는 것은 공급시스템의 품질을 향상시키는 중심 임무이며, 성장동력의 전환을 가속화하고, 전면적으로 실물경제 특히 제조업 수준을 향상시켜야 하며, 기초시스템의 기초를 강화하고 수리·철도·도로·해운·항공·배관·배전망·정보·물류 등 기초시설의 네트워크 건설을 강화해야 하며, 인력자본의 작용을 발휘하고, 인민의 적극성을 동원하고 보호하는 것을 더욱 중요시 해야 한다. 당의 19차 대회는 과잉생산해소·부동산 재고의 소진·금융리스크 축소·원가절감·유효공급 확대를 지속하고, 재고자원의 조치를 최적화하며·우수한 품질의 공급을 확대하고·공급과 수요의 균형을 이루어야 한다고 명확히 요구하였다. 이를 위하여 우리는 공급측면 구조개혁의 일련의 중요한 조치를 명확히 하고, 또한 전면적으로 실시해야 한다. 그러려면 첫째 과잉생산에 대한 해소를 지속적으로 확대해야 한다, 이것은 재고자원의 조치를 최적화하는 근본적인 경로이다. 둘째, 시에 따라 정책을 세워 부동산 재고를 소진케 해야 한다. 이것은 부동산시장의 공급과 수요관계를 개선하는 중요한 조치이다. 셋째, 적극적으로 금융리스크를 해소시켜야 한다. 이것은 금융 리스크를 예방하고 해결하는 중요한 내용이다. 넷째, 종합적으로 정책을 실시하여 원가를 절감해야 한다. 이것은 기업의 경쟁력을 강화하고 우수한 품질의 공급을 확대하는 중요한 조치이다. 다섯째, 확실하게 효과적으로 유효공급을 확대해야 한다. 이것은 효과적인 공급을 확대하는 중요한 수단이기 때문이다.

21

사람을 핵심으로 하는
신형 도시화를 추진하자

2016년 2월 시진핑 총서기는 신형 도시화 건설을 확대하여 추진하는데 대하여 중요한 지시를 하였다. 즉 신형 도시화 건설은 반드시 새로운 기점에 서서 새로운 발전을 해야 하며, 혁신·조화·녹색·개방·공유의 발전이념을 선두로 하는 것을 지속하고, 사람의 도시화를 핵심으로 호적인구의 도시화 비율을 향상시키는 것을 더욱 중요시하며, 도시농촌의 기본적인 공공서비스 균일화를 더욱 중요시하고, 살기 좋은 환경과 역사문맥을 계승하는 것을 더욱 중요시하며, 인민의 만족감과 행복감을 향상시키는 것을 더욱 중요시해야 한다고 하였다.

개혁개방 이래 중국은 세계 역사상 규모가 제일 크고 속도가 제일 빠른 도시화 발전을 경험했으며, 세상이 주목할 만한 성과를 얻었다. 하지만 도시화 과정에서 또한 많이 돌출된 모순과 문제도 누적되었다. 예를 들어 2억여 명의 농민공과 기타 상주인구는 아직 도시에 완전하게 융합되지 못하고 있고, 도시주민과 완전하게 평등한 공공서비스와 시민 권리를 누리지 못하고 있으며, 일부지방의 도시건설 규모의 확장이 너무 빠르고, 토지점유가 너무 많으며, 맹목적이고 무분별한 확장문제가 돌출되었으며, 많은 도시자원 환경의 수용능력이 약해지고, 수토(水土)자원과 에너지부족, 환경오염 등 문제가 돌출되었으며, 상당 부분의 도시건설 규모와 속도가 자금능력을 초월하여 정부부채 부담이 너무 무거우며, 도시의 사회치리 체제와 수준이 뒤떨어져 있고, 사회적 안정이 많은 도전에 직면해 있다. 중국의 도시화 발전은 커다란 기회에 직면해 있을 뿐 아니라 더욱 많은 어려움에 직면해 있다고 말할 수 있다.

시진핑 총서기는 우리처럼 이렇게 13억 정도의 인구를 가진 개발도상국이 도시화를 실현하는 것은 인류발전사에서 선례가 없는 일이라고 강조하였다. 무분별한 확장, 사람과 토지의 불균형, 부채로 생활하기, 환경을 파괴하는 옛 길은 더 이상 가서는 안 되며 갈 수도 없다. 이렇게 매우 관건적인 길목에 있지만 반드시 신형 도시화의 길을 걸어가야만 한다. 사회주의 초급단계의 기본 국정에서 출발하여 규칙을 지키고 정세에 따라 유리하게 이끌어 도시화가 순리에 따르고 흐름에 따르는 발전과정이 되도록 해야 한다. 사람을 근본으로 하는 것을 견지하고, 사람을 핵심으로 하는 도시화를 추진해야 하며, 최적화한 구조를 지속하고, 대중소도시와 도시농촌의 합리적인 분업, 기능의 상호보완, 협동발전을 촉진시켜야 하며, 생태문명을 지속하고 녹색발전·순환발전·저탄소발전을 힘써 추진하며, 문화전승을 지속하고, 역사를 추억하고·지역특색·민족특징이 있는 아름다운 도시로 발전시켜야 한다. 도시화 품질을 돌출된 위치에 놓고 실시하는 것을 지속하고, 호적인구의 도시화 비율을 향상시키는 것을 더욱 중요시하고, 도시농촌의 기본 공공서비스 균일화를 더욱 중요시하며, 살기 좋은 환경과 역사문맥의 계승을 더욱 중요시하고, 인민의 만족감과 행복감을 더욱 중요시해야 한다.

사람을 핵심으로 하는 신형 도시화를 추진하려면 농업 이동인구의 도시화를 추진하고, 도시에서 안정적인 취업과 생활을 할 수 있는 능력을 가진 농업 이동인구가 도시에 들어와 정착하는 것을 촉진시켜 도시주민과 동일한 권리와 의무를 가지며, 동시에 도시정착 농민공의 토지도급권리, 주택토지 사용권·집체수익 배분권리를 보호하고, 그들이 법에 따라 자발적으로 위의 권리를 유상으로 양도할 수 있도록 지지하고 이끌어줘야 한다. 다양하고 지속가능한 자금보장체제를 구축하고, 재정 이동지급을 농업 이동인구의 도시화와 연결하는 체제를 갖추며, 투자 및 대출체제의 개혁과 혁신을 가속화하고, 도시화의 자금보장문제를 잘 해결해야 한다. 사람을 핵심으로 하는 신형도시화를 추진하려면, 도시건설 용적률을 향상시키고, 생산 공간의 집약과 높은 능률, 생활공간의 살기 좋은 환경, 생태공간의 맑고 푸름을 촉진시키는 전체적인 요구에 따라 생산·생활·생태공간의 합리적인 구조를 형성토록 해야 한다. 도시건설 수준을 향상시키고, 자연을 존중하고, 자연에 순응하며, 하늘과 사람이 하나가 되는 이념을 나타내어 도시가 대자연에 융합되게 하고, 주민이 산을 바라볼 수 있고, 물을 볼 수 있으며, 향수를 기억할 수 있게 해야 한다. 전통적이고 우수한 문화를 보호 발전시키며, 도시의 역사문맥을 계승하고, 도시를 사람과 사람, 사람과 자연이 조화롭게 함께 하는 아름다운 곳으로 건설하기 위하여 노력해야 한다. 도시화의 치리를 강화하고, 도시를 알고 치리를 할 줄 아는 간부양성을 가속화하며, 지혜로운 도시를 힘써 만들고, 도시의 공공치리를 강화하며, 전면적으로 시민의 수준을 향상시켜 조화롭고 살기 좋으며 활력이 넘치고, 각각의 특색이 있는 현대화한 도시를 건설하고, 신형 도시화 수준을 향상시켜야 한다.

22

향촌진흥전략

당의 19차 대회보고는 "향촌진흥전략을 실시하라"고 명확히 제시하였으며, 또한 이것을 주제로 "3농업무"에 대하여 조치하였다. 이것은 중국공산당이 전면적으로 중국발전의 단계적 특징을 인식하고 파악한 기초위에서 당과 국가사업 발전의 총체적인 국면에서 출발하여 결정한 중대한 전략정책이며, 신시대 농업농촌의 개혁발전을 위하여 방향을 알려주고 중점을 명확히 하였다. 향촌진흥전략을 실시하는 것은 전면적인 사회주의 현대화 국가건설의 새로운 길을 여는 필연적인 선택이다. 농업현대화가 없으면 국가현대화는 불안정하고 불완전하며 견고하지 않게 된다. 현재 중국의 제일 큰 발전불균형은 도시와 농촌의 발전불균형이며, 제일 큰 발전불충분은 농촌발전이 불충분한 것이다. 도시와 농촌의 발전불균형과 조화롭지 못한 것은 현 단계 중국의 경제사회발전 중에서 제일 돌출된 구조성 모순이며, 또한 우리가 직면한 많은 문제의 병의 근원이다. 현재 중국 농업발전의 품질, 효율, 경쟁력은 높지 않고, 농민의 소득증가는 뒷심이 부족하며, 농촌의 자아발전 능력은 약하고, 도시와 농촌의 주민소득과 생활수준의 격차는 비교적 크며, 농촌에 남겨진 노인, 부녀자, 아동 등의 문제는 아직 잘 해결되지 못했고, "누가 농사를 짓느냐" 하는 문제는 여전히 해결해야 할 문제이며, 일부 향촌에서는 심지어 "공동화(空心化)"현상이 나타나고, 농업현대화는 여전히 "4화동보(四化同步)"[14]의 취약부분이다. 이런 문제는 농업농촌발전을 제약할 뿐 아니라 또 도시화 수준과 품질의 향상을 제약하며, 전면적으로 사회주의 현대화 국가를 건설하는 과정에서 피할 수 없는 도전이다. 당의 19차 대회 보고에서 제시한 향촌진흥전략의 실시는 바로 언제나 "3농 문제"의 해결을 지속하는 것을 전 당 업무의 제일 중요한 것으로 하고, 더욱 강도 높은 조치를 취하여 농업농촌의 낙후한 면모를 확실하게 변화시키며, "4화동보" 발전 중 농업이라는 취약부분을 강화하고, 전면적인 샤오캉사회의 부족한 부분을 보완해줄 것으로 본다.

향촌진흥전략을 실시하려면 반드시 농업 농촌의 우선적인 발전을 지속시켜야 한다. 시진핑 총서기는 어떤 때에도 농업을 경시해서는 안 되고, 농민을 잊어서는 안 되며, 농촌을 냉대해서도 안 되고, 중국이 강하려면 농업이 반드시 강해야 하고, 중국이 아름다우려면 농촌이 반드시 아름다워야 하며, 중국이 부하려면 농민이 반드시 부해야 한다고 강조하였다. 공업화와 도시화의 점차적인 발전에 따라 중국 1인당 국내 총생산 가치는 곧 1만 달러를 초과할 것이고, 도시인구비율은 곧 60%를 초과할 것이며, 농업의 국내 총 생산액에서 차지하는 비율은 더욱 하락할 것이지만, 농업의 기초적 지위는 변하지 않고, 많은 농민들이 농촌에서 생활하는 국정은 바뀌지 않을 것이며,

---

14) 4화동보(四化同步) : 동시에 펼쳐야 할 네 가지 방안.

중국은 이미 도시와 농촌의 일체화된 발전을 추진하는 역사적 단계에 이르렀다. 향촌진흥전략을 실시하는 것은 바로 농업이 희망이 있는 산업이 되고, 농촌이 평안하게 살면서 즐겁게 일하는 고향이 되며, 농업이 인기가 있는 직업이 되게 하는 것이다.

  향촌진흥전략을 실시하려면 산업이 왕성하고, 생태가 살기 좋고, 향풍(鄕風, 향속)이 문명하며, 효율적인 치리와 생활이 부유하게 되는 총체적인 요구에 따라 농업농촌의 현대화를 빨리 추진시켜야 한다. 산업의 왕성은 바로 현대농업 산업시스템·생산시스템·경영시스템을 힘써 구축하여 농촌의 123산업의 융합발전을 촉진시키고, 농업의 종합적인 효율과 경쟁력을 향상시키며, 농업 농촌 경제발전의 왕성한 활력을 유지토록 해야 한다. 생태가 살기 좋은 것은 바로 농촌의 자원 환경보호를 강화하고, 수도·전기·도로·가스·집·통신 등의 기초시설을 대폭 개선하는 것이며, 산·물·수림·밭·호수·풀의 보호건설을 통합하고, 푸른 산과 맑음 물, 청정한 공기의 전원풍경을 보호해야 하는 것이다. 향풍이 문명하다는 것은 바로 농촌문화교육·의료위생 등의 사업발전을 촉진시키고, 낡은 풍습을 고치고, 문명진보를 추진하며, 농경문명과 우수한 전통을 널리 알려 진일보적으로 농민의 종합적인 수준을 향상시키고, 농촌의 문명수준을 향상시켜야 하는 것이다. 효율적인 치리는 바로 농촌의 사회치리를 강화하고 혁신하며 대중민주주의와 법치건설을 강화하고, 사회의 바른 기풍을 널리 알리고, 위법행위가 처벌을 받게 하여, 농촌이 더욱 조화롭고 안정되며, 질서 있게 되도록 해야 하는 것이다. 부유한 생활은 바로 농민의 취업, 창업과 소득증가의 방법을 확장하고, 농민소득의 빠른 성장 추세를 유지하도록 노력하여, 농민의 경제가 넉넉하고, 생활에 부족함이 없으며, 생활이 편리하고, 함께 부유하도록 하는 것이다.

　향촌진흥전략을 실시하려면, 농촌의 각종 개혁의 추진을 확대하고, 끊임없이 농업발전·농촌번영·농민소득증가를 추진해야 한다. 농촌의 기본 경영제도를 공고히 하고, 완벽히 하며, 농촌토지제도의 개혁을 확장하고, 도급지의 "3권 분할제도"를 완벽히 하며, 토지의 도급관계의 안정적이고 장기적인 불변을 유지하고, 두 번째 토지도급이 기간만료 후 30년을 다시 연장하는 것은 정책의 "큰 선물"이며, 농민에게 "안정제"를 주는 것과 같은 것이다. 농촌의 공동재산권제도 개혁을 확대하는 것은, 농촌토지제도 개혁에 이어 또 하나의 중대한 농촌개혁이며, 목적은 농민재산 권익을 보장하고 공동경제를 키우는 것이다. 농업 지지 보호제도를 완벽히 하는 것은 재정 보조정책을 개혁하고, 식량생산 지역과 중요한 농산품생산 보호지역의 이익보상체제의 구축을 탐색하는 것이며, 농촌의 금융보험정책과 농산품 무역조정정책을 완벽하게 하는 것이다.

23
지역 간 협조발전 전략

당의 19차대회 보고는 "지역의 조화로운 발전전략을 실시해야 한다."고 제시하였다. 이것은 당 중앙이 「중국특색의 사회주의」 신시대에 지역발전의 새로운 정세, 새로운 특징에 대한 중대한 전략적 조치이며, 향후 지역의 조화로운 발전을 추진하는 행동지침이다.

당 중앙은 예로부터 지역의 조화로운 발전문제를 매우 중시했다. 1950년대에 연해공업과 내륙의 공업관계를 잘 처리할 것을 제시하였고, 80년대에 "2가지 대국" 전략구상을 제시하였으며, 세기의 교체기에 서부 대 개발전략의 중대한 정책실시를 진행하였고, 당의 16차 대회 이래 동북지역 등 옛 공업기지의 진흥과 중부지역의 굴기 촉진과 동부지역의 솔선 발전을 지지하는 중요한 조치를 취하였다. 당의 18차 대회 이래 시진핑 동지를 핵심으로 하는 당 중앙은 중국 지역의 조화로운 발전의 새로운 장을 열었다. 경진기(京津冀)의 협력발전은 중대한 발전을 하였고, 송안(雄安)특구는 가동되었으며, 장강경제벨트의 발전은 순리롭게 추진되고 있다. 중국은 "4대 영역"의 지역발전의 총체적인 전략은 심도 있게 실시되고 있고, 지역정책은 끊임없이 혁신하며, 협조체제는 빠르게 보완하고, 지역의 조화로운 발전의 시너지효과가 나타나며, 강 연안, 대로 연안일대에는 새로운 성장구가 형성되었다. 2012년에서 2016년까지 중국 중부와 서부지역의 생산총액은 각각 연평균 8.6%와 90.1% 성장하였으며, 각각 전국 1.4%와 1.9% 빠르며, 지역발전의 격차는 좁아지고, 1인당 지역 총생산액의 최고 도시와 최저 도시의 격차는 4.73에서 4.19로 떨어졌다. 하지만 중국의 지역발전의 격차는 여전히 비교적 크고, 일부 중서부지역과 빈곤지역의 기초시설은 여전히 부족하며, 공공서비스 수준은 아직도 비교적 큰 격차가 있다. 최근 몇 년 동안 지역의 조화로운 발전은 많은 새로운 상황과 새로운 문제에 직면해 있으며, 특히 일부 지역의 인재비축과 기술지원의 빈틈이 비교적 크고, 새로운 동력 양성이 상대적으로 비교적 느리며, 일부 자원형 도시산업의 전형이 어렵고, 지역의 발전 동향은 어느 정도 분화되었다. 전면적으로 지역의 조화로운 발전전략을 관철시키는 것을 둘러싸고 당의 19차 대회보고는 아래와 같이 중점 임무와 조치를 명확히 하였다. 즉 특수지역의 발전에 대한 지원을 확대하고, 혁명기지·민족지역·변방지역·빈곤지역의 지원을 강화하여 빠르게 발전시키며, 자원형 지역 특히 자원고갈 도시경제가 전환적으로 발전시키는 것을 지지한다. "4대 영역"의 조화로운 발전의 추진을 확대하고, 기초시설 네트워크 건설·생태환경보호·녹색과 우량 신흥산업·신형도시화 등을 중점으로 서부 대 개발을 추진하여 새로운 국면을 형성시키며·체제상의 난제해결·양호한 발전을 위한 환경조성에서 시작하여 동북 등 옛 공업기지의 진흥을 가속화시키고, 지역위치·기초시설 네트워크·산업기초와 자원조건의 우세를 충분히 발휘하여 중부지역의 굴기를 밀고 나아가며, 첨단요인이 밀집하고, 혁신능력이 강하며, 개방조건과 시장환경이 좋은 등의 장점을 발휘하여 동북지역의 우선 발전을 실현한다. 베이징의 비수도 기능을 원활하게 하는 것을 '핵심'으로 경진기의 협동발선을 밀고 나아가고, 고차원, 고표준으로 슝안특구를 건설하며, 분담구도가 합리적이고 상호 합작하여 조합을 맞추며, 이익보상을 공유하는 지역합작의 새로운 국면을 형성케 한다. 거시적인 보호를 함께 하고, 무분별한 개발을 하지 않는 것을 방향으로, 장강경제벨트의 발전을 밀고 나아기며, 더욱 효과적인 상하류 연동보호체제를 형성하고, 녹색저탄소와 고부가가치경제를 발전시키는 것을 중점으로 맑고 맑은 장강을 보호한다. 지역의 합작을 확대하고, 더욱 효과적인 지역의 조화로운 발전을 위한 새로운 체제를 구축한다. 육해의 개발과 보호의 통일된 규획과 협조를 강화하고, 해양경제를 강력하게 발전하는 동시에 해양생태계를 잘 보호해야 하며, 해양과학기술 수준을 향상시키고, 해양강국으로서의 발걸음을 빠르게 건설해야 한다. 이런 임무조치의 관철과 실시는 기필코 중국 지역발전의 구도를 최적화하고, 지역의 조화로운 발전 신국면을 열게 할 것이다.

24

전면적인 개방을 형성하는
새로운 국면을 촉진시키자

당의 19차 대회보고는 "전면적인 개방의 새로운 구도를 밀고 나아가는 형상을 구축해야 한다."고 제시하고, 새로운 시대의 개방이념·개방전략·개방목표·개방구조·개방동력·개방방식 등을 명확히 하였으며, "개방은 진보를 가져오고, 폐쇄는 필연적으로 낙후한다" "중국 개방의 대문은 닫지 않을 것이며, 오로지 더욱 크게만 열 것이다" "중국은 대외개방의 기본국책을 고수하며, 국문을 열고 건설을 지속할 것이다." "더욱 높은 차원의 개방형 경제를 발전시킨다."고 강조하였다. 이것은 시진핑 동지를 핵심으로 하는 당 중앙이 경제글로벌화의 새로운 추세에 적응하고, 국제형세의 새로운 변화를 정확히 판단하며, 국내 개혁발전의 새로운 요구를 파악하기 위하여 내린 중대한 전략적 조치이며, 반드시 중국이 더욱 높은 수준의 개방형 발전을 실현할 수 있도록 밀고 나갈 것이며, 개방형 세계경제를 건설하는 것을 추진하기 위하여 긍정적인 에너지를 가지고 공헌할 것이다.

전면적인 개방의 새로운 구조형성을 밀고 나아가는 것은 흔들림 없이 개방 발전이념을 관철시키고, 개방의 자발성으로 발전의 자발성과 국제경쟁의 자발성의 내적 요구를 얻는 것이다. 개방은 국가 번영 발전이 필히 거쳐야 할 길이다. 개방으로 개혁을 촉진시키고, 발전을 촉진시키는 것은 중국 현대화 건설이 끊임없이 새로운 성과를 얻어내는 중요한 보배로운 방식이다. 현재 세계는 대발전·대개혁·대조정 시기에 처해있으며, 중국경세는 발전방식의 전환·경제구조의 최적화·성장동력의 전환을 실행하는 가장 관건적인 시기에 처해있고, 대외개방이 직면한 국내외 형세는 심각하고 복잡한 변화가 발생하고 있으며, 기회와 도전은 모두 전례가 없고, 기회는 도전보다 더 크다. 중국의 경제발전은 새로운 상태에 들어왔으며, 노동력 원가는 지속적으로 오르고, 자원에 대한 한계성은 갈수록 긴장되어 가며, 환경 수용능력은 상한선에 접근했고, 개방형 경제의 전통적인 경쟁적 장점은 약해졌으며, 전통적인 발전형식은 난관에 봉착해 있다. 하지만 중국의 인력자원이 풍부하고, 시장의 규모는 방대하며, 기초시설은 비교적 완벽하고, 산업시설 또한 완비해 있으며, 혁신발전을 위한 제도 환경과 정책 환경은 끊임없이 보완되고, 개방형 경제는 여전히 종합 경쟁력 우세를 가지고 있음을 볼 수 있어야 한다. 험하고 복잡한 국내외 환경의 정황에서, 상황에 따라 기세를 몰아 개방형 경제의 가속화를 추진해야 하며, 요소구동(要素驅動, 주요 성분을 통해 가동시키는 것—역자 주)에서 혁신구동(革新驅動, 혁신을 통해 움직이게 하는 것—역자 주)으로 전환하고, 규모 속도형에서 품질 효익형으로 전환하며, 원가·가격우세를 주된 방향으로 하는 것에서 기술·기준·브랜드·품질·서비스를 핵심으로 하는 종합경쟁우세로 전환하여 품질변혁·효율변혁·동력변혁을 실현하는 것은 중국경제가 세계경제와 지속가능한 발전을 실현하는데 심도 있게 융합되는 것을 추진해 나아가고, 전면적인 샤오캉사회 건설의 승리와 신시대 「중국특색의 사회주의」의 위대한 승리를 얻기 위하여 유력한 버팀목을 제공하는 필연적인 선택인 것이다. 전면적인 개방의 새로운 구조를 형성케 하는 것을 밀고 나아가려면, 첫째, 전면적인 개방의 기본 의미를 정확히 파악해야 한다. 둘째, 외자 도입정책과 해외진출의 결합을 지속하고 국민경제발전의 공간을 확장해야 한다. 셋째, 연해지역의 개방과 내륙지역의 경제개방을 결합시키는 일을 지속하고, 지역의 개방구조를 최적화해야 한다. 넷째, 제조영역의 개방과 서비스영역의 개방을 결합하는 것을 지속하고, 높은 수준으로 심도 있는 구조조정을 개방하고 촉진시킨다. 다섯째, 선진국을 향한 개방과 중도 개발국을 향한 개방의 결합을 지속하고, 각국과의 이익교차점을 확대하며, 다방면의 개방과 지역개방의 결합을 지속하고, 개방형 세계경제의 건설자와 공헌자가 되도록 한다. 이러한 전면적인 개방의 새로운 구조 형성을 추진해 나아가려면 당의 19차대회에서 계획한 향후 중국의 대외개방의 일련의 새로운 임무와 새로운 조치를 전면적으로 실시해야 한다. 즉 "일대일로" 건설을 착실하게 추진하고, 무역 강국의 건설을 가속화하며, 외자투자의 환경을 개선하고, 지역개방 구조를 최적화하며, 대외투자합작 방식을 혁신하고, 무역과 투자자유화 편리화를 촉진시키는 것을 포함시켜야 하는 것이다.

25

함께 누리는 경제

　2015년 10월 당과 정부는 국가전략의 층면에서 "공유경제를 발전시켜야 한다."고 제시하였고, "공유경제"[15]라는 단어는 처음으로 대중들의 시야에 들어왔다. 2015년 12월 시진핑 주석은 저장 우진(烏鎭)에서 개최한 제2차 세계네트워크대회 개막식 축사에서 "중국은 현재 '네트워크+' 행동계획을 실시하고 있으며, '디지털중국'건설을 추진하고, 공유경제를 발전시키며, 네트워크에 기초한 각종 혁신을 지지하여, 발전품질과 효율을 향상시켜야 한다. 중국의 네트워크는 왕성하게 발전하고 있으며, 각 나라 기업과 창업자를 위하여 광활한 시장공간을 제공하였다."라고 밝혔다. 2017년 10월 시진핑 총서기는 중국공산당 제19차 전국대표대회에서 "제조 강국을 빠르게 건설하고, 선진 제조업을 빠르게 발전시키고 있으며, 인터넷·빅 데이터·인공지능이 실물경제와 깊게 융합하는 것을 추진하여 중고급소비·혁신선두·녹색저탄

---

15) 공유경제(共有經濟, sharing economy): 물품을 소유의 개념이 아닌 서로 대여해 주고 차용해 쓰는 개념으로 인식하여 경제활동을 하는 것을 가리키는 표현이다. 현재는 "물건이나 공간, 서비스를 빌리고 나눠 쓰는 인터넷과 스마트폰 기반의 사회적 경제 모델"이라는 뜻으로 많이 쓰인다. 인터넷과 SNS가 발달함에 따라 시공간의 제약 없이도 공유경제가 확산될 수 있었으며, 자신이 소유하고 있는 것을 타인과 공유, 교환, 대여함으로써 그 가치를 창출해낼 수 있는 협력적 소비의 일종이다.

소·공유경제·현대공급체인·인력자본서비스 등의 영역에서 새로운 성장점을 양성하고, 새로운 동력을 형성해야 한다."고 명확히 밝혔다.

공유경제는 네트워크정보기술에 기초한 발전과 보급이며, 상품·서비스·정보와 기술이 공유루트를 가지게 하는 신형 사회경제시스템이다. 그는 사물 간 인터넷·클라우드 컴퓨팅·빅 데이터·모바일인터넷 등 정보통신기술의 혁신적인 응용과 함께 흥하고, 생산 자료와 생활자원의 사용은 하지만 소유하지 않는다는 것을 지적재산권의 기초로 하여 임대·대체·구매 등 혁신방식을 통하여 유무상통·전체참여·협동소비를 실현하며, 지적재산권과 잉여자원을 충분히 이용하는 신형 경제형태이다. 총체적으로 말하자면, 공유경제는 아래와 같이 몇 가지 특징이 있다. 첫째, 정보기술은 특히 모바일 인터넷기술의 성숙은 공유경제가 흥하게 되는 결정적인 기술조건이다. 최근 몇 년간 중국은 인터넷·컴퓨터·스마트폰의 연구개발과 보급을 통해서 장족의 발전을 가져왔으며, 일련의 지불소프트웨어, 사회소프트웨어의 발전과 보급은 심지어 선진국가보다 앞섰으며, 공유경제의 발전을 위하여 기술조건을 창조하였다. 둘째, 공유경제는 사회 잉여자원을 최적화적으로 조치할 수 있게 되었다. 일반 상품이든 아니면 온라인택시, 공유자전거, 가정기술과 정보의 공용이든지 모두 잉여사회자원을 활발하게 하고, 그것이 자연스럽게 필요한 곳에 흘려들게 한다. 이것은 사회자원에 대한 방출이며, 또한 자원에 대한 절약이다. 셋째, 공유경제의 흥행은 소비자 개성화 수요의 끊임없는 증가와 밀접한 관계가 있다. 개성화 수요의 오더경제와 인터넷기술이 결합하여 출시한 상업

방식에 대하여 어느 정도에서 개인과 개인, 개인과 상가, 상가와 상가 간의 관계를 새롭게 구성하였으며, 사회경제 운행의 효율을 향상시켰으며, 또한 사회생활의 인문정서를 증가시켰다. 넷째, 공유경제는 사회신뢰에 대하여 비교적 높은 요구를 하였다. 네트워크는 "낯선 사회"를 구축하였으며, 이 낯선 사회에서의 경제활동은 성실가치관이 사람의 마음속에 깊게 파고 들어가도록 해야 하며, 또 이를 위해서는 건전한 사회신용시스템과 법률법규의 보장이 필요하다.

공유경제는 잉여자원을 공유하는 경제방식이다. 공유경제의 발전은 개인에게 있어서 추가이익을 얻을 수 있고, 사회에 있어서는 공급과 수요의 정보 불균형문제, 총 자원 낭비를 효과적으로 감소시킬 수 있다. 최근 몇 년간 공유경제는 중국에서 왕성한 발전을 하였지만, 현재 정책법규와 신용시스템의 불완전·혁신의식 부족·동질화 현상의 엄중함·사회자본이 맹목적으로 투입된 후에 가져온 거품현상 등의 문제를 심각하게 직면하고 있으며, 진일보적인 연구와 해결이 필요하다. 하지만 총체적으로 볼 때 세계적으로 첫 번째 과학기술 혁명과 산업혁명 하에 나타난 신형업태로서 공유경제는 재산소유권·조직형태·취업형식과 소비방식의 혁신을 빠르게 구동하고 있다. 공유경제 발전을 추진해 나아가면 사회자원 이용율을 효과적으로 향상시킬 수 있을 것이며, 사람들의 생활을 편리하게 하고, 공급측면의 구조개혁을 추진할 수 있으며, 경제발전의 신 동력을 양성하는데 중요한 의미가 있다.

26
인터넷 강국을 건설하자

　2014년 2월 27일 시진핑 총서기는 중앙인터넷안전과 정보화지도자 소조의 제1차 회의에서 중국 인터넷과 정보화 업무는 눈에 띄는 성과를 얻었으며, 인터넷은 가정마다 들어갔고, 네티즌은 세계1위이며, 중국은 이미 인터넷 대국이 되었고, 동시에 또 우리는 자주혁신이라는 방면에서 아직 상대적으로 뒤떨어져 있으며, 지역과 도시농촌의 격차는 비교적 뚜렷하고, 특히 1인당 평균 대수는 국제 선진수준과 격차가 비교적 크며, 국내 인터넷 발전의 '장애'는 여전히 두드러지게 있다고 밝혔다. 당의 19차 대회보고는 "인터넷 강국 건설"을 명확히 제시하였고, 인터넷 발전은 새로운 시대에 들어설 것이며, 새로운 아름다운 청사진이 서서히 펼쳐지고, 억만 인민은 인터넷의 발전 성과를 공유함에 있어서 더욱 실질적인 만족감을 얻을 것이라고 밝혔다.

　당의 18차 대회 이래 시진핑 동지를 핵심으로 한 당 중앙의 견고한 지도하에, 중국 인터넷강국 전략은 전면적이고 심도 깊게 추진되었다. 인터넷 기초시설 건설은 끊임없이 속도를 높이고 있고, 인터넷 자주혁신 능력은 안정적으로 향상하고 있으며, 정보경제는 강력하게 발전하고 있고, 인터넷 공간은 갈수록 넓어지고 있으며, 인터넷은 이미 중국의 각종 직업발전의 새로운 에너지가 되고 있다. 인터넷 강국 영역의 찬란한 그림은 다채롭게 나타났다. 사람들은 인터넷은 중국사회주의 새로운 상태 경제의 빠른 전진을 이끌고 있으며, 기술이든, 형식이든, 업태이든, 생태이든 인터넷정보는 중국 신구에너지의 전환을 위하여 끊임없이 강력한 동력을 제공하고 있으며, 공급측면의 구조개혁을 위하여 새로운 에너지를 주입시키고 "중국지혜"와 "중국방안"이 전 세계를 위하여 서비스하는 시대가 이미 열렸음을 발견하게 되었다. 스마트폰 수출량에서 모바일 결재건수까지, 또 다시 인터넷 쇼핑 거래액까지 "세계 1위" 항목은 2012~2017년까지 짧은 5년 동안 중국은 이미 신속하게 명실상부한 인터넷 강국이 되었음을 끊임없이 사람들에게 일깨워주어 왔다. 현재 중국 인터넷 강국 전략은 계속하여 안정적으로 추진하고 있다. 당의 19차 대회보고는 "제조 강국을 빠르게 건설하고, 선진 제조업을 빠르게 발전시키고 있으며, 인터넷·빅 데이터·인공지능이 실물경제와의 융합을 확대되는 것을 추진해나가야 한다."고 제시하였으며, 이는 우리가 인터넷 강국전략을 실시하는데 앞으로 나아가는 방향을 재차 명확하게 제시해 주었다. 기술혁신을 선두로 하고 새로운 기술·새로운 산업·새로운 업종·새로운 형식을 핵심으로 하며, 지식·기술·정보·데이터 등 새로운 생산요소를 버팀목으로 하여 "인터넷+"는 새로운 생산력 발전 추세를 나타냈으며, 또 전환 업그레드의 강력한 동력이 되었다. 예를 들어 제조영역에서 공업인터넷은 활발해졌고, 지능생산·개인맞춤·인터넷협동·서비스제조 등 새로운 형식·새로운 업종은 우후죽순처럼 나타났다. 금융영역에서 인터넷과 금융업을 융합하는 확대는 금융과학기술의 커다란 돌파를 가져왔으며, 그중에 위챗페이·알리페이를 대표로 하는 인터넷 결재는 인터넷금융의 왕성한 생기발랄한 풍조를 나타냈다. 유통영역에서 "신유통(新零售)"은 동일하게 온오프라인 유통업의 관계가 최초의 "서로 뜯고 할퀴던 관계"에서 현재의 "힘을 합치는 관계"로 바뀌게 하였으며, 중국이 미래 상업변혁의 제일 큰 실험장소가 되게 하였다. 어쨌든 인터넷 신기술과 실물경제와의 심도 있는 융합은 실물경제를 발전시키고 강화시킬 뿐 아니라, 새로운 성장점을 양성하고, 새로운 에너지를 응집하며, 경제발전을 촉진하여 사람들의 아름다운 삶에 대한 수요를 만족시킬 수 있다.

인터넷강국을 건설하려면 인터넷·빅 데이터·인공지능과 실물경제와의 심도 있는 융합을 밀고 나아가는 것 외에 또한 끊임없이 그들의 '장애문제'를 해결하여 '단점효과'를 축소시키고 '시너지효과'를 증가시켜야 하며, 심지어 '단점효과'가 '시너지효과'로 바뀌도록 노력해야 한다. 그렇게 하기 위해서는 첫째, 지속적으로 정보핵심기술의 자주적 혁신성을 강화해야 한다. 현재 핵심기술이 다른 사람의 제약을 받는 것은 중국 정보인터넷 영역의 제일 큰 '약점'이며 또한 제일 큰 '폐해'이다. 중국이 인터넷 발전의 주도권을 잡으려면 반드시 이 천장을 뚫고 핵심기술 자주혁신이라는 고삐를 단단히 끌어당겨야 하며, 뒤따라가는 것으로부터 함께 뛰어야 하고, 더 나아가 선두로 뛰어나가야 하는 전환을 실현해야 한다. 지금 중국 모바일인터넷의 핵심기술 연구개발은 아직 새로운 돌파가 필요하다. 예를 들어 소스코드는 모두 우리가 창조하고 또한 장악한 게 아니며, 서버도 중국에는 한 대도 없으며, 모바일 칩·모바일 조작시스템 등 영역의 관건적인 기술은 최후에는 반드시 우리 손안에 장악토록 해야 한다. 둘째는 끊임없이 "데이터 격차"를 타파해야 한다. 중국동부와 중서부, 도시와 농촌은 인터넷 응용면에서 격차가 여전히 매우 크다. 인터넷 보급 혜택공유의 의미는 바로 그런 빈곤지역·빈곤인구도 인터넷 발전의 날개를 달고 높이 날아오르는 것이다. 이를 위하여 정부는 빈곤지역의 인터넷 기초시설의 건설에 대한 투자를 확대하고, 농촌 및 외진 지역의 광대역 보급률을 확대해야 하며, 빈곤지역·빈곤군중도 능동적인 일을 하여 적극적으로 인터넷을 포용하고 생각을 바꾸며, 인터넷을 통하여 코너(僻地)에서 벗어나고 빈곤에서 탈퇴하여 부유하게 해야 한다. 셋째는 끊임없이 새로운 감독방식을 혁신해야 한다. 인터넷 영역에서 중국 감독기관과 기업은 이미 밀접하고 협조하는 관계를 구축하였으며, 선순환의 길을 탐색해냈다. 미래에 우리는 끊임없이 각종 선진기술을 이용하여 감독에 참여하고, 감독기관의 과학기술수준도 끊임없이 향상시켜야 하며, 따라서 기업의 혁신열정을 지속적으로 보호하고, 인터넷 위험을 해결하며, 공중의 이익을 보호해야 할 것이다.

27
국가 빅 데이터 전략을 실시하자

2017년 12월 8일 시진핑 총서기는 중국공산당 중앙정치국 국가 빅 데이터전략 실시에 관한 제2차 단체교육을 진행할 때, 빅 데이터의 발전은 매우 빠르므로 우리는 시기와 형세를 잘 파악하고 치밀하게 계획을 세워서 시대를 앞서 조치하고, 힘써 주도권을 잡아 빅 데이터 발전현황과 추세 및 그것이 경제사회 발전에 대한 영향을 잘 이해하고, 중국 빅 데이터 발전의 성과와 존재하는 문제를 분석하여 국가 빅 데이터전략 실시를 추진해 나아가고, 데이터 기초시설을 빠르게 완벽히 완성하며, 데이터자원 통합과 개방 공유를 추진하고, 데이터 안전을 보장하며, 데이터 중국을 빠르게 건설하여 중국 경제사회 발전과 인민생활 개선을 위하여 서비스해야 한다고 강조하였다.

빅 데이터는 정보화 발전의 새로운 단계이다. 정보기술과 인류생산 생활의 교차융합에 따라 인터넷은 빠르게 보급되고, 글로벌 데이터는 폭발적인 성장과 대용량 밀집의 특징을 나타내며, 경제발전·사회치리·국가치리·인민생활에 모두 매우 큰 영향을 끼쳤다. 중국이 실시하는 국가 빅 데이터전략은 주로 아래와 같은 몇 가지 방면의 내용을 포함한다.

첫째는 빅 데이터 기술 산업의 혁신 발전을 밀고 나가는 것이다. 중국의 인터넷쇼핑, 모바일 결제, 공유경제 등 데이터 경제의 새로운 업태, 새로운 형식은 왕성하게 발전하였으며, 세계의 선두에서 가고 있다. 우리는 세계 과학기술의 최선방을 조순하고, 우수한 자원을 집중하여, 빅 데이터 핵심기술을 뚫어야 하며, 자주적이고 통제 가능한 빅 데이터 산업체인·가치체인과 생태시스템을 빠르게 구축해야 한다. 고속·이동·안전·유비쿼터스 등 신시대 정보 기초시설을 빠르게 구축해야 하며, 정무데이터 자원과 사회데이터 자원을 통합적으로 기획하고, 기초정보와 중요영역 정보자원의 건설을 보완하며, 만물 간의 상호연결·인간–기계의 인터페이스·천지일체의 인터넷공간을 형성시켜야 한다. 중국제도의 장점과 시장의 장점을 발휘해야 하며, 국가의 중대한 수요를 향하여, 국민경제 발전의 주 전쟁터를 향하여 전면적으로 빅 데이터 발전전략을 실시하고, 빅 데이터 발전정책 환경을 완벽히 해야 한다. 데이터 개방과 시장주도를 지속하고, 데이터를 연결체로 하여 산학연의 융합을 촉진하고, 데이터 구동형 혁신시스템과 발전형식을 형성하며, 많은 빅 데이터 선두기업을 양성하고, 다방면의 다양한 빅 데이터 인재대오를 만들어야 한다.

두 번째는 데이터를 관건요인으로 하는 데이터경제를 구축해야 한다. 현대화 경제시스템을 건설하는데 빅 데이터의 발전과 응용이 없어서는 안 된다. 우리는 공급측 구조개혁을 주 라인으로 하여 데이터경제를 빠르게 발전시키고, 실물경제와 데이터경제의 융합발전을 밀고 나아가며, 인터넷·빅 데이터·인공지능과 실물경제와의 심도 있는 융합을 밀고 나아가 정보화와 공업화의 융합이라는 문장을 계속 잘 진행하고, 제조업 가속이 데이터화·인터넷화·지능화 발전으로 나아가는 것을 지속시켜야 한다. 공업인터넷 혁신 발전전략을 심도 깊게 실시하며, 공업인터넷 초기 시설과 데이터자원 치리시스템을 체계적으로 추진하며, 데이터의 기초자원 작용과 혁신엔진 작용을 발휘하여 혁신을 주요 엔진과 버팀목으로 하는 데이터경제를 빠르게 형성토록 해야 한다.

세 번째는 빅 데이터를 운용하여 국가치리 현대화 수준을 향상시키는 것이다. 빅 데이터가 과학정책 결정과 사회치리를 보조하는 체제를 완전하게 구축해야 하며, 정부치리와 사회치리형식의 혁신을 추진하고, 정부정책결정의 과학화·사회치리의 정밀화·공공서비스의 고효율을 실현시켜야 한다. 전자정무와 지혜도시 건설을 추진하는 것을 손잡이로 하고, 데이터집중과 공유를 경로로 하여 기술융합·업무융합·데이터융합을 밀고 나아가고, 정보장벽을 뚫어 전국보급·통합이용·통일적으로 접근하는 데이터 공유 플랫폼을 형성하며, 전국정보자원 공유시스템을 구축하고, 등급초월·지역초월·시스템초월·부문초월·업무초월의 협동치리와 서비스를 구축해야 한다. 빅 데이터 플랫폼을 충분히 이용하고, 위험요소를 종합적으로 분석하여 위험요소에 대한 감지·예측·예방능력을 향상시켜야 한다. 정부와 기업의 합작 및 다방면의 참여를 강화하고, 공공서비스 영역의 데이터집중과 공유를 가속화하며, 기업이 누적한 사회데이터와 플랫폼 연결을 추진하고, 사회치리의 강한 합력을 형성토록 해야 한다. 인터넷 내용의 건설을 강화하고, 인터넷 종합치리시스템을 구축하며, 깨끗한 인터넷 공간을 만들어야 한다.

네 번째는 빅 데이터를 운용하여 민생보장과 개선을 촉진하는 것이다. 빅 데이터는 민생을 보장하고 개선하는데 큰 작용을 한다. 인민을 중심으로 하는 발전사상을 고수하고, "인터넷 + 교육", "인터넷 + 의료", "인터넷 + 문화"를 추진하며, 인민은 발품을 적게 팔고, 데이터를 많이 사용하게 하며, 공공서비스의 균일화·보급화·편리화 수준을 끊임없이 향상시켜야 한다. 문제의 중심을 지속적으로 인식하고, 민생영역의 돌출된 모순과 문제를 파악하며, 민생서비스를 강화하고, 민생약점을 보완하며, 교육·취업·사회보험·의료위생·주거·교통 등 영역의 빅 데이터 응용을 추진하고·각종 편의응용을 심도 깊게 개발해야 한다. 정확한 빈곤탈퇴·생태환경 영역의 빅 데이터 운용을 강화하고·빈곤탈퇴 공격전을 승리로 이끌기 위하여 힘을 보태고, 생태환경을 빠르게 개선하기 위하여 힘을 보태야 한다.

다섯째는 국가데이터 안전을 확실하게 보장하는 것이다. 관건적인 정보기초 시설의 안전보호를 강화하고, 국가의 관건적인 데이터자원 보호능력을 강화하며, 데이터 안전경보와 원인 파악능력을 강화해야 한다. 정책·감독치리·법률의 통합적인 협조를 강화하고, 법규제도 건설을 가속화시켜야 한다. 데이터자원의 권리 확립·개방,·소통·거래에 관련된 제도를 제정하고, 데이터 지적재산권 보호제도를 완벽히 해야 한다. 기술특허, 데이터저작권, 데이터내용상품 및 개인사행활 등에 대한 보호강도를 강화하고, 인민군중의 이익·사회안정·국가안전을 보호해야 한다. 국제 데이터치리 정책보유와 치리규칙 연구를 강화하고, 중국의 방안을 제시해야 한다.

세 번째

「중국특색의 사회주의」
정치발전의 길을 견지하자

28

국가 치리(治理)체계와
치리능력의 현대화

2014년 2월 17일 시진핑 총서기는 성급 주요 지도자 간부의 당의 18기 3중 전회 정신을 학습하고 관철하며 전면적인 개혁심화 주제 연구 토론반 개학식에서, "당의 18기 3중 전회에서 제시한 전면적인 개혁 심화의 총체적 목표는 바로 「중국특색의 사회주의」 제도를 완벽히 하고, 발전시키며, 국가 치리체계와 치리능력 현대화를 추진하는 것이다. 이는 「중국특색의 사회주의」를 지속시키고 발전시키는 필연적인 요구이며, 또 사회주의 현대화를 실현하는데 있어서 반드시 지켜야 할 의무이다."라고 강조하였다. 국가 치리체계와 치리능력 현대화를 추진하는 것을 전면적인 개혁 심화의 총목표로 하며, 「중국특색의 사회주의」 현대화 사업은 매우 중요하고 깊은 의미가 있다.

개혁개방 이래 중국공산당은 새로운 각도에서 국가 치리체계 문제를 고려하기 시작하였고, 지도자 제도, 조직제도 문제의 근본성·전국면성·안정성·장기성을 강조하였다. 현재 우리 앞에 놓인 매우 중요한 역사적인 임무는 바로 「중국특색의 사회주의」 제도가 더욱 성숙되고 틀이 잡혀 당과 국가사업의 발전, 인민의 행복과 평안, 사회의 조화와 안정, 국가의 장기적인 태평과 안정을 위하여 더욱 완벽하고, 더

욱 안정되며, 더욱 효율적인 제도시스템을 제공하는 것이다. 이 공정
은 매우 웅대하며, 반드시 전면적이고 체계적인 개혁과 개선이고, 각
영역의 개혁과 개선의 연동과 집합이어야 하며, 국가 치리체계와 치
리능력 현대화에서 반드시 전체적인 시너지를 형성하고, 전체적인 효
과를 얻어야 한다. 국가 치리체계와 치리능력은 한 국가의 제도와 제
도 집행능력의 집중적인 표현이며, 양자는 상호 보완하고, 상호 완성
한다. 우리의 국가 치리체계와 치리능력은 전체적으로 우수하고, 독
특한 장점이 있으며, 중국 국정과 발전요구에 적합한 것이다.

　동시에 우리는 국가치리 체계와 치리능력 방면에서 또 많은 부분
을 개선해야 한다. 오로지 당의 집정능력을 향상시키는 것을 중점으
로 하여 당원간부의 사상정치 수준·과학문화 수준·업무능력을 모두
향상시켜 당과 국가기관, 기업과 비영리기업, 인민단체, 사회조직 등
의 업무능력을 향상시켜야만, 국가 치리치계가 비로소 더욱 효율적으
로 운행된다. 「중국특색의 사회주의」 제도를 완벽히 하고, 발전시키
며, 국가치리 체계와 치리능력 현대화를 하나의 유기체로 봐야 한다.
우리의 방향은 「중국특색의 사회주의」의 길이다. 중국의 오늘날 국가
치리체계는 중국역사의 전승·문화 전통·경제사회발전의 기초위에서
장기적으로 발전하고 끊임없이 개선하는 내성적인 진화의 결과이다.
전면적인 개혁 심화는 「중국특색의 사회주의」 제도를 더욱 좋아지게
하고, 제도의 자신감을 견고히 하며, 답보하는 게 아니라 끊임없이
체제의 폐단을 없애고, 우리의 제도가 성숙해지고 오래 지속되게 하
는 것이다.

29

제도체계를 활용하여 인민이
주인 되는 것을 보장하자

당의 19차 대회 보고에서 "사회주의 민주정치를 발전시키는 것은 바로 인민의 의지를 나타내고, 인민의 권익을 보장하며, 인민의 창조력을 불러일으키는 제도체계를 완성하여, 인민이 주인이 되게 하는 것을 보장하는 것이다."라고 밝혔다. 이는 신세대에 사회주의 민주정치를 발전시켜 인민을 의지하여 역사의 위업을 창조하는 데에 있어서 매우 중요한 의미가 있다. 중국공산당은 설립한 날부터 바로 인민이 주인 되는 것을 실현하는 것을 임무로 하여, 중국인민을 단결시키고 이끌며 오랫동안 쉬지 않고 노력하였다. 1945년 마오쩌둥은 연안의 동굴집에서 황옌페이(黃炎培)의 "흥함도 순간이요, 망함도 순간인데 어떻게 역사주기율을 뛰어넘을 것인지?"에 대한 대답에서 "우리는 이미 새로운 길을 찾았고, 우리는 이 주기율을 뛰어넘을 수 있다. 이 새로운 길은 바로 민주이다."라고 하였다. 신 중국 성립 이후 인민이 주인이 되는 것을 보장하고, 대중의 근본적인 이익을 보호하기 위하여 중국공산당은 국가생활의 각 영역에서 전면적인 실천과 탐색을 진행하였으며, 눈에 띄는 성과를 얻었다. 개혁개방 40년 이래 당의 지도 하에 중국의 사회주의 민주정치 건설은 역사적인 성과를 얻었고, 성공적으로「중국특색의 사회주의」정치발전의 길을 개척하고 확장하였다. 중국 사회주의 민주는 실천가운데 강한 생명력을 드러냈고, 거대한 우월성을 나타냈다. 세계에서 독보적인「중국특색의 사회주의」민주정치는 자체의 특유한 형식과 내용이 있다. 주로 인민이 주인이 되는 것을 나타내는 인민대표대회제도, 민주집중제의 조직형식과 지도제도, 갈수록 완벽해지는 사회주의 민주적 협상, 여러 사람들의 의견을 모으는 민주정책 결정체제, 인민군중의 광범위한 참여, 다양한 형식의 민주감독 등을 포함한다. "3권 분리", "다당 경쟁", "전 국민 직선" 그런 것과 비교했을 때 이런 제도 조치는 중국국정에 더욱 부합되고, 인민의 이익을 더욱 나타내며, 근본적으로 제일 광범위하고 제일 진실되며 제일 효과적인 민주실현을 보장할 수 있다.

제도체계로 인민이 주인이 되는 것을 보장하려면 반드시 현재와 향후의 중점 임무와 추진하는 조치를 정확히 파악하여야 한다. 중요한 6개 항이 있다. 즉 당의 지도, 인민이 주인 되는 것, 법에 따라 국가를 다스리는 것의 유기적인 통일을 지속하고, 인민이 주인 되는 제도의 보장을 강화하며, 사회주의 민주적 협상의 중요한 작용을 발휘하고, 법에 따라 국가를 다스리는 실천을 심화시키며, 기관과 행정체제 개혁을 확장하고, 애국통일전선을 공고히 하고 발전시킨다는 것이다. 당 19차 대회의 전략적 조치에 따라 중국 사회주의 민주정치를 지속하고 발전시키며, 적극적으로 안전하게 정치체제 개혁을 추진하고, 사회주의 민주정치의 제도화·규범화·절차화를 추진하여 인민이 법에 따라 각종 경로와 형식을 통하여 국가사무를 치리하고, 경제문화 사업을 치리하며, 사회 사무를 치리하고, 생동적이고 활발하며 안정 단결된 정치국면을 공고히 하고 발전시키며, 중국 사회주의 민주정치의 우세와 특징을 충분히 발휘하여 인류정치문명의 진보를 위하여 중국의 지혜가 충만한 공헌을 하도록 보장하는 것이다.

30
「중국특색의 사회주의」 법치체계

　당의 18기 4중 전회에서는 전면적으로 법에 근거하여 국가를 치리하는 것을 추진하고, 총 목표는 「중국특색의 사회주의」 법치체계를 건설하고, 사회주의 법치국가를 건설하는 것이라고 제시하였다. 이를 위하여 중국공산당의 지도하에 「중국특색의 사회주의」 제도를 고수하고 「중국특색의 사회주의」 법치이론을 관철시키며, 완벽한 법률규범 체계, 고효율적인 법치실시 체계, 엄밀한 법치감독 체계, 유력한 법치보장 체계를 형성하고, 완벽한 당내법규 체계를 형성하며 의법치국·의법집정·의법행정의 공동 추진을 지속시키고, 법치국가·법치정부·법치사회의 일체화된 건설을 고수하며, 과학입법·엄격집법·공정사법·전국민 법 준수를 실현하고, 국가치리 체계와 치리능력의 현대화를 촉진해 나가야 한다. 이들 총 목표를 실현하려면, 반드시 중국공산당의 지도를 고수하고, 인민의 주체지위를 고수하며, 법률 앞에서 사람마다 평등한 것을 지속하고, 의법치국과 의덕치국의 상호결합을 지속하며, 중국의 현실에서 출발하는 것을 고수해야 한다.

　전면적인 의법치국은 국가치리 방식의 심각한 변혁이다. 전면적인 의법치국은 중국이 전통적인 사람이 사회를 다스리는 영향에서 진일보적으로 벗어나 큰 걸음으로 현대 법치사회로 나아가며, 국가치리 체계와 치리능력 현대화를 촉진시키는 것을 의미한다. 전면적인 의법치국은 중국 경제건설·정치건설·문화건설·사회건설·생태문명건설의 각 방면에서 모두 법에 따라 다스려야 하며, 법치는 당·국가기관·사회단체·국민의 공동행위규범이 된다는 것을 의미한다. 전면적인 의법치국은 중앙에서 지방까지, 지역에서 업계까지 모두 법치를 이행해야 함을 의미한다. 당의 18차 대회 이래 법치는 국가치리 체계의 관건적인 일환이 되었으며, 각 항의 개혁은 모두 법치궤도에서 추진하였다. 법에 근거하여 국유기업 개혁을 추진하여 경제의 지속적인 건강한 발전을 촉진시키는 것에서 민법총칙을 제정하여 "민법전시대"를 여는 것까지, 정부부문 권력리스트 제도를 추진 실행하는 것에서 사법체제 개혁의 주요 틀을 확립하는 것까지, 지적재산권 보호제도를 완벽히 하여 창업혁신을 위해 법률 보호를 제공하는 것에서 빈민구제 개발 법치건설을 추진하여 정확한 빈곤탈퇴를 위하여 법치방향을 제공하는 것까지, "엽기증명"을 치리하여 법에 근거하여 일을 처리하는 전체적인 환경을 만들어가는 것에서 지속적으로 "시장 기능강화와 서비스 개선을 추진하여 법치정부 건설을 빠르게 추진하는 것까지 등 경제발전 추진·정치청명 유지이든, 아니면 문화번성·사회공정·생태양호를 실현하든, 법치는 언제나 근본성·전국면성·안정성·장기성의 작용을 발휘케 한다. 법치궤도에서 「중국특색의 사회주의」 제도의 장점은 끊임없이 치국이정(治國理政, 국가통치와 정책운영—역자 주)의 실질적인 효과로 바뀌며, 국가 치리체계와 관치능력 현대화는 힘차게 추진될 것이다. 과학입법을 추진한다. 입법품질은 법치의 품질에 직접적으로 관계된다. 법률체계를 완벽히 하려면 반드시 입법 품질을 향상시키는 이 키포인트를 붙잡아야 한다. 시진핑 총서기는 "과학입법·민주입법을 추진하는 것은 입법품질을 향상시키는 근본적인 경로이다."라고 밝혔다. 과학입법의 핵심은 입법이 객관적인 규칙을 존중하고 나타내고 민의에 부합되어야 하는 것이다. 실천 중 과학 입법과 민주입법은 서로 뗄 수 없으며 서로 보완하고 완성한다. 과학적인 절차와 방법을 지속하고 과학적으로 사회관계를 균형 집으면, 입법의 민주화를 더욱 잘 나타낼 수 있다. 민주입법을 고수하고, 누구나 말할 수 있는 길을 열어주며, 여러 사람의 의견을 모아야만 입법의 과학성을 보장할 수 있다. 과학입법은 입법의 민주화를 더욱 잘 나타낼 수 있으며, 민주입법은 입법의 과학화를 더욱 잘 촉진시킬 수 있다. 오직 과학입법과 민주입법이 「중국특색의 사회주의」 법치건설의 실천과정에서 통일되어야만 비로소 민주의 기초위에서 과학입법을 실현하게 되고, 법률이 인민의 근본적인 이익에 부합되게 되며, 경제사회 발전의 객관적인 규칙에 부합되게 할 수 있다. 인민대표대회의 입법업무에 대한 조직협조를 강화하고, 입법기관이 주도하고, 사회 각 방면에서 입법의 경로와 방식에 질서 있게 참여하는 것을 건전하게 해야 한다. 입법초안·논증·협조·심의체제를 완벽히 하고, 입법항목의 징모(徵募, 국가에서 특별히 모집하는 것—역자 주)와 논증제도를 완벽히 해야 한다. 입법의 세밀화를 추진하고, 최대한 구체적으로 명확히 해야 하며, 법률법규의 적시성·체계성·타깃성·효율성을 강화해야 한다. 법률법규 규칙의 초안을 인민대표대회의 대표의견을 구하는 제도를 완벽히 하고, 인민대표대회 대표의 초안 참여와 법률 수정의 작용을 더욱 많이 발휘토록 해야 한다. 입법기관과 사회대중의 소통체제를 완벽히 하고, 입법협상을 전개하며, 정협위원·민주당파·공상연합·무당파인사·인민단체·사회조직이 입법협상 중에서의 작용을 충분히 발휘하고, 국가기관·사회단체·전문학자의 입법 중 관련되는 중요 이익의 조정논증 자문체제를 탐색하고 구축해야 한다. 국민이 입법경로에 효율적으로 참여하는 것을 확대하고, 법률법규 규칙초안의 공개적인 의견공모와 공개적인 의견채택 상황의 피드백 체제를 완벽히 하며, 사회공감대를 광범위하게 응집해야 한다.

엄격한 법 집행을 추진한다. 현재 「중국특색의 사회주의」 법률체계는 이미 형성되었고, 전체적으로 법에 의거할 수 있는 문제를 해결하였다. 어떻게 법률이 전면적으로 정확한 실시를 보장받을 수 있는 것인가 하는 문제는 이미 전면적으로 의법치국을 추진하고 사회주의 법치국가를 건설하는 관건이 되었다. 시진핑 총서기는 "전면적으로 의법치국을 추진하는 중점은 응당 법률의 엄격한 실시를 보장하고, '법이 세워지면 범죄시 반드시 시행하고, 명령이 떨어지면 앞으로 나아만 간다.'"고 밝혔다. 행정집법기관은 헌법과 법률을 관철시키고 실시하는 중요한 직책을 감당하고 있으며, 법의 의법치국 전략의 실시자·추진자·보호자이다. 행정집법기관의 집법 능력과 집법 수준이 어떠한지는 정부의 법치이미지를 크게 반영하며, 국가 법치문명의 수준을 나타내고, 법치중국을 건설하는 발전에 영향을 끼치고 있다. 오직 엄격하고 규범화되며 공정하고 문명한 법 집행을 지속하고, 반드시 법에 의거하고, 엄격하게 법을 집행하며, 법을 위반하면 반드시 추궁해야 만, 헌법과 법률이 전면적이고 정확한 실시를 할 수 있도록 보장받고, 사회주의 법치국가 건설을 추진할 수 있는 것이다.

　공정사법을 추진한다. 사법은 사회관계 및 절차를 조정하는 총 스위치이고, 사회공정을 보호하는 마지막 방어선이며, 법률실시의 핵심 연결고리이다. 공정사법을 보장하고, 사법공신력을 향상시키는 것은 사람마다 법을 믿고, 법을 준수하며, 법에 굴복하고, 법을 보호하는 기초이다. 시진핑 총서기는 "사법공정은 사회공정에 대하여 매우 중요한 선두작용을 가지고 있으며, 사법불공정은 사회공정에 치명적인 파괴 작용을 가지고 있다."고 밝혔다. 사법공정을 실현하고, 엄격한 집법을 확보하여 사법이 반드시 밝은 곳에서 운행하도록 해야 한다. 사법치리 체제와 사법권력 운행체제를 완벽히 하고, 사법행위를 규범화하며, 사법 활동에 대한 감독을 강화하고, 인민이 모든 사법안건에서 공평정의를 느끼게 하도록 노력해야 한다. 심판을 중심으로 하는 소송제도 개혁을 깊이 있게 추진하고, 안건처리품질 종신책임제와 오심안건 책임 역 조사 문책제도를 실행하며, 전문화·직업화·고수준·풍조가 우수한 사법대오를 설립하여 사법 담당직원이 모든 안건의 심리를 모두 의법치국의 생동적인 실천으로 인식하고 대하며, 역사에 대하여 책임지고, 인민에 대하여 책임지며, 법률에 대하여 책임지도록 노력하게 해야 한다. 전 국민이 법을 준수하는 것을 추진하다. '전 국민의 법 준수'라고 하는 것은 어떠한 조직이나 개인은 모두 반드시 헌법과 법률의 범위 안에서 활동해야 하며, 모두 헌법과 법률에 의거하여 권리와 권력을 행사하고, 의무와 책임을 이행해야 한다는 것이다. 전 국민의 법 준수는 법치사회를 건설하는 필연적인 요구이다. 프랑스 사상가 루소가 말한 것 같이 " 모든 법률에서 제일 중요한 법률은 대리석에 새기는 것도 아니고, 구리 표지판에 새기는 것도 아니며, 국민의 마음에 깊게 새기는 것이다." 법치의 기초는 인민이 마음에서 우러나오는 옹호에 있고, 법치의 매력은 인민의 진심어린 신앙에서 기원하며, 법치의 힘은 인민의 자발적인 법률이행에 있다. 전 국민이 법을 준수하는 법치사회를 건설하려면, 법을 배우고, 법을 알며, 법을 준수하는 사회분위기를 만들어야 하며, 깊게 뿌리내린 사람이 다스리는 관념을 버리고, 법치신앙을 양성하며, 전 국민이 법률에 대한 믿음을 증강시켜야 한다.

31

헌법에 의거하여 국가를 통치하자

    헌법에 의거하여 나라를 다스리는 것을 지속하는 것은 시진핑 동지를 핵심으로 하는 당 중앙이 신시대에「중국특색의 사회주의」를 고수하고 발전시키는 전략 수준에서 내린 중요한 정책이다. 2012년 12월 4일 시진핑 총서기는 수도 각 계층이 현행헌법공표실행 30주년을 기념하는 대회 연설에서, "전면적으로 헌법을 관철시키고 실시하는 것은 사회주의 법치국가를 건설하는 제일 중요한 임무와 기초적인 업무이다."라고 밝혔다. 2014년 10월 20일 시진핑 총서기는「"전면적으로 의법치국을 추진하는 몇 가지 중요한 문제에 대한 중국공산당 중앙정부의 결정"에 대한 설명」에서 "의법치국은 헌법에 의거하여 나라를 치리하는 것이고, 의법집정의 관건은 헌법에 의거하여 집정하는 것이다."라고 강조하였다. 2018년 2월 24일 시진핑 총서기는 중국공산당 중앙정치국의 제4차 단체교육에서, "헌법은 최고의 법률지위, 법률권위, 법률효력을 가지고 있다."라고 재차 강조하였다. 당의 18차 대회 이래 의헌 치국이론과 실천의 발전은 이미 또한 계속하여 전면적인 의법치국을 추진하고, 국가치리 체계와 치리능력의 현대화를 추진하는데 깊은 영향을 끼치고 있다.

헌법을 제정하고 실시하며, 의법치국을 추진하고, 법치국가를 건설하는 것은 국가부강, 민족진흥, 사회진보, 인민행복을 실현하는 필연적인 요구이다. 중국 헌법은 국가근본법의 형식으로 중국공산당이 중국인민을 이끌고 혁명·건설·개혁을 진행한 위대한 투쟁과 근본적인 성과임을 확인하였고, 공인계급이 이끌고 공농연맹을 기초로 하는 인민민주독재의 사회주의국가의 국가형태와 인민대표대회제도의 정치형태를 확인하였으며, 국가의 근본적인 임무·지도핵심·지도사상·발전로드맵, 분투목표를 확인하였고, 중국공산당이 이끄는 다당합작과 정치협상제도·민족지역자치제도 및 기층군중자치제도를 규정하였으며, 사회주의 법치원칙, 민주집중제 원칙, 인권존중과 보장원칙 등을 규정하였고, 중국 각 민족 인민의 공동된 의지와 근본적인 이익을 반영하였다. 오직 전 사회에서 헌법을 배우고 헌법을 존경하며 헌법을 수호하고 헌법을 운용해야만 비로소 당이 각종 위험과 도전을 감당하고, 국가가 언제나 「중국특색의 사회주의」 길을 따라 승리로 나아갈 수 있으며, 중국민족의 위대한 부흥의 「중국의 꿈」이 순리적으로 실현되는 것을 확실히 보장할 수 있다.

중국의 현행 헌법은 중국 사회주의혁명·건설·개혁의 성공경험을 심도 깊게 요약한 기초위에서 제정하고 끊임없이 완성한 것이며, 중국공산당이 인민을 이끌고 장기적으로 분투한 역사논리·이론논리·실천논리의 필연적인 결과이다. 중국공산당은 혁명근거지를 건립하기 시작한 후부터 바로 헌법을 제정하고 실시하는 탐색을 진행하였다. 신 중국 성립 전에 중국공산당은 벌써 인민헌법 제정업무를 시작했고, 임시헌법 작용을 지닌 『중국인민정치협상회의 공동강령』을 제정하였으며, 1954년 첫 번째 『중화인민공화국헌법』을 제정하였다. 1982년 12월 4일 5기 전국인민대표대회 5차 회의에서 통과시키고 또한 실행을 공표한 현행헌법은 중국공산당의 역사상 헌법사상과 실천에 대한 창조적 승리와 발전이다. 현행헌법을 실시한 30여 년간의 풍부한 실천은 헌법을 통하여 확립한 당의 지도·인민이 주인 되는 등 일련의 제도·원칙과 규칙 및 개혁개방·사회주의 현대화 건설 등 일련의 정책방침을 추진하는 것은 국가통일·민족단결·사회안정을 강력하게 수호했으며, 현저한 우세·굳건한 기초·강대한 생명력을 지니고 있음을 충분하게 표명하였다.

2018년 3월 13기 전국인민대표대회는 헌법수정안을 통과시켰고, 당의 19차 대회에서 확정한 중요한 이론관점과 중요한 정책방침을 국가의 근본법에 기재했으며, 당과 인민이 실천 중에 얻은 중요한 이론혁신·실천혁신·제도혁신의 성과를 헌법규정으로 상승시켰다. 이것은 전면적인 의법치국을 추진하고 국가치리체계와 치리능력의 현대화를 추진하는 중요한 조치이며, 헌법이 신 세대에 「중국특색의 사회주의」를 고수하고 발전하는데 중요한 작용을 더욱 잘 발휘하고, "2개 백년"의 분투목표와 중화민족의 위대한 부흥인 「중국의 꿈」을 실현하기 위하여 강력한 헌법보장을 제공하는데 중요한 현실적 의의와 깊은 역사적 의의를 지니고 있다.

오직 중국공산당만이 비로소 대중을 위한 정당설립, 인민을 위한 집정을 고수할 수 있으며, 민주를 충분히 알리고, 인민을 이끌고 인민의 의지를 나타내는 헌법을 제정하며, 인민을 이끌고 헌법을 실시할 수 있다. 청 왕조 때 출범한『흠정헌법대강』『헌법중대조약19조』에서 쑨종산(孫中山)이 이끌고 제정한『중화민국임시약법』까지 또 다시 난징국민정부에서 출범한『중화민국헌법』까지 이들 헌법은 모두 지주계급 또는 자산계급이 제정한 것이며, 모두 인민의 이익을 대표하지 않았다. 오직 중국공산당이 중국 역사무대에 등장한 이후 인민들은 당의 지도하에 비로소 진정으로 헌법을 제정하는 주체가 되었다. 중국공산당이 인민을 단결시키고 이끌며 중국혁명·건설·개혁을 추진하는 실천 가운데, 헌법은 모든 인민의 근본적인 이익을 충분히 나타냈고, 실시과정에서 인민군중의 진심어린 옹호를 얻었다.

중국공산당은 헌법의 치국이정 중의 중요한 작용을 고도로 중시하고 발휘하였으며, 헌법의 존엄과 권위를 견고하게 수호하였고, 헌법완성과 발전을 추진해 나갔다. 이것이 중국 헌법이 생기와 활력을 유지하는 근본적인 원인이다. 중국공산당은 인민을 이끌고 헌법을 제정하고 실시하는 것을 당의 헌법 법률 범위 내에서 활동하는 것을 지속케 하는 것을 통일시켜 어떠한 조직이나 개인은 모두 헌법 법률의 특권을 초월할 수 없으며, 모든 헌법 법률을 위반하는 행위는 반드시 추궁한다고 강조하였다. 중국공산당은 과학적이고 효과적인 시스템이 완벽한 제도체계로 헌법 실시를 보장하는 것을 중시하며, 완벽한 법률규범 체계·고효율적인 법률실시 체계·엄밀한 법치감독 체계·강력한 법치보장체계를 빠르게 형성시키고, 완벽한 당내법규체계를 형성케 하며, 또한 경제사회발전에 근거하여 적시에 헌법수정업무를 추진하여 중국헌법이 언제나 실천하는 가운데 뿌리를 내리고 시대와 함께 나아가도록 하였다.

32
기구와 행정체제의 개혁을 심화시키자

　행정체제는 국가체제의 중요한 구성부분이며, 행정체제 개혁은 정치체제 개혁의 중요한 내용이다. 당의 19차 대회보고에서는 기관과 행정체제 개혁을 심화하여 "인민이 만족하는 서비스형 정부를 건설해야 한다."고 명확히 제시하였다. 이는「중국특색의 사회주의」신시대에 당과 국가사업 발전의 전 국면을 바라보며 흔들림 없이「중국특색의 사회주의」길을 따라 전진하고, 전면적인 샤오캉사회건설을 위해 내린 중요한 정책조치이다. 당의 19차대회 보고의 이 정신을 깊게 깨닫고 성실하게 관철시키는 것은 기존의 기관개혁 성과의 기초에서 진일보적으로 행정체제 개혁의 품질과 효능 향상의 실현을 공고히 하는데 유리할 뿐 아니라 정부업무의 효율·효과·공평을 반드시 향상시킬 것이며, 사회주의제도의 우월성을 더욱 잘 발휘하고, 인민의 만족과 신뢰를 얻을 수 있게 하는 것이다. 따라서 이를 위해서는 정부의 기능을 빨리 바꾸어야 한다. 시진핑 총서기는 "행정체제 개혁의 핵심은 정부기능을 바꾸는 것이다."라고 밝혔다. 양호한 발전환경을 창조하고, 우수한 공공서비스를 제공하며, 사회공평정의를 수호하는 총체적인 방향에 따라 정부기능의 범위를 과학적으로 구분하고, 각층 정부조직의 구조를 최적화하며, 부문직책의 업무분담을 정리하고, 책임을 두드러지게 강화하며, 권리와 책임의 일치를 확보해야 한다. 그중에 정부기구 간소화 권한 이양·완화와 치리의 결합은 "선수 바둑"과 같은 것이다. 시진핑 총서기는, "시장과 사회에 이양해야 할 권한은 반드시 충분히 제대로 이양해야 하고, 정부가 치리해야 할 일은 반드시 치리를 제대로 잘해야 하며, 정부기능의 전도·월권·공석 현상을 기필코 바로잡아야 한다."고 밝혔다. 정부기구 간소화 권한 이양 외에 권한경계가 뚜렷하고, 분담이 합리적이며, 권리와 책임이 일치하고, 고효율의 운영, 법치보장의 정부기관기능 체계를 빨리 형성토록 해야 한다. 행정심사제도 개혁을 돌파구로 하여 보류된 심사사항에 대하여 권력리스트 제도를 진행하며, 심사절차를 공개하고, 심사투명도를 향상시키며, 자유재량권을 축소토록 한다. 심사하는 권력이 집중된 부서와 근무처는 권력을 나누고, 정기적으로 근무교대를 해야 하며, 내부절차 통제를 강화하고, 심사사항을 줄이거나 증가시키고, 앞에서는 줄이고 뒤로는 늘리는 등의 권력남용 등을 방지해야 한다. 이외에도 과학적으로 중앙과 지방의 직책을 구분하고, 2가지 적극성을 충분히 발휘케 해야 한다. 중앙 직권·중앙과 지방의 공동직권·지방 직권의 범위를 명확히 하고, 책임을 지는 실행을 강화시켜야 한다. 중앙정부의 거시적인 조정직책과 능력을 진일보적으로 강화토록 해야 한다. 당의 19차 대회 보고에서 지적한 "성급 이하 정부에게 더욱 많은 자주권을 부여한다"에 따라 지방정부의 공공서비스·시장 감독·사회치리·환경보호 등의 직책을 진일보적으로 강화시켜야 한다. 재력과 직권이 서로 매치되는 원칙에 따라 각급 정부의 재력을 과학적으로 조치하고, 지방 특히 기층정부의 치리서비스능력을 강화시켜야 한다. 조직구조를 최적화시켜야 한다. 합리적인 조직구조는 정부의 효율적인 치리를 실시하고, 국가치리체계가 효율적으로 운영할 수 있도록 추진해야 하고, 치리능력을 향상시키는 것이 중요한 보장이다. 각 유형의 기구설치를 통합적으로 고려해야 하며, 당정부문 및 내부기관권력을 과학적으로 조치하고, 직책을 명확히 해야 한다. 그러기 위해서는 첫째로 당정군 기구개혁을 통합시켜야 한다. 당이 전 국면을 총람하고, 각 방면에 협조해야 한다는 요구에 따라 당위원회·인민대표대회·정부·정부기구를 합리적으로 설치하고, 당정부문 및 내부기구 권력과 직무를 과학적으로 조치하며, 직책의 위치와 업무의 임무를 명확히 하고, 결정권·집행권·감독권 및 서로 제약하고 또 서로 협조하는 행정운영체제를 완벽히 해야 한다. 당의 19차 대회보고는 "성급·시급·현급에서 직무가 비슷한 당정기관은 합병설립 또는 합쳐서 사무를 보게 하도록 탐색해야 한다."고 밝혔다. 둘째는 지방기구의 개혁을 통합하는 것이다. 지방정부는 치리와 서비스의 최전방에 있으며, 시장의 주체와 인민군중의 권익은 주로 지방정부를 통하여 실현되고 수호되며 발전한다. 설치기구를 종합하려면 법 집행의 주체를 통합하고 법 집행권을 상대적으로 집중시키며, 종합적인 법 집행을 추진하고, 행정의 법 집행 단계를 줄이며, 식품안전·안전생산·환경보호·노동보장·도시치리 등 인민군중의 직접적인 이익에 미치는 중점 영역인 기층의 법 집행역량을 강화하고, 법 집행체제를 정리하며,

법 집행과 서비스수준을 향상시켜야 한다. 수직치리체제와 기구설치를 완벽히 하고, 블록관계를 정리해야 한다. 조건이 되는 지방은 성정부가 현급·시급정부를 직접 치리하는 체제개혁을 탐색하고 추진하며 행정단계를 줄여야 한다. 변형된 기구의 승급, 간부에 대한 특별배려를 방지하고 고쳐야 한다. 신형도시화와 기층의 민주를 발전하는 요구에 따라 경제가 발달한 전(鎭)의 행정체제 개혁을 추진하며, 기층치리체계를 혁신시켜야 한다. 셋째는 기구편성을 엄격하게 통제해야 한다. 직무 전환과 직책 정리와의 관계를 단단히 통제하고, 간결·통일효능의 원칙에 따라 조직구조를 최적화시키고, 편성자원을 합리적으로 배치해야 한다. 기구편성치리의 과학화·규범화·법치화를 진일보적으로 추진하고, 효과적인 치리방법과 수단을 제도법규로 업그레이드시켜야 한다. 넷째는 행정과 사업의 분리, 사업과 기업의 분리, 치리와 사무의 분리해야 한다는 요구에 따라 체계혁신체제를 핵심으로 하여 사업단위의 분류개혁을 가속화하고, 사업단위를 발전케 하는 활력을 증강시켜야 한다. 행정치리방식을 혁신해야 한다. 경제사회 발전변화의 수요에 적응해야 하며, 정부치리의 과학화 수준을 향상시키고, 군중의 일처리를 편리하게 하며, 행정효율과 서비스품질을 향상시켜야 한다. 예를 들어 전면적으로 법에 의거한 행정을 추진하고, 직무능력이 과학적이고, 직책은 법이 결정하며, 집법은 엄명하고 공개공정·청렴고효율적으로 해야 하고, 법을 준수하고 성실한 법치정부를 빠르게 건설하며, 정부의 치리서비스를 개선하고, 정무서비스자원을 통합시키는 것을 통하여, 정무서비스 플랫폼을 완벽히 하며,

서비스형 정부를 빠르게 건설하고, 정부서비스의 균일화·규범화·고효율화를 촉진시키며, 당무·정무와 각 영역의 사무공개제도를 완벽히 하고, 투명한 정부를 빠르게 건설하며, 각종 권력남용 행위를 방지하고, 정부의 공신력을 향상시켜야 한다.

33
국가의 감찰체제를 개혁하자

2017년 1월 6일 시진핑 총서기는 당의 18기 중앙기율위원회 제7차 회의 연설에서, "국가감찰체제 개혁을 적극적으로 안전하게 추진해야 하며, 통합협조를 강화하고, 정책파악과 업무연결을 잘 해야 한다."고 제기하였다. 2017년 10월 18일 시진핑 총서기는 또 당의 19차 대회보고에서, "국가감찰체제 개혁을 심화시키고, 시범지역 업무를 적으로 시행할 것이며, 국가·성·시·현에 감찰위원회를 조직하고, 당의 기율검사기관과 연합하여 업무를 진행하여 모든 공권력을 행사하는 공직인원에 대한 감찰이 힘 있게 이루어지도록 실천해야 한다."고 강조하였다. 국가감찰체제 개혁은 전 국면에 관계되는 중대한 정치체제 개혁이고, 당과 국가의 자아감찰을 강화하는 중대한 정책조치이며, 법에 의거하여 당이 통일적으로 이끄는 반부패업무기구를 설립하고, 집중 통일된 권위와 고효율적인 국가감찰시스템을 구축해야 한다.

국가감찰체제 개혁을 심화시키는 것은 전면적으로 엄격하게 당을 치리하는 현실적인 수요이다. 국가감찰체제 개혁의 심화를 통해 당내에 분산된 감독기율 집행직무를 효과적으로 통합하고, 강한 감독과 두려워 떨게하는 힘을 형성하도록 해야 한다. 국가감찰체제 개혁을 심화하는 것은 전면적인 의법치국의 현실적인 수요이다. 국가감찰체제 개혁의 심화를 통하여 행정감찰과 회계감사·검찰원의 반 탐오·반 독직·직무범죄 예방 등의 역량을 효과적으로 통합하여, 감찰 권력의 운영이 더욱 규범화하고, 더욱 투명토록 해야 한다. 국가감찰체제 개혁은 국가치리체계와 치리능력의 현대화를 흔들림 없이 추진해야 한다. 국가감찰기관은 행정기관이 아닐 뿐만 아니라 또한 사법기관도 아닌 단지 정치기관이며, 인민대표대회에서 생긴 감찰직무를 이행하는 전문적인 기관으로서 당과 국가를 대표하여 감독권을 행사하는 것이고, 이는 권력운영과 감독제약체제에 대한 새로운 탐색이며 중대한 조직과 제도의 혁신이다.

국가감찰체제 개혁을 심화시키는 목표는 당의 통일적인 지도하의 국가 반부패 업무기구를 설립하는 것이다. 당의 18기 6중 전회를 개최한지 얼마 되지 않아 중국공산당 중앙 판공청에서 인쇄 발행한 「베이징시, 산시성, 저장성에서 국가감찰체제개혁 시범지를 전개하는 방안에 관하여」에서 "국가감찰체제 개혁을 심화시키는 목표는 당의 통일적인 지도하의 '국가 반부패 업무기구'를 설립하는 것이다."라고 제시하였다. 당의 통일적인 지도는 국가감찰체제 개혁의 근본적인 보장이다. 당의 지도는 「중국특색의 사회주의」의 제일 본질적인 특징이며, 또한 국가감찰체제 개혁을 심화시키는 근본적인 보장이다. 어떠한 상황에서도 국가감찰체제개혁의 심화는 제일 기본적인 정치원칙임을 떠날 수 없다. 당의 통일적인 지도는 기율검사업무를 제약하는 심층 모순문제를 해결하는 근본적인 경로이다. 국가감찰체제 개혁을 심화하면 필연코 권력자원을 새롭게 배치하고 기구의 인원을 새롭게 조정할 것이며, 일부 개혁대상과 부서의 밀접한 이익을 해칠 것이다. 오직 당의 국가감찰체제 개혁 심화에 대한 통일적인 지도를 고수해야만 비로소 이미 얻은 실천과 제도적 성과를 확장할 수 있으며, 이미 형성된 반부패 투쟁의 압도적인 태세를 공고히 발전할 수 있게 한다.

전면적으로 국가감찰체제 개혁 심화의 전략적 조치를 실시한다. 당의 19차 대회 보고에서는 국가감찰체제 개혁 시범지역의 업무를 전국으로 확대해 추진할 것이며, 국가·성·시·현에 감찰위원회를 설립하고, 당의 기율검사기관과 연합하여 업무를 진행하도록 하며, 모든 공권력을 행사하는 공직 인원에 대해 힘차고 굳건하게 실현하도록 제시하였다. 이 중요한 논술은 현재와 향후 국가감찰체제 개혁 심화의 전략 조치와 노선도를 진일보적으로 명확히 하였으며, 국가감찰체제 개혁이 시행하는 범위와 단계를 뚜렷하게 하였다. 국가감찰체제 개혁 시범지역의 업무는 전국에서 시행할 것이며, 2016년 11월에 시작한 베이징·산시·저장 3지역의 국가감찰체제 개혁 시범지 업무의 기초위에서 경험과 교훈을 요약하여 전국에서 시행할 것이다. 2018년 3월 11일에 통과된 헌법수정안에서 감찰위원회의 각 항 규정을 증가하였고, 전국인민대표대회는 『중화인민공화국 감찰법』을 심의하여 통과시켰으며, 국가감찰체제가 정식으로 전국 범위 내에서 확립되었음을 상징하였다. 국가·성·시·현에다 감찰위원회를 설립하고, 당의 기율검사기관과 연합하여 업무를 진행토록 하는 것은 바로 업무기구를 1세트로 묶는 것이며, 2개의 기관 명칭과 2개 기구의 직무와 인원을 전면적으로 융합시키는 것이다. 모든 공권력을 행사하는 공직인원에 대한 감찰이 제대로 실현되도록 하는 것은 바로 모든 공직인원에 대해 법에 의거하여 감찰하고, 감찰행정기관 및 기타업무에 대한 직원을 감찰할 뿐 아니라 대량의 정부 이외의 기구와 인원을 감찰하는 것이며, 반부패와 사각지대 없는 모든 국가에 대해 제대로 된 감찰을 해야 한다는 요구를 나타낸 것이다.

「중국특색의 사회주의」
문화발전의 길을 견지하자

34

의식형태의 영도권을
확고하게 장악하자

　당의 19차 대회보고에서는 "의식형태의 업무지도권을 굳게 장악해야 한다."고 명확히 제시하였다. 이것은 중국공산당이 의식형태의 업무를 지도하며 오랫동안 축적한 소중한 경험을 깊게 파악한 소중한 경험이고, 특히 당의 18차 대회 이래 창조한 신선한 경험의 기초 하에서 제시된 중대한 임무이며, 중국공산당이 의식형태 업무규칙에 대한 인식과 파악이 새로운 수준에 도달하였음을 충분히 반영하였다.

　첫째로 의식형태 업무지도권의 중대한 의미를 충분히 인식하고 굳게 장악해야 한다. 의식형태 업무는 당의 매우 중요한 업무이며, 우리는 경제건설을 집중하여 진행하는 동시에 한시도 의식형태업무를 늦추거나 약해지게 해서는 안 되며, 의식형태 업무의 지도권·치리권·발언권을 일단 잃으면 만회할 수 없는 역사적인 착오를 범하게 된다. 소련은 왜 해체 되었는가? 소련공산당은 왜 무너졌는가? 한 가지 중요한 원인은 바로 의식형태 업무를 소홀히 하고, 의식형태 업무지도권을 약화시켜 소련역사를 부정하고, 소련공산당의 집정지위를 부정하는 언론과 사상이 사회에서 번식하고 만연하게 되었으며, 여론이 시끄럽게 되었고 사상을 혼란스럽게 했기에 정권이 무너졌다. 현재 중국 의식형태 영역의 주류는 적극적으로 건강하게 향상됐고, 주선율은 더욱 우렁차졌으며, 긍정에너지는 더욱 강력해졌고, 주류의식형태의 영향력·지도력·응집력을 끊임없이 증강하고 있다. 하지만 또 의식형태의 영역은 조용하지 않으며, 투쟁은 여전히 복합하고, 각종 잘못된 사상과 관점은 여전히 수시로 나타남을 분명하게 보면서 반드시 믿음을 굳건히 하고, 정열을 유지하는 동시에 맑은 두뇌를 유지하고, 우환의식을 증강시키며, 최대한계의 사고를 지속하여 더욱 강력한 지도와 더욱 효과적인 조치로 의식형태 업무지도권을 굳게 장악해야 한다.

둘째로 의식형태 업무지도권의 주력점을 정확하게 파악하고 굳게 장악해야 한다. 마르크스주의 중국화·시대화·대중화를 힘 있게 추진하고, 흔들림 없이 마르크스주의를 고수하며, 시대와 함께 마르크스주의를 발전시키고, 끊임없이 당대 중국의 마르크스주의의 선명한 시대특색·실천특색·이론특색·민족특색을 부여해야 한다. 쉬지 않고 이론무장을 강화하고, 시진핑 신시대의 「중국특색의 사회주의」 사상이 인민들 마음에 깊게 들어가도록 밀고 나아가며, 그 근본적인 지도적 지위를 확립한다. 중국특색의 철학·사회·과학을 신속하게 구축하고, 중국특색의 신형 브레인 트러스트[16]를 강화하며, 전파수단의 건

---

16) 브레인 트러스트(Brains Trust) : 언론인 존 F. 키런이 만든 이 용어는 즉시 미국 전역에 유포되었다. '브레인 트러스트'의 주요구성원은 컬럼비아대학교 교수인 레이먼드 몰리, 렉스퍼드 G. 터그웰, 애돌프 벌 2세 등 3명이었으나 때때로 다른 인물들도 참여했다. 몰리를 단장으로 한 이 고문단은 루스벨트에게 미국이 당면해 있는 경제·사회 문제들을 일깨우고 새로운 공공정책들의 비교·검토에 참여했다. 선거 연설문 초안과 여러 조언을 제공했지만 루스벨트에 의해 상당부분 수정되었다.

설과 혁신을 고도로 중시하고, 인터넷 콘텐츠[17] 건설을 강화하며, 인터넷 종합치리 체계를 구축하고, 청정한 인터넷 공간의 형성을 밀고 나아가야 한다.

셋째로 의식형태 업무책임제를 엄격하게 실시해야 한다. 당이 홍보를 치리하고, 당이 의식형태를 치리하며, 당이 매체를 치리하는 것을 지속하고, 각급 당위원회는 정치적 책임과 지도적 책임을 감당하며, 홍보사상 영역의 중대한 문제에 대한 분석·연구·판단과 중대 전략임무의 통합적인 지도를 강화한다. 각급 당위원회는 과감하게 파악하고, 과감하게 치리하며, 칼을 뽑아들고 분명한 태도로 정확한 사상언론을 지지하고, 각종 잘못된 관점을 단호하게 반대하고 제지하며, '전사'는 되어야 하고 '신사'는 되지 말아야 한다. 진지 건설과 치리를 강화하고, 주관하는 담당과 부속 치리원칙을 열심히 실시하고, 자신의 업무에 책임이 있고, 자신의 업무에 책임을 지며, 자신의 업무에 최선을 다하여 각 진지가 언제나 선진 사상문화를 전파하는 굳건한 진지가 되게 하며, 절대로 잘못된 사상관점에 전파경로를 제공하지 않아야 한다. 교육과 실천단련을 강화하고, 이론에서·글쓰기에서·말재주에서 또는 기타 특기에서 능력 있는 인재를 양성하며, 정치적으로 믿을 수 있고, 업무적으로 뛰어나며, 사람들이 믿고 따르는 전문적인 대오를 만들어야 한다.

---

17) 인터넷 콘텐츠 : 콘텐츠는 본래 문서·연설 등의 내용이나 목차·요지를 뜻하는 말이지만, 전자상거래에서의 콘텐츠란 인터넷을 비롯한 유무선 전기 통신망에서 사용하기 위하여 문자·부호·음성·음향·이미지·영상 등을 디지털 방식으로 제작해 처리·유통하는 각종 정보 또는 그 내용물을 총칭하는 개념이다.

35

사회주의 핵심가치관을

배양하고 실행하자

　사회주의 핵심가치관을 양성하고 실행하는 것은 당의 18차 대회에서 제기한 치국이정의 중요한 범주이다. 사회주의 핵심가치관의 기본 내용은 부강·민주·문명·조화·자유·평등·공정·법치·애국·경업·성실·우의이다. 2014년 5월 30일 시진핑 총서기는 베이징시 하이띠안(海淀)구 민족초등학교에서 개최한 좌담회에서 "한 민족의 문명진보, 한 국가의 강력한 발전은 세대를 이어 노력해야 하고, 추진해 나아야 하는 데 많은 힘이 필요하며, 핵심가치관은 이 중에서 제일 오래되고 제일 무거운 힘이다."라고 밝혔다. 당의 19차 대회보고는 "사회주의 핵심가치관은 당대 중국정신의 집중적인 표현이며, 모든 인민이 공동적으로 추구해야 하는 가치를 응집한 것이다."라고 강조하였으며, 사회주의 핵심가치관의 풍부한 뜻과 실천요구를 논술하였고, 사회주의 핵심가치관의 양성과 실행에 대하여 많은 새로운 중요한 조치를 취하였으며, 중국공산당의 이 문제에 대한 인식과 실천이 새로운 수준에 올랐음을 표명하였다. 그러기 위해서는 다음과 같은 일을 해야 할 것이다.

　첫째는 사회주의 핵심가치관의 풍부한 뜻과 시대적 가치를 충분히 파악해야 한다. 사회주의 핵심가치관은 풍부한 뜻을 가지고 있으며, 사회주의 핵심가치관에 포함되는 기본이념의 통일체이다. 부강·민주·문명·조화는 국가 차원의 가치요구이며, 다년간 발전한 중국인의 이상과 가치추구를 반영한 것이고, 중국 사회주의 현대화 국가의 가치추구와 행위준칙이며, 사회주의 핵심가치관에서 제일 우선순위에 있고, 국가경제·정치·문화·사회·생태문명건설의 기본가치의 준칙을 확립한 것이며, "어떤 국가를 건설할 것인가?"라는 문제를 과학적으로 대답한 것이다. 자유·평등·공정·법치는 사회층면의 가치 추세이고, 아름다운 삶에 대한 생동적인 묘사이며, 「중국특색의 사회주의」의 기본 속성을 반영한 것이고, 중국공산당이 굳은 의지로 오랫동안 실천한 핵심가치 이념이며, 마르크스주의가 추구하는 사회가치 목표이고, 사회주의사회가 전면적으로 발전하고 진보하는 기본가치의 준칙이며, 어떤 사회를 건설할 것인가라는 문제를 과학적으로 대답한 것이다. 애국·직업윤리·성실·우의는 시민 층면의 가치 준칙이고, 공민의 기본도덕규범이며, 중국 사회주의 공민이 응당 지켜야 할 기본가치의 준칙이고, 사회생활의 각 영역을 망라한 것이며, 공민도덕행위의 선택을 평가하는 기본가치의 표준이고, 정치도덕·직업도덕·개인성품의 층면에서 "어떻게 새로운 사회주의 현대 공민이 될 것인가?"라는 문제를 과학적으로 대답한 것이다. 사회주의 핵심가치관은 사회주의 핵심가치체계의 핵심이고, 농후한 역사바탕과 견고한 현실적 기초가 있으며, 고대 성자·현자의 사상을 나타낸 것이고, 인인지사의 숙원을 나타낸 것이며, 혁명선열의 이상을 나타냈고, 또 모든 민족과 인민의 아름다운 삶에 대한 소망을 담고 있다. 사회주의 핵심가치관을 양성하려면 단계를 구분하고 중점을 돌출시켜야 한다. 교육인도·여론홍보·문화영향·실천양성·제도보장 등을 통하여 사회주의 핵심가치관이 인민의 정신을 추구하여 내면화 되게 해야 하며, 사람들의 자발적인 행위로 표면화 되게 해야 한다. 민족부흥의 대임을 담당하는 신시대 사람을 양성하는 것을 착안점으로 하고, 사회주의 핵심가치관을 국민교육의 혼으로 하며, 사회주의 핵심가치관의 교육과 학교교육·가정교육·사회교육을 밀접하게 결합할 수 있도록 추진하여 이것이 교육·교학·교풍·학풍에 융합되게 해야 하며, 문명도시·문명농촌·문명기업·문명가정·문명캠퍼스 건설 활동의 각 방면에서 나타나게 해야 한다. 사회주의 핵심가치관을 법치국가·법치정부·법치사회 건설의 모든 과정에 융합시켜야 하며, 입법·집법·사법 준수의 각 방면을 관통시켜 전면적인 의법치국 실천에서 좋은 방법으로 잘 다스려야 한다. 사회주의 핵심가치관을 널리 알리며, 당원 및 당 간부가 앞장서는 것은 매우 중요하다. 당원 및 당 간부가 앞장서서 사회주의 핵심가치관을 실천하도록 추진해 나가야 하며, 실제행동으로 군중에게 영향을 주고 군중을 이끌어야 한다. 중화의 우수한 전통문화를 대대적으로 전승하고, 널리 알리며, 거기서 풍부한 영양을 흡수하고, 끊임없이 사회주의 핵심가치관의 생명력·형상력·호소력·영향력을 증강시켜야 한다. 또한 애국주의 정신을 두드러지게 널리 알려야 한다, 시진핑 총서기는 "사회주의 핵심가치관에서 제일 깊고 제일 근본적이며, 제일 영원한 것은 애국주의다."라고 하였다.

애국주의 교육을 영원한 주제로 하고, 애국주의와 사회주의의 상호 통일을 고수하며, 언제나 민족부강·인민행복의 실현을 둘러싸고 발전해야 하며, 끊임없이 중화민족의 귀속감·인정감·존엄감·명예감을 증강시키도록 해야 한다.

36
사회주의 문화예술을
번영 발전시키자

시진핑 총서기는, "문화예술 사업은 당과 인민의 중요한 사업이며, 문화예술전선은 당과 인민의 중요한 전선이다."라고 하였다. 당의 19차 대회보고에서는 "사회주의 문화예술을 번영 발전시켜야 한다."고 강조하였다. 문화예술은 시대를 전진시키자는 나팔이며, 시대의 풍격과 면모를 제일 잘 대표할 수 있으며, 시대의 분위기를 제일 잘 이끌 수 있다. "2개 백년"의 분투목표를 실현하고, 중화민족의 위대한 부흥인 「중국의 꿈」을 실현하려면, 반드시 문화예술과 문화예술 종사자의 중요한 작용을 고도로 중시하고, 충분히 발휘토록 해야 한다.

사회주의 문화예술을 번영 발전시키려면, 반드시 인민을 중심으로 하는 창작방향을 고수해야 한다. 사회주의 문화예술은 인민의 문화예술이므로 반드시 인민을 중심으로 하는 창작방향을 지속해야 하며, 생활에 깊게 들어가고 인민에 뿌리를 내려서 시대에 부끄럽지 않은 문화예술을 창조해야 한다. 모든 문화예술 종사자는 시대의 발전에 따르고 인민의 필요성을 파악해야 하며, 현실에서 소재를 찾고 창작을 강화하며, 끊임없이 당을 노래하고, 조국을 노래하며, 인민을 노래하고, 영웅을 노래하는 우수한 작품을 발표해야 하며, 끊임없이 인민의 정신문화생활을 풍부히 하게하고, 인민의 정신세계를 향상시켜야 한다. 겸손하게 인민을 향하여 배우고, 삶에서 배우며, 인민의 위대한 실천과 풍부하고 다채로운 삶속에서 영양을 섭취하며, 언제나 인민의 일상과 인민의 행복을 마음에 두고, 인민의 희로애락을 자신의 글에 담아 분투하는 인생을 노래하고, 가장 아름다운 인물을 그리며, 사람들이 아름다운 삶에 대한 동경과 자신감을 갖도록 견고하게 해야 한다. 인민에 뿌리를 내리고, 삶에 뿌리를 내려 문화예술 창작을 펼쳐야 하며, 현실주의 정신과 낭만주의 정서관으로 현실생활을 비추고, 광명으로 암흑을 물리치며, 선으로 악을 이겨서 사람들이 아름다움을 보고, 희망을 보며, 꿈이 바로 앞에 있음을 보게 해야 한다. 사회주의 문화예술을 번영 발전시키려면 당의 지도를 더욱 고수해야 한다. 당의 문화예술업무에 대한 지도를 강화하고 개선하며, 광범위한 문화예술 종사자를 굳게 의지하고, 문화예술업체의 지도자를 잘 선택하도록 조치하며, 지덕을 겸비하고 문화예술 종사자와 함께 어울릴 수 있는 간부를 문화예술업무의 지도 자리에 배치시켜야 한다. 성심성의껏 문화예술 종사자와 친구가 되어야 하며, 문화예술 종사자의 창작 개성과 창조성 노동을 존중하고, 정치적으로 충분히 신뢰하며, 창작에서 열정적으로 지지하고, 학술민주·예술 민주를 선양하며, 문화예술 창조력을 향상시키고, 문화예술 혁신을 추진하여 문화예술 창작에 유리하고 양호한 환경을 만들어 주어야 한다. 각 계층의 문화홍보 부서는 당위원회의 지도하에 문화예술 업무에 대한 지도와 지원을 확실하게 강화하며, 문화예술 종사자에 대한 지도와 단결을 강화시켜야 한다. 사회주의 문화예술을 번영 발전시키려면 문화예술 대오의 건설을 강화해야 한다. 시진핑 총서기는 "문화예술은 영혼을 빚는 공정이며, 문화예술 종사자는 영혼의 공정사이다", "중국의 작가·예술가는 응당 시대풍조의 선각자·선행자·선창자가 되어야 한다."고 하였다. 문화예술대오의 건설을 더욱 두드러진 중요한 위치에 놓아야 하며, 직업도덕과 예술이 뛰어난 많은 명인 대가들을 만들고, 수준 높은 창작인재들을 많이 양성하도록 노력해야 한다. 문화예술 종사자는 자발적으로 예술사상을 굳게 지켜야 하며, 끊임없이 학문·교양·수양을 향상시키고, 자발적으로 사상축적·지식축적·문화수양·예술훈련을 강화하며, 자발적으로 품위를 따지고, 품격을 따지며, 책임을 따지고, 저속을 억제하여 역사를 위한 정기를 보존하고, 태평성세를 위하여 미덕을 널리 알려야 한다.

사회주의 문화예술을 번영하고 발전시키려면, 끊임없이 우수한 작품을 내놓아야 한다. 당의 19차 대회보고에서는 "문화예술 창작을 번영시키려면, 사상의 심오함·예술의 정교함·제작의 정밀함의 상호통일을 고수해야 한다."라고 하였다. 우수한 작품을 창작하고 생산하는 것을 문화예술 업무의 중심 연결고리로 하고, 정신 혁신을 문화예술 창작의 생산과정에 관통시키며, 더욱 많은 당대의 중국가치관을 전파하고, 중화문화정신을 나타내도록 하며, 중국인의 심미추구를 반영하고, 사상성·예술성·관상형이 유기적으로 통일된 우수한 작품을 창작해 내야 한다. 품위를 따지고 품격을 따지며, 책임을 따지는 것을 제창하고, 저속·용속(庸俗)[18]·세속을 억제하며, 우수한 문화예술 작품을 통하여 인민의 위대한 실천과 시대의 진보적인 요구를 기록하고, 신앙의 미·숭고의 미를 드러내도록 하며, 중국정신을 널리 알리고, 중국 힘을 응집시키며, 전국의 인민을 격려하여 활기차게 미래를 향해 전진해 나가도록 해야 할 것이다.

---

18) 용속(庸俗) : 평범하고 속되어 이렇다 할 특징이 없는 것.

37
우수한 중화 전통문화의
기본요소를 계승하다

　2014년 9월 24일 시진핑 총서기는 공자 탄생 2565주년을 기념하는 국제학술포럼 및 국제유학연합회 제5기 회원대회의 개막식에서 유가사상이 주도하는 중국의 사상문화는 "중화민족이 대대손손 생활해오는 가운데 형성되었고, 전승된 세계관·인생관·가치관·심미관 등을 나타내고 있으며, 그 중 제일 핵심적인 내용은 이미 중화민족의 제일 기본적인 문화를 일으키는 요인이 되고 있다."고 하였다. 2014년 5월 4일 시진핑　총서기는 베이징대학 교수와 학생들과 하는 좌담회에서, "중화문명은 수천 년을 흘러왔기에 독특한 가치체계를 가지고 있다. 중화의 우수한 전통문화는 이미 중화민족의 기본요인이 되었으며, 중국인의 마음에 뿌리를 내렸고, 모르는 사이에 중국인의 사상방식과 행위방식에도 영향을 끼치고 있다."라고 하였다. 이런 논술은 중화문명의 문화적 기인(基因)을 심도 있게 드러낸 것이며, 중화민족의 전통문화를 널리 알리는데 매우 중요한 의미가 있다.

　중화의 전통문화는 중화민족의 특징과 풍모를 반영하는 민족문화이며, 중국역사상 각종 사상문화와 관념형태의 총체적인 표징이다. 중화의 우수한 전통문화의 풍부한 철학사상·인문정신·교화사상·도덕이념 등은 중국인의 독특한 정신적 표지가 되었으며, 중국인의 정신세계를 풍부하게 했다. 예를 들어 중화문화는 "백성이 나라의 근본이다(民惟邦本)" "천인합일" "남과 사이좋게 지내기는 하나 무턱대고 한데 어울리지 않는 것(和而不同)"을 강조하고, "하늘의 도(道)는 강력하고 건강하고 올바르게 운행하니, 군자와 선녀는 이를 본받아 스스로 강하게 하기를 끊임없이 노력해야 한다(天行健, 君子以自强不息)" "대도가 행해지면, 천하는 모든 사람의 것이 된다(大道之行也, 天下爲公)"는 것을 강조하고 있으며, "나라의 흥망은 국민 모두에게 책임이 있다(天下興亡, 匹夫有責)"를 강조하고, 덕으로써 나라를 다스리고, 문화로써 사람과 어울릴 것을 주장하며, "군자는 대의를 알아야 한다(君子喩于義)" "군자의 마음은 평탄하여 넓다(君子壇蕩蕩)" "군자는 의로써 바탕을 삼는다(君子義以爲質)"를 강조하고, "말을 함에는 반드시 믿음이 있어야 하고(言必信), 행동을 할 때는 반드시 결과가 있어야 한다(行必果)" "사람에게 신의가 없다면, 미래 가능성이 없다(人而無信, 不知其可也)"를 강조하며, "덕이 있는 사람은 따르는 사람이 있어 외롭지 않다(德不孤, 必有隣)", "인자는 타인을 사랑한다(仁者愛人)" "남에게 좋은 일을 하다(與人爲善)" "자기가 싫은 것은 남에게 강요하지 말라(己所不欲, 勿施于人)" "나가고 들어옴에 서로 벗하며, 도적을 예방함에 서로 돕는다(出入相友, 守望相助)" "우리 집 어른을 공경하듯 타인의 어른도 공경하고, 우리 집 아이 사랑하듯 남의 아이도 사랑하라(老吾老以及人之老, 幼吾幼以及人之幼)" "가난을 구제하고 부를 나눠 공생한다(扶貧濟困)" "적음을 걱정하지 않고 공평하지 못함을 걱정한다(不患寡而患

不均)"등을 강조하였다. 이런 사상은 우리가 세계를 알고 세계를 바꾸는데 유익함을 제공하였으며, 영원히 변하지 않는 시대적 가치가 있는 것이다. 중화의 우수한 전통문화는 중화민족의 '뿌리'와 '혼'이다. "나무가 자리길 원하는 사람은 그 뿌리를 튼튼히 해야 하며, 멀리 흐르게 하려면 그 원천을 찾아야 한다." "한 국가·한 민족의 강성은 언제나 문화흥성으로 지탱해야 하는 것이며, 중화민족의 위대한 부흥은 중화문화 발전번영을 조건으로 해야 한다." 우수한 전통문화는 한 국가·한 민족의 전승과 발전의 근본이며, 만약 잃어버린다면 정신적인 명맥을 끊어버리는 것이 된다. 많은 국가와 민족은 비록 휘황찬란한 문명을 창조하였지만, 자기의 문화전통을 포기하였고, 유래와 방향을 잃어버려 결국에는 모두 잠깐 나타났다 바로 사라져 버렸다.

중화의 전통문화는 세월의 온갖 풍파를 겪었고, 제일 정화되고, 제일 우수한 부분을 누적 전승해 왔으며, 마음이 바다처럼 넓은 기백을 가지게 했고, 중화민족의 5000년 문명이 발전하는 가운데 얻어진 지혜의 결정체이며, 전부를 받아들여 넓고 심오하다. 따라서 쓸모없는 것은 버리고 좋은 것은 취하여 더욱 두각을 나타나게 해야 하며, 중화민족의 제일 독특한 정신적 표지를 대표할 수 있도록 하여 중화민족이 세계민족의 위에 우뚝 서는 튼튼한 기초와 버팀이 되도록 해야 한다. 따라서 중화의 우수한 전통문화를 연구 발굴하여 널리 알려야 한다. 중화의 우수한 전통문화의 사상정수와 도덕정수를 열심히 섭취하고, 애국주의를 핵심으로 하는 민족정신과 개혁혁신을 핵심으로 하는 시대정신을 강력하게 널리 알려야 하며, 중화의 우수한 전통문화의 인애를 강조하고, 민본을 중시하며, 성실을 지키고, 정의를 숭배하며, 화합을 존중하고, 공통점을 취하는 시대적 가치를 깊게 발굴하고 밝혀서 중화의 우수한 전통문화가 사회주의 핵심가치관을 갖춘 중요한 원천이 되게 해야 한다. 계승과 창조성 발전의 관계를 잘 처리해야 하며, 창조성 변화와 혁신적인 발전을 중점적으로 잘 하고, 옛것을 오늘의 현실에 맞게 받아드리고, 옛것을 지금의 귀감으로 삼는 것을 지속하며, 구별하여 대하고, 포기하며 계승하는 것을 지속하고, 옛날 것을 중시하고 현재의 것을 경시하며, 옛일을 인용하여 현재의 일을 비난해서는 안 되며, 중화의 우수한 전통문화와 현실문화가 융합하고 소통하게 하여 문화인의 시대적 임무를 위해 서비스하도록 해야 한다. 국제경험을 흡수하고 참고하여 중화민족의 우수한 문화의 힘을 강화하고, 각종 물질 및 비물질의 문화자원과 문화유산을 보호하고 전승해야 할 것이다.

38

인생의 첫 단추를 잘 잠그자

2014년 5월 4일 시진핑 총서기는 베이징대학을 시찰할 때, "청년의 가치방향이 미래에 사회의 가치방향을 결정하고, 또한 청년은 가치관 형성과 확립의 시기에 처해있으므로, 이 시기에 가치관 양성을 잘 하는 것이 매우 중요하다. 이는 마치 옷을 입을 때 단추를 끼워야 하는데, 만약 첫 단추를 잘못 끼우면 나머지 단추도 모두 잘못 끼워진다. 따라서 인생의 단추는 처음부터 잘 끼워야 한다."고 하였다. 시진핑 총서기는 적절한 비유로 청년들의 가치 관념의 생성규칙을 알기 쉽게 설명하였고, 청년들이 어깨에 지고 있는 역사적 중임을 밝혔으며, 당대 청년들에게 기대하는 바가 크다고 간절하게 말했다.

청년은 국가의 미래와 민족의 희망이다. "소년이 강하면 중국도 강하다." 청년시대가 이상이 있고 책임이 있으면, 국가는 미래가 있고, 민족은 희망이 있다. 총체적으로 보면 대부분 중국청년은 이상이 있고, 포부가 있으며, 추구하는 바가 있다. 이는 우리의 사업이 지속적으로 건강하게 발전하는 중요한 장점 중의 하나이다. 다른 한편 청년은 세계관·인생관·가치관이 형성하는 중요한 시기에 처해있어, 외부 환경의 조건에 영향을 쉽게 받는다. 일부 서방국가는 바로 이러한 특징을 이용하여 천방백계로 청년에 대하여 사상침투를 진행하며, 일부 잘못된 가치관이 인터넷 매체를 통하여 청년에게 영향을 끼치고, 일부 청년들은 신앙의 길을 잃고 정신이 흐리게 되어 심리가 균형을 잃고 행위가 규범을 잃게 되며, 당과 국가사업에 현실적으로도 잠재적으로도 위해를 가져오고 있다. 그렇기 때문에 사회주의 사업에 후계자가 있어야 한다는 전략적 차원에서 청년들이 정확한 가치관을 수립하고, 인생의 첫 단추를 잘 끼우도록 도와주고 인도해야 한다.

  "인생의 첫 단추를 잘 끼우는 기본 경로"는 부지런히 배우고(勤學), 덕을 닦으며(修德), 명확히 말하고(明辯), 진실 되게 행(篤行)하는 것이다. 이를 곧 학습을 주요 임무로 하고, 일종의 책임·일종의 정신추구·일종의 생활방식으로 하며, 열심히 진리를 배우고, 문화를 배우며, 과학기술을 배우고, 마르크스주의에서 밝힌 자연계·인류사회·인류사고의 발전규칙을 열심히 배우며, 과학적인 세계관·인생관·가치관을 수립하고, 문화지식을 열심히 배우고, 역사적 사고, 변증법적 사고, 체계적인 사고, 혁신적인 사고의 습관을 양성하며, 박식다재하고, 시야가 넓으며, 사고가 민첩하도록 노력하고, 과학기술을 열심히 배우고, 인민을 위한 사회에 헌신하는 전문기술을 숙련되도록 해야 한다. 덕을 쌓는 것은 양호한 '공중도덕'을 견고히 수립하게 할 뿐만 아니라, 자발적으로 역사적 사명을 책임지고, 시대의 중대한 부탁을 저버리지 않으며, 사회주의 핵심가치관을 열심히 실행하여, 개인의 운명과 국가의 운명을 밀접하게 연결시키고, 열심히 조국을 건설하고, 조국에 보답하며, 사회를 위하여 헌신해야 하며, 또한 양호한

'개인도덕'을 수립하며, 덕을 숭배하고, 선을 지향하며, 법을 지키기 위해 노력하며, 개인도덕수양을 강화하고, 도덕경계를 향상시키며, 고상한 정조를 추구하고, 저속한 취미를 멀리해야 한다. 밝게 분별하는 것은 바로 문제를 분석하고, 시비를 분별하는 능력을 향상하기 위하여 노력하는 것이고, 「중국특색의 사회주의」길에 대한 자신감, 이론에 대한 자신감, 제도에 대한 자신감, 문화에 대한 자신감을 향상하기 위하여 노력하며, 비슷한 것 같지만 다른 잘못된 언론에 오도되지 말고, 생각이 엉큼한 주장에 미혹되지 말며, 자기의 정확한 선택을 하기 위하여 노력하고, 특별히 서방의 나쁜 문화의 침입을 주의 깊게 분별하고 억제시켜야 하며, 역사허무주의·금전숭배주의·극단개인주의 등의 나쁜 영향을 방지해야 한다. 진실하게 행한다는 것은 바로 "일을 도모할 때 진실하고, 창업할 때 진실하며, 성실해야 한다."는 것이다. 높은 자리를 위하여 뜻을 세우지 말고, 큰일을 하기 위하여 뜻을 세우며, 목적을 달성하기에 급급해하지 말고, 자기만 잘난체 하지 말며, 능력은 없으면서 눈만 높지 말아야 하며, 착실하게 일하고 착실한 사람이 되어야 한다.

39

국제적인 전파능력 건설을 추진하자

당의 18차 대회 이래 시진핑 동지를 핵심으로 하는 당 중앙은 대외 선전 강화와 국제전파능력 향상을 고도로 중시하였다. 2013년 8월 19일 시진핑 총서기는 전국 선전사상 업무회의에서 세심하게 대외적인 선전업무를 잘 하고, 대외적인 선전방식을 혁신하여 외국의 새로운 개념·새로운 범주·새로운 전달을 힘써 융통하여 중국의 이야기를 잘 알리도록 하고, 중국의 소리가 잘 전파될 수 있도록 해야 한다고 말했다. 당의 19차 대회보고에서는 "국제적인 매체능력 건설을 추진하고, 중국의 이야기를 잘 알려 진실 되고 입체적으로 중국을 보여줄 수 있고, 국가문화 소프트파워를 향상시켜야 한다."고 제시하였다. 이 중요한 논술은 신세대 국제 매체능력 건설을 잘 하기 위한 나아가야 하는 방향을 밝혔으며, 중요한 준수원칙을 제공하였고, 더욱 높은 요구를 제시하였다. 국제 매체능력 건설을 추진하는 것은 국가 문화소프트 파워를 향상시켜야 하는 절박한 요구이다. 낙후하면 두들겨 맞고, 가난하면 굶주리게 되며, 말실수를 하면 욕을 먹어야 한다. 최근 몇 년간 중국 경제사회의 발전과 국제지위의 향상에 따라 특히 「중국 특색의 사회주의」가 새로운 시대에 들어서고, 근대 이후 오랫동안 고난을 겪은 중화민족이 일어서자 부유해지고 강해지는 위대한 비약을 맞이하여 배고프고 맞아야 했던 국면을 철저하게 종결시켰다. 하지만 우리의 국제 매체능력은 중국의 종합국력에 적응하지 못했고, 국제여론에서 아직 충분한 발언권이 없으며, 우리는 아직 욕먹는 시대를 종결시키지 못했다. "중국 위협론", "중국 붕괴론" 등의 논조는 끊이지 않게 들려오고 있으며, 한편으로는 서방 적대세력이 온갖 궁리와 온갖 방법을 다해 중국이라는 세계에서 제일 큰 사회주의국가를 부정적으로 묘사하고 있는 것이다. 다른 한편으로는 우리의 언어체계가 아직 구축되지 않고 있고, 중국의 발전과 종합실력이 아직 언어적 우월성과 문화소프트 파워로 충분히 바뀌지 않았다는 것이다. 따라서 국제 매체능력 건설을 강화하고, 중국의 이야기를 잘 전달하며, 중국의 소리를 잘 전파하여 국제상의 발언권을 강화하여 세계에 진실 되고 입체적이며 전면적으로 중국을 잘 보여주도록 하는 것이 현재의 형세 하에서 제일 절박한 것이다.

대외 전파에 대한 겨냥성·실효성을 강화시켜야 한다. 시진핑 총서기는, "매체가 나아가고 있는 분중화(分衆化, 대중이 부분화된 존재－역자 주)·차별화의 추세에 적응하고, 빠르게 여론을 구축하여 새로운 국면으로 인도해야 한다."라고 강조하였다. 국제매체의 실질적인 효과가 나타나게 하는 것에서 출발하여 외국의 인기 있는 문화전통·사고방식·행위습관 등을 연구하고, 네티즌에 대하여 컨셉을 정확히 하며, 다른 나라 네티즌의 특징을 구분하고, 끊임없이 매체내용과 전파방식을 조정하며, 우리가 하고 싶은 것과 외국의 네티즌들이 듣고 싶어 하는 것을 결합시키고, "우리가 말하는 것"과 "타인이 말하는 것"을 결합하여 본토화와 국제화 전파방식을 더욱 잘 융합하고, 문화매체에 대한 친화력을 강화하며 매체효과를 확실하게 강화해야 한다. 문화적 자신감을 강화해야 하며, 서방의 가치기준에 너무 양보하거나 비위를 맞추지 말고, 자기의 독특한 내용과 풍격을 잃어버려서는 안 되며, 국제전파의 주체적인 지위를 고수하고, 교묘하게 중국의 풍격과 중국의 특색을 융합시켜야 한다.

중국에 관한 이야기를 잘 전달해야 한다. 이야기는 현대 국제전파의 제일 좋은 매체 활용방법이며, 추상적인 개념과 이론의 선전보다 더욱 매력적이고 호소력이 있다. 중국의 역사는 유구하고, 중화의 문화는 심오하기에 우리는 충분히 많은 소재로 중국의 이야기를 전달할 수 있고, 본국의 역사문화·풍속습관·가치관념 등을 세계의 모든 곳에 전할 수가 있다. 「중국특색의 사회주의」 이야기를 잘 하여, 국제사회가 중국의 쾌속 발전과 종합국력의 빠른 향상을 이해하게 하고, 근본원인이 중국이 성공적으로 「중국특색의 사회주의」 길을 걸었기 때문임을 알게 해야 한다. "중국의 꿈」에 대한 이야기를 잘 전달하여, 국제사회가 중화민족이 부강을 갈망했고 부흥의 길을 걸어갔던 역사발전 과정과 현실위치를 이해시키도록 해야 한다. 중국인의 이야기를 잘 전달하여 국제사회가 평범한 중국인이 친히 겪은 경험을 통해 중국의 면모와 중국 인민의 면모가 나타나게 된 역사적인 변화를 느끼게 해야 한다. 중화의 우수한 문화이야기를 잘 전하여 중화의 전통문화가 중국문명의 진귀한 보물이 되게 하도록 해야 할 뿐만 아니라, 세계에 영향을 끼치는 정신적인 보물이 되도록 해야 한다. 중국의 평화발전의 이야기를 잘 전달하여 국제사회가 중국의 발전이 세계에 가져온 것은 기회이지 위협이 아니며, 평화이지 혼란이 아니며, 진보이고 후퇴가 아님을 이해시켜야 한다. 오직 그래야만이 비로소 세계가 중국을 더욱 잘 알고, 중국을 더욱 잘 이해하며, 더 나아가 중국을 지지하게 할 수 있으며, 그래야만 중국이 낸 소리가 비로소 더욱 우렁차고 더욱 멀리 전파될 수 있게 되는 것이다.

다섯 번째

발전하는 중에 민생을 보장하고
개선시키는 일을 견지해 나가자

40

민생복지를 증진시키는 것은
발전의 근본적인 목적이다

　당의 19차 대회보고는 "반드시 언제나 인민이익을 최고로 높은 지위에 놓아 개혁발전성과가 전 국민에게 더욱 많이 더욱 공평하게 혜택 받게 하며, 전 국민이 함께 부유해지기 위해 끊임없이 앞으로 걸어가야 한다."고 제시하였다. 동시에 인민이 제일 관심을 갖는 제일 현실적인 이익문제를 파악하고 민생수준 보장과 개선을 향상하는데 총체적인 조치를 하였으며, 새로운 사상과 조치를 제기하였다. 이는 중국공산당이 인민을 위하여 당을 건설하고, 인민을 위하여 집정하는 가치방향을 나타냈고, 중국공산당이 인민을 중심으로 하는 발전 사상을 나타냈으며, 중국공산당이 개혁발전의 새로운 요구와 인민군중이 기대하는 이론적 자각을 나타냈다.

　중국인민을 위하여 행복을 모색하고, 중화민족을 위하여 부흥을 모색하는 것은, 중국공산당의 초심과 사명이다. 중국공산당은 한 결같이 인민을 위하여 끊임없이 민생개선을 위한 발전을 지속하였고, 개혁발전 성과를 전 국민이 더욱 많이 더욱 공평하게 혜택을 받을 수 있게 하기 위하여 노력하였다. 개혁개방 이래 중국은 가난한 국가에서 세계에서 두 번째로 큰 경제체가 되었으며, 수억 명의 사람이 빈곤을 벗어났고, 부유와 샤오캉으로 나아갔다. 당의 18차 대회 이래 중국공산당은 인민을 중심으로 하는 발전사상을 지속하여 관철시켜 왔고, 많은 혜민(惠民) 조치들이 실시되어 인민이 볼 수 있고 느낄 수 있는 역사적인 성과를 얻었다. 빈곤퇴치공격전은 결정적인 발전을 가져와 6,000여 만 명의 빈곤인구가 안정적으로 빈곤을 벗어났고, 빈곤발생률은 10.2%에서 4%까지 하락하였다. 교육 사업은 전면적으로 발전하였고, 중서부와 농촌교육은 눈에 띄게 강화되었다. 취업상태는 지속적으로 개선되었고, 도시농촌의 신규취업은 연평균 1,300만 명 이상이 되었다. 도시와 농촌주민의 소득증가 속도는 경제증가 속도를 초월하였으며, 중등의 소득층이 지속적으로 확대되어 갔다. 도시농촌주민을 망라한 사회보장체계가 기본적으로 구축되었고, 인민의 건강과 의료·위생수준은 대폭적으로 향상되었으며, 보장성 주택건설은 안정적으로 추진되었다. 사회치리 체계는 더욱 완벽히 되었고, 사회국면은 안정을 유지하고, 국가안전은 전면적으로 강화되었으며, 인민군중의 만족감은 현저히 증강하였다.

민생을 보장하고 개선하려면, 반드시 인민이 제일 관심을 갖고, 제일 직접적이며, 제일 현실적인 이익문제를 붙잡아야 한다. 제일 기본적인 공공서비스 수요를 만족시키는 것에서 시작하여 교육 사업을 우선 발전시키고, 끊임없이 취업품질과 인민의 소득수준을 향상시키며, 사회보장체계의 건설을 강화하고, 건강한 중국식 전략을 짜서 힘써 실시하며, 공공서비스시스템을 완벽히 하고, 군중의 기본생활을 보장하며, 끊임없이 사회공평주의를 촉진시켜 어린이가 있으면 보육원을(幼有所育), 배우고자 하면 학교를(学有所教), 일하고자 하면 일자리를(劳有所得), 병이 나면 의료를(病有所医), 늙으면 돌봄을(老有所养), 거주하고자 하면 살 곳이 있도록(住有所居), 쇠약하면 도움을 주도록 하는(弱有所扶) 등 면에서 끊임없이 새로운 발전을 가져오도록 해야 한다. 민생을 보장하고 개선하려면 최선을 다해야 할뿐 아니라 능력에 따라 행해야 한다. 중국이 여전히 또한 장기적으로 사회주의 초급단계에 처해있는 기본국정과 제일 중요한 현실에 입각하여 민생복지의 공급수준이 경제사회의 발전수준과 서로 적응해야 하며, 우리는 적극적으로 주관적 능동성을 발휘하고 전력을 기울여 민생개선을 추진해야 할뿐 아니라, 또한 과학적으로 각종 자원·능력과 주·객관 조건의 제약을 직면하게 되면 민생업무의 목표를 합리적으로 확정하며 순차적으로 심화시키고, 인(寅)년에 묘(卯)년의 양식을 먹는 것과 "공수표" 남발을 방지하며, 재정 감당 능력을 초과하고 모를 뽑아 자라게 하는 방식으로 사회보장제도 건설과 대우수준의 보장이 향상되도록 추진하는 것을 방지하여 일부 국가들의 "고복지 함정"에 빠진 전철을 밟는 것을 피해야 한다. 유럽의 많은 국가의 사회복지 보장 지출이 GDP에서 차지하는 비중은 약 30%이고, 어떤 국가는 심지어 거의 50%로 유럽의 부채위기를 유발시키는 중요한 원인이 되었다. 우리는 이 교훈을 심각하게 받아들여 눈앞의 이익만 보고 장래를 생각해야 하고, 무거운 짐을 지고 돌아가기 어려운 옛길을 가지 않으며, 한 건 위에 다른 한 건을 이어서 진행하고, 매년 이어서 일을 해야 하며, 발전한 기초 위에서 끊임없이 인민의 날로 증가하는 아름다운 생활

에 대한 수요를 만족시키고, 인민의 만족감·행복감·안전감이 더욱
충실하고 더욱 보장되며 더욱 지속할 수 있도록 해야 할 것이다.

41

교육 사업을 우선순위에 두어야 한다

교육이 흥하면 나라도 흥하고 교육이 강하면 나라도 강해진다. 2013년 9월 25일 시진핑 총서기는 유엔의 "교육제일" 글로벌 발의 행동 1주년 기념활동 축사에서, "중국은 과학교육으로 나라를 흥하게 하겠다는 전략을 굳건하게 실시할 것이며, 언제나 교육을 우선적으로 발전을 위한 전략적 위치에 놓을 것이다."라고 밝혔다. 당의 19차 대회보고에서는 "반드시 교육 사업을 우선순위에 놓아야 하고, 교육의 현대화를 신속히 추진하고, 인민이 만족하는 교육을 시켜야 한다."고 강조하였다, 이는 중국공산당이 교육을 잘 할 수 있는 자신감과 결심을 충분히 나타냈고, 교육 강국을 건설하자고 외쳤던 것이다. 그러기 위해서는 첫째 인민이 만족하는 교육을 실시해야만 한다. 당의 18차 대회 이래 중국은 교육을 우선으로 하는 발전전략을 지속하여 실시했고, 교육경비가 국내총생산액에서 차지하는 비율이 언제나 4% 이상을 유지토록 했으며, 2016년에는 처음으로 3조 위안을 초과하였다. 교육의 보급수준은 진일보적으로 향상되었고, 13억이 넘는 중국인이 더욱 좋고, 더욱 공평한 교육을 누리는 꿈이 점차적으로 현실화 되고 있다. 2016년 연말까지 중국의 취학 3년 전 유치원 입학률은

77.4%에 달하는 점프식 발전을 가져왔다. 초등학교의 순수 취학률은 99.9%이고, 중학교의 총 입학률은 104%에 달하며, 전면적으로 9년의 의무교육을 보급하였다. 고등학교의 총 입학률은 87.5%이며 기본적으로 고등교육을 보급하였다. 대학교육의 총 입학률은 42.7%이며 대학교육을 보급화하는 수준에 근접했다. 중국교육의 전반적인 발전수준은 이미 세계 중상위권에 들어섰다. 중국공산당은 교육의 공평성을 대폭 촉진시켰고, 힘써 도시와 농촌의 격차를 줄였으며, 농촌학교 건설·교사의 편제·1인당 공용경비 기준정액·기본 장비의 배치라는 "4가지 통일"을 추진하고, 지역 간의 격차를 줄이고, 중서부 고등교육 진흥기획, 국가의 중서부지역 취학협력 지원계획을 실시하였으며, 교육자원이 농촌지역·산간빈곤지역과 소수민족지역으로 향하도록 하는 것을 추진했고, 학교간의 격차를 줄이고, 그룹격차를 줄이고, 가정경제가 어려운 학생·장애인·농민공과 함께 입성한 자녀·농촌에 남은 자녀 등에 대하여 경비지원을 하고, 등록금 및 기타 잡비를 면제해주었으며, 관심과 사랑을 주는 조치를 취하였다. 이런 조치는 더욱 많은 가정에 새로운 희망을 안겨주었다.

둘째는 일류대학과 일류학과 건설을 가속화시켜야 한다. 2014년 5월 시진핑 총서기는 베이징대학 시찰기간 중에, "중국의 세계 일류대학을 잘 경영하고, 반드시 중국특색이 있어야 한다." "세계에는 두 번째로 하버드, 옥스퍼드, 스텐포드, 매사추세츠 공과대학, 케임브리지가 있을 수 없지만, 첫 번째로 베이징대학, 칭화대학, 저장대학, 푸단대학, 난카이대학 등 중국의 저명한 대학은 있을 수 있다. 우리는 세계의 선진적인 학교경영 치리경험을 열심히 받아들이고, 교육규칙을 더욱 준수하여 중국대륙에 뿌리를 내리고 대학을 경영해야 한다."고 강조하였다. "중국특색, 세계수준"을 고수하고, 일류의 목표로 어느 정도 수준을 구비한 수준 높은 대학과 수준 높은 학과를 이끌고 지지하여 세계일류를 조준하게 해야 하며, 우수한 자원을 모으고 일류 인재를 양성하며, 일류의 성과를 생산하여 빠르게 세계일류로 나아가야 한다. 학과를 기초로 하여 고등학교가 학과구조를 최적화하도록 이끌고 지지해야 하며, 학과의 발전방향을 간결하게 하고, 학과의 건설 중점을 돌출시키며, 학과의 조직형식을 혁신하고, 더욱 많은 최고봉의 학과를 만들며, 학교가 장점을 발휘하고 특색을 만들도록 이끌어주며, 실적을 지렛대로 하여 격려지원체제를 구축하고, 공평한 경쟁을 격려하며, 목표를 위한 치리를 강화하고, 건설실적을 돌출시키며, 중국특색의 세계일류대학과 일류학과 평가시스템의 완벽성을 구축하고, 고등학교 내의 생동력과 발전의 활력을 충분히 불러일으키며, 고등학교가 끊임없이 학교경영수준을 향상시킬 수 있도록 이끌고, 개혁을 동력으로 하여 고등학교의 종합적인 개혁을 심화하고, 중국특색의 현대화 대학제도 건설을 가속화하며, 힘써 시스템체제의 장애를 없애고, 활력이 넘치고 효율적이며, 더욱 개방되고 학교의 과학발전에 유리한 시스템체제를 빠르게 구축하며, 일부 수준 높은 대학과 학과가 세계일류 또는 선두에 들어갈 수 있도록 추진해야 한다.

셋째는 신세대의 자질이 높은 교사 대열을 양성해야 한다. 당의 19차 대회보고에서는 "교사의 도덕과 기풍의 건설을 강화하고, 자질이 높은 교사 대열를 양성하며, 전 사회적으로 교사를 존중하고, 교육을 중시하도록 제창해야 한다."고 제시하였다. 기초교육·직업교육의 발전뿐만 아니라 고등교육의 발전을 위해서도 모두 수준 높은 교사 대열이 필요하고, 교사의 도덕과 기풍의 건설을 강화해야 하며, 교사 자질의 제고를 위한 양성과 실천을 중시해야 하고, 또 전 사회적으로 교사를 존중하고, 교육을 중시해야 한다. 교사 대열의 구조·교사의 도덕과 기풍의 건설 등 방면을 중요시해야 하며, "4유(有)"교사[19]의 요구에 따라 교사 대열 건설을 강화하고, 진일보 적으로 덕으로 사람을 키우는 근본적인 임무를 명확히 해야 한다. 1명의 좋은 선생님은 경전의 스승이어야 할뿐만 아니라, 더 나아가 사람의 스승이어야 한다. 교사는 자발적으로 영혼을 만들고 사람을 만드는 중대한 사명을 감당해야 하고, 지식전파·사상전파·진리전파의 신성한 직책을 잘 이행토록 해야 하며, 경전을 가르치는 스승처럼 잘 해야 할뿐만 아니라, 스승으로서의 역할도 잘해야 하고, 학생을 사랑하고 즐거이 헌신해야 할뿐만 아니라 또한 사상정치교육과 도덕교육을 강화해야 하며, 동시에 자신의 수양을 강화하고 친히 솔선수범해야 한다.

---

19) 4유 교사 : 이상적 신념, 도덕적 품성, 건고한 지식, 인애(仁愛)의 마음등 4가지 덕목을 가진 교사.

42
행복은 모두 분투노력하는 데서 나온다

시진핑 주석은 2018년 신년축사에서 "행복은 모두 분투노력하는 가운데서 오는 것이다"라고 말했다. 소박하고 뜻깊고 평범하지만 힘이 넘치는 이 한마디는 신세대에 인민의 아름다운 삶을 창조하는 기본 경로를 밝혔으며, 당과 전국의 각 민족과 인민이 전면적으로 샤오캉 사회를 건설하고, 전면적으로 사회주의 현대화 국가를 건설하는 자신감과 결심을 불러일으켰다.

행복은 하늘에서 뚝 떨어지지 않으며, 탁상공론으로는 안 되며, 가만히 앉아서 남이 거둔 성과를 누리려 해서는 더더욱 안 된다. 역사는 언제나 여정에서 게으른 자·나태한 자·쓸모없는 자들을 버리며, 굳센 의지를 가진 자·노력하는 자·전력투구하는 자를 금자탑에다 새긴다. 중화민족은 긴 시간동안 누적된 가난과 쇠약에서 일어서고, 지구의 호적에서 제명당할 위기에서 철저히 벗어난 것은 바로 분투노력에 의지한 덕택이며, 인민군대가 비처럼 쏟아지는 총탄 속에서 싸울수록 강해졌고, 두 팔을 휘두르며 "세계일류"로 나아간 것은 분투노력에 의지했기 때문이었다. 전 사회에 있어서 분투노력은 시대의 전진을 촉진시키는 동력이며, 개개인에 있어서 분투노력은 행복으로 통하는 계단이다. 오직 분투노력해야만 비로소 더욱 많고 더욱 좋은 물질적 재산과 정신적 재산을 창조할 수가 있고, 끊임없이 행복의 뜻을 풍부하게 할 수 있으며, 행복의 단계를 향상시키고, 오직 분투해야만 비로소 끊임없이 성취감·존엄감·자부심을 강화시킬 수 있으며, 아름다운 삶을 창조하는 과정에서 행복을 느낄 수 있는 것이다. 2017년 중국 개혁발전의 성과는 풍성하다. 국내의 생산총액은 80조 위안 인민폐의 단계에 올랐고, 도시농촌의 신규취업은 1,300여 만 명이며, 사회 양로보험은 이미 9억여 명을 망라하고 있고, 기초 의료보험은 이미 13.5억여 명이 망라되어 있으며, 1,000여 만 명이나 되는 농촌의 빈곤인구는 빈곤에서 퇴치되었고, 과학기술 혁신과 중대한 공정건설은 희소식이 연이어 전해오고 있다. 이런 성과들은 13억이 넘는 중국 인민이 열심히 착실하게 일한 땀이고, 근로의 결정체이며 분투노력한 결과이다. 모든 과거는 모두가 서장(序章)에 불과하다. 우리는 이미 얻은 역사적 성과로 인하여 자부심을 가질 이유가 있다. 하지만 우리는 과거의 공적을 가지고 의기양양해서는 안 된다. 오직 새로운 역사의 기점에서 계속 전진해야만 비로소 더욱 빛나는 미래에 도착할 수 있으며, 오직 이미 얻은 성과의 기초위에서 계속 분투해야만 비로소 더욱 큰 성과를 창조할 수가 있다. 당의 19차 대회는 미래 30여 년의 국가발전 청사진을 계획하였으며, 2020년까지 전면적으로 샤오캉 사회를 건설하고, 2035년까지 기본적으로 사회주의 현대화를 건설하며, 금세기 중엽에 부강·민주·조화·아름다운 사회주의 현대화 강국을 건설하고, 중국호의 큰 배가 나아가는데 새로운 항로를 가리키는 표지를 세웠으며, 「중국의 꿈」을 실현하기 위하여 새로운 집결나팔을 울렸다. 청사진은 이미 그려졌으며 관건은 시행에 있다. 반드시 개혁을 심화시키고, 개방을 확대하여 전 사회의 창조력과 발전에 대한 활력을 불러일으켜야 하며, 반드시 공상에 사로잡히지 않고, 허세를 추구하지 않으며, 한걸음 한걸음씩 착실하게 일을 해 나가야 한다. 전당·전국의 각 민족과 인민은 언제나 태만하지 않는 정신상태와 앞만 바라보고 전진하는 분투자세로 있는 힘껏 실시하고, "못 박는 정신"을 선양하여 한 망치질 한 망치질을 이어서 한 장의 청사진을 끝까지 두드려내어 아름다운 소원을 아름다운 삶으로 바꿔야 한다.

  신세대의 분투자가 되려면 근면노력하고 열심히 일하면서 끊임없이 자신의 소양을 향상시키고, 끊임없이 행복의 능력을 창조하고 누려야 한다. 신세대·신 노정·신 모순·신 목표는 당과 국가의 각종 업무에 모두 새로운 요구를 제기했으며, 모든 사람마다 어떻게 자기의 능력과 소양을 향상시켜 이 위대한 시대에 적응하고 더욱 분투할 것인지를 생각하여야 한다. 신세대의 분투자가 되려면 열정도 필요하고, 심혈도 더욱 필요하다. 심혈을 기울이려면 자기의 직업을 사랑하고, 착실해야 하며, 하나 배우면 하나를 잃어버리고, 하나를 하면 하나를 버려서는 안 되며, 하나를 하더라도 정확히 하는 것을 고수하고, 업무를 새롭게 하고 잘 하며, 정확히 하고 분투과정을 혁신과 우수한 성과를 올리는 과정으로 바꾸며, 끊임없이 사회를 위하여 우수한 노동성과를 제공하는 과정으로 바꾸고, 일류 업적을 창조하기 위하여 노력해야 한다. 심혈을 기울이려면 끈기 있게 오랫동안 붙들고 있어야 한다. 만약 무엇을 하든지 이리저리 망설이고 딴 마음을 품고 3일 일하고 꾸준하지 못하면 결국에는 아무 일도 이루지 못한다. 오직 마음을 가라앉히고 창업을 해야만 비로소 행복이 앞에서 우리를 기다릴 것이다.

43
중국을 건강케 하는 전략을 실시하자

당의 18기 5중 전회는 처음으로 건강한 중국건설을 추진할 것을 제시하였고, "건강한 중국"이 국가전략으로 올랐다. 당의 19차 대회보고에서는 "건강한 중국 전략을 실시하자."를 재차 강조하였다. 이 전략의 제시와 실시는 당과 국가가 국민건강을 수호하는데 대한 고도의 중시와 견고한 결심을 드러냈고, 전 방위적으로 전 주기적으로 인민건강을 보장하는 전략조치를 표명했으며, "두개 백년"을 실현하는 분투목표와 중화민족의 위대한 부흥을 실현하는 「중국의 꿈」을 위하여 견고한 건강 기초를 쌓았다.

이를 위해서는 첫째, 건강한 중국 전략을 실시하는 중대한 의미를 깊게 이해해야 한다. 건강한 중국 전략을 실시하는 것은 전면적으로 샤오캉샤회를 건설하는 필연적인 요구이다. 인민의 신체건강은 전면적으로 샤오캉사회를 건설하는데 내포된 중요한 뜻이며, 전 국민의 건강이 없으면 전면적인 샤오캉도 없다. 오직 끊임없이 위생과 건강사업을 빠르게 발전시키고, 의료위생 서비스시스템을 끊임없이 완벽히 하며, 기본 공공위생서비스의 균일화 수준이 안정적으로 향상되어야만 비로소 끊임없이 인민의 건강수준을 향상시키고, 사람들의 전면적인 발전의 두꺼운 기초를 다지며, 경제사회 발전의 기초적 조건을 공고히 할 수 있다. 건강한 중국 전략을 실시하는 것은 중국 현 단계 발전의 필연적인 요구이다. 현재 국민생활 수준의 향상 및 인구노령화의 도래에 따라 사람들은 의료·운동·양로·여행·환경보호와 건강에 관련된 수요가 갈수록 많아지고, 요구는 갈수록 높아지고 있으며, 사람들은 더욱 건강한 신체·더욱 건강한 식품·더욱 건강한 환경을 기대하고 있다. 이는 중국 경제사회 성과의 중요한 표현이며, 또한 경제사회의 진일보적인 발전을 촉진케 하는 중요한 손잡이이다. 1970년대 유럽의 일부 선진 국가들은 국민건강 향상계획을 실시하여 종합국력과 노동력 경쟁력을 향상시키는데 중요한 작용을 발휘케 하였다. 건강한 중국 전략의 실시는 국제경험을 흡수하고 참조하였으며, 직접적으로 생산력을 창조할 수 있을 뿐만 아니라, 또한 경제발전과 상호보완하여 완성하고 선순환 시킬 수 있으며, 건강과 관련된 산업이 경제발전을 이끄는 새로운 엔진이 될 것이다.

둘째, 건강한 중국의 전략이 내포하고 있는 풍부한 뜻을 심도 깊게 파악해야 한다. 건강한 중국의 전략실시는 텅 빈 개념이 아니며, 풍부히 내포된 뜻과 막중한 임무를 가지고 있다. 의약 위생시스템 개혁을 심화하고, 기초의료 위생제도 건설을 중점으로 하여 등급진료제도·현대병원 치리제도, 국민의료보험제도, 약품공급보장제도, 종합감독치리제도 등 5가지 기본의료·위생제도 건설을 해나갈 수 있도록 노력해야 하며, 한의약 진흥발전을 힘써 추진해야 중의약 건강양생문화의 창조성 변환 및 혁신적인 발전을 실현할 수 있을 것이며, 수많은 의무종사자의 적극성을 충분히 불러일으키고, 급여 및 대우를 향상시키며, 발전공간을 확장시키고, 근무환경을 개선하며, 전면적으로 약으로써 의사를 먹여 살린다는 생각을 지워야 하고, 의사·간호사가 전심전력하여 사람을 치료하고 구제토록 해야 한다. 식품안전 전략을 실시하고 식품안전 업무를 강화하며, 제일 엄격한 기준·제일 엄격한 감독치리·제일 엄중한 처벌·제일 엄숙한 문책을 고수하며, "밭에서 식탁까지" 전 과정의 식품안전 업무를 강화하고, 인민군중의 "혀끝의 안전"을 확보하며, 인민이 마음 놓고 먹을 수 있도록 해야 한다. 사회적인 병원개설을 지지하고, 사회자본이 비영리 의료기관을 개설하는 것을 우선 지지하며, 비영리 의료기관이 주체가 되고, 영리성 의료기관이 보완이 되는 사회적인 병원개설시스템을 신속히 형성케 하며, 건강산업을 발전시키고, 건강산업과 양로·여행·인터넷·건강레저·식품과의 융합을 촉진시키고, 기층과 산간지역 등 발달하지 못한 지역의 원거리 의료서비스시스템 건설을 대폭 추진하며, 시스템체제 장애를 없애고, 더욱 많은 건강 신산업·신업종·신형식을 만들어야 한다. 노령사업과 산업발전을 가속화하고 적극적으로 인구노령화에 대응하며, 양로·효도·경로정책시스템과 사회 환경을 구축하고, 노령산업규획을 빠르게 제정하고, 사회역량을 지지하여 양로서비스를 전개하며, 고령·독거·빈 둥지·능력상실과 저소득노인을 중점으로 하여 생활돌봄·가사서비스·재활 간호·의료보건 등의 업무를 잘 해나가도록 해야 한다.

44

빈곤을 퇴치하는 공격전에서 승리하자

2015년 11월 27일에서 28일 중앙은 빈곤구제 개발업무회의를 열었다. 시진핑 총서기는 회의에서 "빈곤퇴치 공격전을 끝까지 싸워 이겨 2020년까지 모든 빈곤지역과 빈곤인구가 함께 전면적인 샤오캉사회로 들어서는 것을 확보하겠다."라고 밝혔다. 당의 19차 대회보고는 끝까지 빈곤퇴치 공격전을 싸워 이기는데 일련의 명확한 요구를 제시했으며, 중국공산당이 전국 전사회의 역량을 동원하고, 제때에 빈곤퇴치 공격전의 임무완성을 확보하겠다는 확고한 결심을 나타냈고, 인민 군중의 진실한 감정과 공산당원의 역사적인 담당 책임을 보여주었다. 빈곤퇴치 공격전에서 끝까지 싸워 이기려면 빈곤퇴치 공격전의 중요성과 막중함을 충분히 인식해야 한다. 빈곤을 없애고 민생을 개선하며 공동부유를 실현하는 것은 사회주의의 본질적인 요구이다. 당의 18차 대회 이래 시진핑 동지를 핵심으로 하는 당 중앙은 빈곤퇴치 공격전을 첫 번째 백년 분투목표를 실현하는 중점 업무로 하여 치국이정의 중요한 위치에 놓았으며, 전무후무한 강도로 추진하여 중국 빈곤구제사에서 제일 좋은 성적을 창조하였고, 글로벌 빈곤감소 사업을 위하여 뛰어난 공헌을 하였다. 동시에 중국 빈곤퇴치 공격전이 직면한 임무 또한 매우 어렵다는 점을 똑바로 보아야 한다. 총 수량으로 볼 때 2016년 말 전국 농촌의 빈곤인구는 여전히 4,300여 만 명이르고 있다. 구조상으로 볼 때 현존하는 빈곤은 모두가 자연조건이 나쁘고 경제기초가 약하며 빈곤수준이 심한 지역의 군중이며, 갈수록 더욱 해결하기 어려운 막중한 임무이다. 군중 분포로 볼 때, 주요 대상은 장애인·독거 노인·장기 환자 등 "지원할 직장이 없고 빈곤퇴치에 힘쓸 여력이 없는" 빈곤인구 및 일부 교육문화 수준이 낮고, 기술이 부족한 빈곤군중이다. 빈곤구제 업무의 성적으로 볼 때, 현재 빈곤퇴치 업무에서 일부 지방은 아직 빈곤 식별이 정확하지 않고, 빈곤구제가 정확하지 않으며, 업무가 확실하지 않고, 감독치리가 엄격하지 않다는 문제가 있다. 반드시 지탱시스템을 강화하고, 정책 지지 강도를 강화하며, 정확한 힘을 응집하고, 힘써 빈곤퇴치 공격전의 성과를 향상시키며, 힘써 빈곤지역과 빈곤군중의 자아발전 능력을 강화시키고, 빈곤인구와 빈곤지역이 전국과 함께 전면적으로 샤오캉사회에 들어서는 것을 확보한다. 빈곤퇴치 공격전에서 끝까지 싸워 이기려면 빈곤퇴치 공격전의 각종 업무를 착실하게 추진해야 한다. 시진핑 총서기는 빈곤구제 개발은 정확함이 귀하고, 정확함이 중요하며, 성패는 정확함에 달려있다고 밝혔다. 현재 빈곤퇴치 공격전은 체계적인 역량·중점 돌파·집중 공격의 관건적인 단계에 들어섰으며, 당의 18차 대회 이래 빈곤퇴치 공격전의 실천을 열심히 종합하여 언제나 "먹을 걱정, 입을 걱정 없고, 의무교육·기본의료와 주거를 보장"하는 "2가지 걱정 없고, 3가지 보장받는" 빈곤퇴치 목표를 고수하며, 비위를 상하지 않게 해야 할뿐 아니라, 또한 기준을 낮추지 않으며, 문제해결 방향을 지속적으로 고수하고, 최고의 능력과 방법으로 정확한 빈곤구제를 착실하게 추진해야 한다. 이를 위해 아래 방면에서 협동하고 노력해야 한다. 즉 진일보적인 정확한 빈곤구제·빈곤퇴치의 각종 정책조치가 뿌리를 내리도록 추진해야 하며, 빈곤구제와 신념 확립·지식도움과 상호 결합해야 하며, 특별항목 빈곤구제·업종별 빈곤구제·사회빈곤구제가 서로 보완하는 "3위1체"의 빈곤구제 구도를 지속하며, 진일보적으로 빈곤퇴치 공격전의 책임제를 강화해야 한다. 빈곤퇴치 공격전을 끝까지 싸워 이기려면, 심각한 빈곤지역의 빈곤퇴치 임무를 중점적으로 공격해야 한다. 중국의 빈곤문제는 지역적인 특징이 있으며, 심각한 빈곤지역은 여러 차례 빈곤구제 후에 남아 있는 것이며, 빈곤 중에 빈곤, 어려움 중에 어려움이 있는 지역이다. 심각한 빈곤보루를 공격하는 것은 빈곤퇴치 공격전의 제일 어려운 싸움이다. 시진핑 총서기가 심각한 빈곤지역의 빈곤퇴치 공격좌담회에서의 중요한 연설정신을 관철시켜 실시하고, 심각한 빈곤을 초래한 중요한 원인을 정확히 찾아내어 특수한 정책을 제정하고, 상식을 벗어난 조치를 꺼내 돌출된 제약문제를 해결하는 것을 중점으로 하고, 중대한 빈곤구제 공정과 촌·가정마다 빈곤구제조치를 손잡이로 하며, 부족한 부분을 돌파구로 하여 "굳건한 중의 굳건함(堅中之堅)"을 끝까지 이겨내야 한다. 심각한 빈곤지역의 빈곤퇴치 공격을 추진하려면, 반드시 각 방면의 자원을 통합하고 정책의 편향적 역량을 강화시켜야 한다. 지원역량의 투입을 확대하고, 빈곤퇴치자금을 새로 증가시켜 심각한 빈곤지역에 사용토록 하며, 새로 추가된 빈곤퇴치 공격 항목을 심각한 빈곤지역에 주로 분포시키고, 새로 추가한 빈곤퇴치 공격조치를 심각한 빈곤지역에 집중시킨다. 중앙의 통합을 강화하고, 부서의 책임제를 실시하며, 성정부가 총책임을 질 것을 강화한다. 심각한 빈곤지역의 빈곤퇴치에 대한 공격은 빈곤노인·장애인·중증환자 등 중점적인 계층을 해결하는 것을 특별히 중시해야 한다. 정확한 빈곤구제의 요구에 따라 집중적이고 연결된 특별 빈곤지역·혁명근거지·민족지역·변방지역의 정책지원과 재정투입을 강화하고, 빈곤하지 않게 된 현과 촌의 빈곤퇴치 공격방법을 고도로 중시하며, 힘써 기초시설 건설, 공공서비스 건설, 산업발전 등의 문제를 해결하고, 빈곤 '사각지대'를 방지해야 한다.

45

함께 건설하고, 함께 치리하고, 함께 향유하는 사회의 치리국면을 조성하자

당의 19차 대회 보고에서는 "함께 건설하고 함께 치리하고 공유하는 사회치리 구조를 만들어야 한다", "당위원회의 지도·정부의 책임·사회의 협동·공중의 참여·법치의 보장이라는 사회의 치리체제를 완벽히 하고, 사회치리의 사회화·법치화·지능화·전문화 수준을 향상시켜야 한다."라고 밝혔다. 이 중요한 논술은 중국 사회치리의 난제를 해결하고, 사회치리의 전체적인 효과에 대한 방향을 제시하였고, 준수할 규칙을 제공해 주었다. 그렇기 때문에 우리는 먼저 함께 건설하고, 함께 치리하고, 공유하는 사회치리 구조를 만들어야 하는 의미를 깊게 인식해야 한다. 함께 건설하고, 함께 치리하고, 함께 누리는 사회치리 구조를 만드는 것은 중국공산당이 사회치리 규칙에 대한 인식과 사회주의 사회건설규칙에 대한 인식을 심화시키는 중요한 이론의 혁신적인 성과이다. 당의 18차 대회 이래 중국공산당은 "사회 관리"의 제시로부터 "사회치리"까지, "함께 건설하고 공유하는 사회치리 체제를 신속히 구축하는 것을 제시"하는 것에서 "함께 건설하고 함께 치리하고 공유하는 사회치리 구조를 만들어야 한다"는 것을 제시하는 데까지 사회치리 문제를 해결하기 위하여 새로운 사고방식을 제공하였다. 시진핑 총서기는 "치리와 관리는 한 글자 차이이나, 그 속에 내포되어 있는 것은 시스템 치리·의법 치리·근원지 치리·종합적인 정책실시이다."라고 지적하였다. 함께 건설하고, 함께 치리하고, 공유하는 사회치리 구조는 현재 중국사회치리에 존재하는 문제를 해결하는 절박한 수요이다. 중국의 신형 공업화·정보화·도시화·농업현대화의 쾌속적인 발전에 따라 사회계층의 구조, 도시와 농촌의 구조, 소득분배구조, 인구구조와 가정구조, 사회조직 방식, 사회규범과 가치 관념 모두에 중대한 변화가 발생하였고, 사회치리는 일련의 새로운 도전과 새로운 요구에 직면해 있으며, 우리가 사회치리를 진일보 강화시키고 혁신시키며, 함께 건설하고, 함께 치리하고 공유하는 사회치리 구조를 노력하여 만드는 게 절박하게 필요한 실정이다. 함께 건설하고, 함께 치리하고, 공유하는 사회치리 구조는 전면적으로 사회주의 현대화 강국을 건설하는 내적 요구이다. 당의 19차 대회에서 제시한 사회주의 현대화를 기본적으로 실현해야 하는 목표에서 "현대사회 치리구조를 기본적으로 형성하고, 사회는 활력이 넘치고, 또한 질서 있고 조화로움"을 포함하고, 사회주의 현대화 강국을 건설하는 목표에서 "국가치리 체계와 치리능력의 현대화를 실현하는 것"을 포함하며, 그 중에는 사회치리의 현대화가 내포되어 있다.

다음으로는 함께 건설하고, 함께 치리하고 공유하는 사회치리 구조의 내포된 뜻을 전면적으로 파악해야 한다. "함께 건설"은 사회건설에 함께 참여해야 할뿐만 아니라, 당의 지도작용·정부의 주도작용을 지속시키고 완벽히 하는 동시에 일련의 정책조치를 통하여 시장

주체와 각종 사회역량을 위하여 더욱 많은 작용을 발휘하는 기회를 창조하고, 사회 각 계층과 인민군중이 질서 있게 사회치리에 참여하게 하는 것이다. "함께 치리"는 사회치리에 함께 참여하는 것이며, 바로 조건을 창조하고, 끊임없이 인민군중의 사회치리에 참여하는 동력과 능력을 향상시키는 것이다. '공유'하는 것은 치리성과를 공유하고, 도시와 농촌 간·지역 간·계층 간의 발전 격차를 힘써 줄이는 것이다. 그중에 함께 건설하는 것은 기초이고, 함께 치리하는 것이 관건이며, 공유하는 것은 목표인데, 3가지 방면이 같은 방향으로 힘을 내야만 비로소 진정으로 사회치리를 효과적으로 강화할 수 있는 것이며, 사회치리의 성과가 더욱 많이, 더욱 잘, 더욱 공평하게 모든 인민이 누릴 수 있는 것이다. 그 다음에는 함께 건설하고, 함께 치리하고 공유하는 사회치리 구조의 실천요구를 정확하게 파악해야 한다. 사회치리 현대화의 관건은 제도혁신에 있으며, 다원주체의 사회치리 시스템을 형성하고, 끊임없이 사회치리 수준을 향상시키고, 사회발전의 활력을 강화시켜야 한다. 공공안전시스템을 구축하고, 완벽히 해야 하며, 사회모순을 예방하고, 해결하는 체제건설을 강화하며, 인민의 내부모순을 정확히 처리해야 한다. 안전발전이라는 이념을 수립하고, 생명에 대한 사상·안전제일에 대한 사상을 널리 알리며 공공안전시스템을 완벽히 하고, 안전생산 책임제를 완벽히 하며, 매우 중대한 안전사고를 끝까지 억제시키고, 재난예방·재난감소와 구조능력을 향상시켜야 한다. 사회치안 방공시스템의 건설을 가속화시키고, 법에 의거하여 매춘·도박·마약·조직폭력·인신매매·사기 등의 범죄활동에는

타격을 가하고 처벌하며, 인민의 인신권·재산권·인격권을 보호해야
한다. 적극적이고 건강한 사회심리상태를 양성하고, 사회심리서비스
시스템의 건설을 강화하며, 자존과 자신감, 이성과 평화, 적극적으로
향상하는 사회심리상태를 양성하고, 건강하지 않은 사회심리 상태가
성장하는 사회 환경을 힘써 없애며, 공평주의·민주법치·조화롭고 포
용하는 사회를 건설하기 위해 노력해야 한다. 단위(單位) 치리시스템
건설을 강화하고, 도시와 농촌의 치리시스템을 집중하여 완벽히 하
며, 민주화·인터넷화·정밀화 관리를 보편적으로 시행하고, 도시농촌
의 주민서비스 관리의 새로운 형식을 혁신하며, 도시농촌의 협상제
도화·규범화·절차화를 추진해야 한다.

여섯 번째

인간과 자연이 조화롭게
공생하는 국면을 견지하자

46

인간과 자연이 조화롭게
공생하는 현대화를 건설하자

당의 19차 대회 보고에서는 "사람과 자연이 조화롭게 공생"하는 것을 신시대 「중국특색의 사회주의」를 지속시키고 발전시키는 기본전략 중의 하나로 하였고, "우리가 건설하려고 하는 현대화는 사람과 자연이 조화롭게 공생하는 현대화"라는 중요한 판단을 하였으며, 중국을 부강·민주·문명·조화·아름다운 사회주의 현대화 강국으로 건설할 것이라고 명확히 선포하였다. 이런 새로운 사상·새로운 관점·새로운 판단은 생태문명을 건설하고, 아름다운 중국을 건설하는 총체적인 요구를 진일보적으로 명확히 한 것이고, 시진핑 신시대 「중국특색의 사회주의」 사상의 생태문명관을 집중적으로 나타낸 것이며, 시진핑 동지를 핵심으로 하는 당 중앙이 인민의 근본적인 이익과 민족발전의 장기적인 이익에 대한 고도의 중시를 집중적으로 나타냈다.

사람과 자연이 조화롭게 공생하는 현대화를 건설하려면, 사람과 자연이 생명공동체임을 충분히 인식해야 한다. 시진핑 총서기는, "우리는 자연에 대한 존중과 녹색발전의 생태시스템을 구축해야 한다. 인류는 자연을 이용하고 자연을 개조할 수 있지만, 결국은 자연의 일부이기에 반드시 자연을 아껴야 하고, 자연을 능가하려 해서는 안 된다. 우리는 공업문명이 가져온 모순을 잘 해결해야 하며, 사람과 자연이 조화롭게 지내는 것을 목표로 하고, 세계의 지속가능한 발전과 사람의 전면적인 발전을 실현해야 한다."라고 하였다. 우리는 생명을 대하듯이 생태환경을 대하여야 한다. 생태문명건설은 인류사회의 기본적인 공동된 인식이며, 인류는 반드시 자연을 존중하고, 자연에 순응하며, 자연을 보호해야 한다. 인류는 오직 자연규율을 따라야만 비로소 자연을 개발하고 이용하는 과정에서 잘못된 길을 가는 것을 효과적으로 방지할 수 있으며, 인류의 대자연에 대한 상해는 최종적으로 인류자신을 다치게 할 것이며, 이는 항거할 수 없는 규율이다. 인류문명이 발전하고 진보하려면 반드시 두 개의 기본관계를 잘 처리해야 한다. 하나는 사람과 사람의 관계이고, 둘째는 사람과 자연의 관계이다. 사람과 사람의 관계를 잘 처리하지 못하면 사회가 흔들리고 국가가 쇠퇴하게 된다. 마찬가지로 사람과 자연의 관계를 잘 처리하지 못하면 사회가 붕괴되고, 문명이 쇠퇴하게 되며, 이는 하나의 객관적인 규율이며, 고금 중외(中外)에 이 방면의 사례는 매우 많다. 전면적인 샤오캉사회를 건설하고, 전면적인 사회주의 현대화 국가건설의 새로운 노정을 열어 가는데, 승리하려면 반드시 사람과 자연의 관계를 잘 처리하고, 사람과 자연의 조화로운 공생을 실현해야 한다.

사람과 자연이 조화롭게 공생하는 현대화를 건설하려면 발전경제와 환경보호의 관계를 정확히 인식하고 파악해야 한다. 더욱 많은 물질재산과 정신적인 재산을 창조하여 인민의 날이 갈수록 증가하는 아름다운 삶의 수요를 만족시켜야 할 뿐만 아니라, 또한 더욱 많은 우수한 생태상품을 제공하여 인민의 날이 갈수록 증가하는 아름다운 생태환경의 수요를 만족시켜야 한다. 당의 19차 대회보고에서는 경제발전과 환경보호의 관계를 심도 깊게 논술하였으며, 사회주의 생산목적을 풍부하게 발전시켰으며, 생태환경을 보호하는 것은 바로 생산력을 보호하고 생태환경을 개선하는 것은 바로 생산력을 발전시키는 것임을 분명히 밝혔다. 생태문명을 건설하는 것은 중국공산당이 "5위 일체" 조치의 중요한 구성부분이며, 우리가 건설하려는 생태문명은 사회주의와 함께 연결된 것이고, 우리가 실현하려는 현대화는 생태문명과 서로 통일된 것이며, 사람과 자연이 조화롭게 공생하는 새로운 문명의 경지일 뿐 아니라, 특히 신시대「중국특색의 사회주의」의 중요한 뜻이 내포되어 있는 것이다.

사람과 자연이 조화롭게 공생하는 현대화를 건설하려면 자연에게 평온함·조화로움·아름다움등을 돌려줘야 한다. 당의 19차 대회보고에서는 당의 18차 대회보고에서 확정한 절약 우선, 보호 우선, 자연회복을 주요로 하는 방침을 거듭 천명했다. 이 방침은 생태문명건설에 관철되어야 할 뿐만 아니라 "5위 일체"의 총체적인 조치에서 더욱 관철되어야 하며, "4가지 전면"의 전략 조치에 나타나야 한다. 자원절약과 환경보호를 형성하는 공간구조·산업구조·생산방식·생활방식을 형성하는 것은 아름다운 중국을 건설하는 주체적인 경로이다. 오직 이러한 방침과 경로를 지속해야만 비로소 인류활동의 자연에 대한 방해를 줄이고, 자연의 평온함·조화로움·아름다움을 돌려줄 수 있는 것이다.

47

청산녹수(靑山綠水)가 바로
금산(金山)·은산(銀山)이다

　당의 18차 대회에서 "아름다운 중국을 건설하자"는 요구를 제시한 후, 시진핑 총서기는 여러 장소에서 녹색발전이념에 대하여 말했다. 당의 19차 대회보고에서 "청산녹수는 바로 금산·은산"이며, 반드시 혁신·협조·녹색·개방·공유의 발전이념을 흔들림 없이 관철시켜야 하고, 또한 "녹색발전을 추진"하는 것을 생태문명 체제개혁을 가속화하고 아름다운 중국을 건설하는 가장 중요한 조치라고 강조하였다. 이런 중요한 연설은 미래중국의 생태문명건설과 녹색발전을 위한 총체적 방향을 밝힌 것이며, 로드맵을 제시해준 것이었다.

　녹색발전 방식과 생활방식 형성을 밀고 나아가는 것은 발전관의 거대한 혁명이다. 개혁개방 40년 이래 중국경제사회건설은 눈부신 큰 성과를 얻었으나 이와 동시에 생태문제는 갈수록 두드러졌으며, 자원 부족·환경 오염·생태균형 파괴 등 일련의 문제는 이미 중국경제사회의 건강한 지속발전을 제약하는 장애가 되었다. 당의 18차대회 이래 중국공산당은 생태환경을 보호하고, 환경오염을 다스리는 긴박성과 막중함을 뚜렷하게 인식하였고, 생태문명건설을 강화하는 중요성과 필요성을 뚜렷하게 인식하였으며, "선 오염 후 치리"와 "오염되면 다스린다"는 옛 방식에서 벗어나 녹색발전이념의 자발성과 적극성을 관철시키고 강화하며, 생태문명제도시스템을 빠르게 형성시키고, 자원을 절약하면서 효과적으로 추진하였으며, 중대한 생태보호와 복원공정의 진전이 순조롭고 인민 군중과 자손 후대에 대하여 책임지는 태도로 생태문명건설을 추진하여 하늘이 더욱 파랗고, 산이 더욱 푸르고, 물이 더욱 맑으며, 생태환경이 더욱 아름답도록 하며, 전 사회적으로 생활방식과 소비형식이 근검절약·녹색저탄소·문명건강의 방향으로 바뀌도록 추진하였다.

녹색발전을 추진하려면 아래 몇 가지 중점적인 문제를 파악해야 한다. 첫째는 녹색생산과 소비의 법률제도와 정책방향을 신속하게 구축해야 한다. 생산자 책임 연장제도·폐기물과 쓰레기의 분류제도·생산기업이 일정비율의 재생자원(재생원료, 상품)을 강제로 사용하는 등의 제도를 신속히 구축하고, 자원의 생산율을 핵심으로 하고, 순환경제의 발전성과를 반영하는 평가지표시스템을 구축하고 완벽히 하며, 정부·공업단지·중점기업의 발전순환경제에 대한 평가를 전개하며, 자원 종합이용의 부가세와 소득세 혜택정책을 완벽히 하며, 자원성 상품가격의 개혁을 심화하고, 재생자원과 원생자원의 가격대비 관계를 정리한다. 둘째는 시장지향의 녹색기술 혁신시스템을 구축해야 한다. 기업의 주체적 작용·시장의 지원과 조정 작용을 충분히 발휘케 하고, 오염을 줄이고, 소모를 낮추며, 생태를 개선하는 녹색기술을 힘써 개발하며, 녹색기술기업의 재생능력 채용을 향상시키며, 녹색금융을 발전시키고, 투자융자정책에서 투자융자항목의 잠재되어 있는 환경영향을 충분히 고려하며, 산업정책의 인도와 산업구조의 끊임없는 조정과 최적화를 통해 에너지절약 환경보호·청정한 생산·청정에너지 등 3가지 신흥산업 영역에서 동시에 힘을 발휘케 한다. 셋째는 에너지생산과 소비혁명을 추진하고, 청정한 저탄소와 안전하고 고효율적인 에너지시스템을 구축한다. 비 화석에너지의 비중을 대폭 향상시키고, 석탄 등 화석에너지의 청정하고 고효율적인 이용을 힘써 추진해 나가며, 불합리한 에너지소비를 억제하고, 다원화된 공급시스템을 구축하며, 에너지기술 혁명을 추진해 나가고, 에너지발전의 녹색통로를 뚫으며, 전 방위적으로 국제합작을 강화하여 개방조건하에 에너지안전을 실현시킨다. 넷째는 간결하고 적합한 녹색저탄소를 향유하는 생활방식을 제창한다. 사치스런 낭비와 불합리한 소비에 반대하고, 절약형기관·녹색가정·녹색학교·녹색단지·녹색외출 등의 행동을 전개한다. 정부는 이를 주도하고 모범적인 작용을 발휘할 수 있도록 당정기관부터 행정원가를 낮추고, 공금의 소비를 통제하며, 자발적으로 사치를 조장하는 낭비와 사치풍조를 억제케 하고, 제도의 건설을 가속화시키고, 문턱을 높이며, 과도소비의 원가를 증가시키고, 전면적인 절약을 생산·유통·보관·소비 등 면에서 실시하며, 전 사회를 이끌어 정확한 소비관념을 정립하고, 근검소비·녹색소비·문명소비를 제창한다.

48

생태가 흥기하면 곧 문명도 흥기한다

생태문명을 건설하는 것은 인민복지에 관계되고, 민족의 미래에 관계되는 대계이며, 「중국의 꿈」을 이루는 중요한 내용이다. 당의 19차 대회 보고에서는 "생태문명건설은 당대에 공을 들여야 하고, 미래에 이익이 되는 것이다. 우리는 사회주의 생태문명관을 견고하게 수립하고, 사람과 자연이 조화롭게 발전하여 현대화 건설의 새 구조를 형성하며, 생태환경을 보호하기 위하여 우리 세대는 노력을 해야 한다."라고 밝혔다. 사회주의 생태문명관을 수립하는 것은 중국공산당이 생태환경 보호에 대한 고도의 중시를 나타낸 것이며, 생태문명건설을 위하여 가치 인도와 방향 인도를 제공한 것이다. 이를 위해서는 다음과 같은 것을 실행해야 한다.

첫째, 사회주의 생태문명관에 내포된 풍부한 뜻을 깊이 인식해야 한다. 당의 18차 대회 이래 시진핑 총서기는 생태문명건설과 생태환경보호에 대하여 일련의 중요한 연설을 하였고, 일련의 중요한 논술과 지시를 하였으며, 일련의 새로운 이념·새로운 사상·새로운 전략을 제시하였고, 왜 생태문명을 건설해야 하는지, 어떠한 생태문명을 건설해야 하는지, 어떻게 생태문명을 건설해야 하는지 등의 중대한 문제에 대하여 대답하였으며, 사회주의 생태문명관을 풍부히 하고 발전시켰다. 나아가 생태가 인류문명의 성쇠를 결정한다는 관념을 확고하게 수립해야 한다. 시진핑 총서기는 "생태가 흥하면 문명이 흥하고, 생태가 쇠하면 문명도 쇠한다."라고 했다. 이는 인류문명 발전규칙·자연규칙과 경제사회 발전규칙에 대한 역사적인 총화이며, 생태보호와 인류문명 성쇠의 본질적인 관계를 말한 것이다. 생태환경보호를 확고하게 수립하는 것은 생산력을 보호하는 관념이다. 시진핑 총서기는 "생태문명건설은 중화민족은 영원히 지속하는 발선과 '2개 백년' 분투목표의 실현과 관계되며, 생태환경 보호는 바로 생산력을 보호하는 것이고, 생태환경 개선은 바로 생산력을 발전시키는 것이다."라고 하였다. 경제발전과 생태환경 보호의 관계를 정확히 잘 처리해야 하며, 녹색발전이념을 경제사회발전의 각 방면에 착실하게 유입시키고, 녹색발전방식과 생활방식을 융합시키는 일을 형성케 하며, 인민이 부유하고 국가가 부강한 아름다운 중국을 함께 추진해야 한다. 시진핑 총서기는 "양호한 생태환경은 제일 공평한 공공 상품이며, 제일 보편적으로 혜택을 주는 민생복지이다."라고 하였다. 현재 양호한 생태는 이미 민중의 기본 수요가 되었고, 생태 격차는 이미 중국과 선진국 간의 제일 큰 격차 중의 하나가 되었으며, 생태 개선은 이미 당과 정부의 중요한 임무가 되었다. 생태 보호는 현대인의 이익에 관계될 뿐만 아니라, 또한 세대 간 공평성에도 관계되며, 한 국가 인민의 근본적인 이익에 관계될 뿐만 아니라, 또한 전 인류의 근본적인 이익에도 관계된다.

둘째, 신시대의 사회주의 생태문명을 건설하는 정책 조치를 정확히 파악해야 한다. 이를 위해서는 먼저 새로운 변혁을 정확히 파악해야 한다. 당의 18차 대회 이래 중국의 생태문명건설과 생태환경 보호는 성과가 제일 좋은 시기에 들어섰고, 사상인식 수준의 깊이는 전무후무하며, 오염치리 강도의 크기는 전무후무하고, 제도 출범의 빈번함이 전무후무하며, 집법 감독관리 척도의 엄격함이 전무후무하고, 환경개선 속도의 빠름이 전무후무하여 우리의 진일보적인 업무 추진을 위하여 기초를 다졌고, 자신감을 증강시켰다. 다음으로는 새로운 이념을 정확히 파악해야 한다. 당의 19차 대회보고는 "사람과 자연의 조화로운 공생"을 신시대 「중국특색의 사회주의」 기본 전략으로 하여 이를 지속케 하고 발전시키는 것을 주요 내용으로 하여 집중적으로 발언하였으며, 동시에 생태문명건설은 중화민족이 영원히 지속적으로 발전시켜야 하는 천년대계라는 것을 제시하였고, 자연에 청정하고 조화롭고 아름다음을 돌려주며, 사회주의 생태문명관 등 새로운 논단을 확고하게 수립하였고, 시진핑 총서기의 생태문명건설의 중요한 전략사상을 집중적으로 나타냈다. 그 다음으로는 새로운 요구를 정확히 파악해야 한다. 우리가 건설하려는 현대화는 사람과 자연이 조화롭게 공생하는 현대화이며, 더욱 많은 물질재산과 정신재산을 창도하여 인민의 갈수록 증가하는 아름다운 삶의 수요를 만족시켜 주어야 할뿐만 아니라, 또한 더욱 많은 우수한 생태상품을 제공하여 인민의 갈수록 증가하는 아름다운 생태환경에 대한 수요를 만족시켜 주어야 한다. 이는 현재와 미래의 생태문명건설과 생태환경 보호의 새로운 근본적인 요구를 총괄하는 것이다. 마지막으로는 새로운 목표를 정확히 파악하는 것이다. 2020년까지 오염방지 공격전을 끝까지 잘 싸워 전면적인 샤오캉 사회건설이 인민의 인정을 받고, 역사의 검증을 견딜 수 있게 해야 하며, 2035년까지 생태환경이 근본적으로 좋아지고 아름다운 중국의 목표가 기본적으로 실현되게 하며, 금세기 중엽에 부강·민주·문명·조화·아름다운 사회주의 현대화 강국을 건설하며, 생태문명을 전면적으로 향상시킬 수 있도록 해야 한다.

49

생태보호의 레드라인을
확정하고 엄격히 지키자

2013년 5월 24일 시진핑 총서기는 18기 중국공산당 중앙정치국 제6차 집중교육에서 "환경의 기능구분을 엄격하게 실시하고, 엄격하게 최적화한 개발·중점개발·제한개발·금지개발의 주체기능 컨셉에 따라 중요한 생태기능 구역, 육지와 해양의 생태환경 민감구역, 취약구역에서 생태보호 레드라인을 확정하고, 엄격하게 지켜서 과학적이고 합리적인 도시화 추진 구조·농업발전 구조·생태안전 구조를 구축하며, 국가와 구역의 생태안전을 보장하고, 생태 서비스기능을 향상시켜야 한다."고 하였다. 생태보호 레드라인을 확정하고 엄격하게 지키는 것은 국가의 생태안전을 수호하고, 인민의 생산생활 조건을 보장하는 것이며, 국가의 지속가능한 발전능력을 강화하는데 중대한 현실적인 의의와 매우 깊은 역사적인 영향을 가지고 있다.

생태 레드라인은 경제사회가 지속발전이 가능한 마지노선이다. 생태 레드라인은 또 생태기능 레드라인 또는 생태보호 레드라인이라고도 하며, 국가 또는 지역의 생태안전과 지속가능한 발전을 위하여 생태시스템 완전성과 연결성의 보호라는 수요에 근거하여 자연생태시스템 서비스 보호와 국가와 지역생태 안전보장에 대하여 중요한 작용기능을 가지고 있으며, 중요한 생태기능 구역·생태의 민감구역 및 취약구역 등 구역이 나누어진 제일 작은 생태보호 공간을 가리키며, 그중에 중요 생태기능 구역의 보호 레드라인·생태 취약구역 또는 민감구역 레드라인·생물다양성 보육구역 레드라인 등을 포함한다. 생태시스템은 사람을 포함한 모든 생물의 생존과 발전의 환경이며, 끊임없이 진보하고 발전하는 상태에 처해 있는 것이고, 시스템 안의 모든 생물과 시스템은 상호 연결되고 작용하며, 생태 레드라인을 건드리거나 심지어 파괴하고 생태시스템의 발전 중의 균형 상태를 깨뜨릴 것이며, 필연적으로 생태시스템의 쇠퇴와 나아가 붕괴를 초래할 것이고, 더 나아가 재난성 결과를 가져오며, 설령 많은 인력·재력·물력을 투입하더라도 원상태로 회복하기란 어려운 것이다. 따라서 생태 레드라인은 건드리면 안 되고, 파괴해서는 더더욱 안 되며, 그렇지 않으면 대자연의 처벌을 받게 될 것이며, 인류의 지속가능한 발전에 영향을 끼칠 것이다. 그런 의미에서 말한다면 생태 레드라인은 생태안전을 보장하는 마지노선이라고 할 수 있다. 따라서 생태 레드라인은 반드시 나누어야 하며, 또한 반드시 지켜야 하는 것이다.

국가가 지도하고 지방이 조직하며 위에서 아래로, 아래에서 위를 서로 결합시키는 방법을 취하고, 과학적으로 생태보호 레드라인을 나누어야 한다. 보호의 필요성과 개발이용의 상태에 따라 아래 몇 종류의 경계선과 결합시켜 생태보호 레드라인의 경계를 확실시해야 한다. 먼저 자연경계이다. 이는 지형지물 또는 생태시스템의 완정성에 의거하여 확정한 경계이다. 예를 들면 수목 한계선, 눈 한계선(雪線),

유역 분계선 및 생태시스템 분포경계선 등이 그것이다. 다음으로는 자연보호구역·관광명승지 등 각종 보호지역 경계이다. 그 다음으로는 강, 호수 및 해안 등 육지(또는 바다)를 향하여 일정한 거리를 연장한 경계이다. 마지막으로는 전국토지조사·지리국정의 전면조사 등 명확한 토지경계이다.

생태보호 레드라인을 토지에서 실행하고, 생태시스템 유형·주요생태기능을 명확히 하며, 자연자원의 통일된 확실한 권리 등록을 통하여 용지의 성질과 토지의 권리와 소속을 명확히 하고, 생태보호 레드라인의 전국적인 "한 장으로 된 그림"을 형성케 한다. 경계에 대한 조사에 기초해서 통일되고 규범화한 푯말을 세우고, 생태보호 레드라인이 정확하게 확정되고, 경계가 뚜렷하도록 표시한다.

지방의 각급 당위원회와 정부의 주체적인 책임을 실행하며, 생태보호 레드라인의 강한 구속을 강화한다. 이를 위해서는 관할지의 관리책임을 명확히 해야 한다. 지방의 각급 당위원회와 정부는 생태보호 레드라인의 책임주체를 엄격히 구분하고, 생태보호 레드라인을 관련된 종합적인 정책의 중요한 근거와 전제조건에 근거하여 보호책임을 잘 이행토록 해야 한다. 생태보호 레드라인의 우선적 지위를 확립해야 한다. 생태보호 레드라인을 나눈 후, 관련된 규획은 생태보호 레드라인의 공간에 대한 관리통제의 요구에 부합되어야 하며, 부합되지 않을 때에는 제 때에 조정해야 한다. 공간규획에 대한 편집은 생태보호 레드라인을 중요한 기초로 해야 하며, 생태보호 레드라인이 국토공간 개발에 대한 마지노선으로서의 작용을 발휘토록 해야 한다.

동시에 엄격한 관리통제를 실행해야 한다. 주체기능의 컨셉에 부합되지 않는 각종 개발활동을 엄격히 금지하며, 임의로 용도를 변경하는 것을 엄격히 금지한다. 생태보호 레드라인을 나눈 후에는 오직 증가시킬 수만 있으며, 축소할 수는 없다.

일곱 번째

중국 특색의 강군(强軍)의

길을 견지해 나가자

50

시진핑의 강군(强軍)사상

당의 19차 대회보고는 "반드시 전면적으로 신시대에 당의 강군사상을 관철시켜야 한다." 수정한 당 헌장은 시진핑 동지의 강군사상을 국방과 군대건설의 지도사상으로 하는 것을 명확히 하였고, 따라서 당의 군사지도이론이 시대와 더불어 발전해 갔음을 보여주었다. 전면적으로 시진핑 동지의 강군사상을 관철시키는 것은 중국 특색의 강군의 길을 지속하고, 전면적으로 국방과 군대건설을 추진하는 것에 대하여 매우 중요한 조치이다.

끊임없이 군사지도이론의 혁신을 추진하는 것은 중국공산당 군대의 우수한 전통과 소중한 경험이다. 90여 년 이래 인민군대가 끊임없이 성장할 수 있었던 관건은 항상 선진적인 군사이론의 지도를 지속한데 있었다. 당의 18차 대회 이래 시진핑 동지를 핵심으로 하는 당 중앙은 「중국특색의 사회주의」를 지속 발전시키며 중화민족의 위대한 부흥인 「중국의 꿈」을 실현하는데 착안하여 국방과 군대건설을 위해 일련의 새 사상·새 관점·새 논단·새 요구를 제시했으며, 시진핑 동지의 강군사상을 형성케 하였다. 시진핑 동지의 강군사상은 마르크스주의 군사이론이 당대 중국특색의 강군건설을 실천한 혁신적 발전이고, 당의 군사지도이론의 최신 성과이며, 시진핑 동지의 신시대 강군목표의 이론지도와 행동지침이다. 당의 18차 대회이래 중국군은 역사적인 변혁을 가져왔고, 역사적인 성과를 얻어냈으며, 강군·흥군(興軍)의 새로운 국면을 열었고, 중국특색의 강군의 길을 걷는 견고한 발자국을 내딛었으며, 제일 근본적이고 제일 중요한 것은 바로 당 중앙·중앙군사위원회와 시진핑 주석의 강한 지도에 있으며, 시진핑 동지의 강군사상의 강한 인도가 있었다는 사실이다.

 따라서 시진핑 동지의 강군사상이 내포하고 있는 과학적인 뜻을 심도 있게 파악해야 한다. 시진핑 동지의 강군사상이 내포하고 있는 뜻은 풍부하고, 그 사상은 심오하며, 시대성·선도성·독창성을 지닌 과학이론시스템이기에 반드시 깊이 이해하고, 전체적으로 파악하며, 전면적으로 관철시켜야 한다. 이 과학이론시스템에서 현재 세계와 당대 중국의 시대와 형세에 대한 중대한 판단은 국방과 군대건설을 계획하고 추진하는 기점이 될 것이며, 당의 신시대의 강군목표는 군대건설을 강화하고 개혁과 군사투쟁 준비의 근본적인 선도이며, 새로운 형세 하에서의 군사전략 방침은 군사역량 건설과 운용을 총괄하는 총칙이며, 실전에 대해 응집할 것을 더욱 중요시하고, 혁신발전을 더욱 중요시하며, 체계 건설을 더욱 중요시하고, 집약·고효율을 더욱 중요시하며, 군민 융합을 더욱 중요시하는 것은 군대 건설의 발전을 위한 전략적 지도이며, 정치건군(政治建軍)·개혁강군(改革强軍)·과학흥군(科學興軍)·의법치군(依法治軍)을 고수하고, 항상 전쟁준비에 초점을 맞추며 군민융합발전을 깊이 추진하는 것은 강군·흥군의 전략조치와 배치이며, 전면적으로 당의 군대건설을 강화하는 것은 군대건설 발전의 조직적인 보장이며, 군사변증법사상은 강군사업을 추진하는 과학세계관과 방법론이다. 이런 중요한 내용은 유기적으로 연결되어 있고, 서로 지탱해 주며, 강군사상의 레드라인을 연결하고 있고, 논리가 치밀한 완전한 사상시스템을 구성하고 있으며, 신시대의 국방과 군대건설의 역사적 방위·전략목표·사명임무·지도방침·강대한 동력·근본적인 보장·과학적인 방법 등을 심도 있게 밝힌 것이고, 중국공산당이 신시대의 군사역량 건설과 운용규칙에 대한 인식을 진일보적으로 심화시킨 것이며, 마르크스주의 군사이론과 당대 중국의 군사실천 발전의 새로운 경계를 개척한 것이다.

다음으로는 시진핑 강군사상의 국방과 군대건설 중의 지도 위치를 견고하게 확립해야 한다. 자발적인 군대건설과 개혁, 그리고 군사투쟁 준비 중에 이를 전면적으로 정확하게 관철시키고 실시하며, 시진핑 강군사상의 확고한 신앙자·충실한 집행자·모범적 실행자가 되고, 강군사업을 이끌어 끊임없이 새로운 진보를 가져오게 하며, 시진핑 강군사상을 배우고 관철시키는 것을 중요한 정치임무로 하고, 시진핑 신시대의 「중국특색의 사회주의」 사상을 배우고 관철시키는 것과 당의 19차 대회정신을 결합하여 중요한 역할을 하면서도 소수인 고위층 간부를 돌출시키고, 방식과 방법을 혁신시키며, 진지하게 배우고 좋은 생각을 하며, 잘 활용하고 전면적으로 이론체계와 정수의 요지를 파악하며, 시진핑 강군사상을 자발적으로 운용하여 국방과 군대의 건설을 실천하는 중의 모순문제를 해결하고, 성실하게 사상을 개조하고 영혼을 정화하며 담당을 강화하고 능력을 향상시키며, 문제를 해결하고 업무를 추진하는 과정에서 끊임없이 새로운 성과를 얻고, 새로운 발걸음을 내딛으며, 강군은 매우 강한 개척성을 지닌 사업이며, 새로운 형세에 적응하고, 새로운 도전에 대처하며, 새로운 문제를 해결하고, 우리가 실천에서 대담하게 탐색하고, 이론에서 용감하게 돌파하는 것이 절박하게 하는 것이 필요하며, 끊임없이 시진핑 강군사상을 풍부히 하고 발전시켜 마르크스주의 군사이론이 강국의 위대한 실천에서 더욱 찬란한 진리의 빛을 발하게 해야만 할 것이다.

51
총체적인 국가안보관을 견지하자

당의 19차 대회보고에서는 "발전과 안보를 통합하고, 우환의식을 증강시키며, 편안할 때 위험을 생각하는 것은 중국공산당의 치국이정의 중대한 원칙이다."라고 밝혔다. 총체적인 국가안보개념을 지속하는 것은 시진핑 신시대의 「중국특색의 사회주의」 사상의 중요한 내용이며, 민족의 부흥을 확보하는 국가안보의 총체적인 전략이다. 총체적인 국가안보개념을 준칙으로 하여 당대의 안보 수요에 부합하는 국가안보의 총체적인 시스템을 구축하는 것은 우리가 전면적으로 샤오캉사회를 건설하고, 중화민족의 위대한 부흥인 「중국의 꿈」을 실현하는 유력한 보장이다. 따라서 총체적인 국가안보개념을 지속하는 것은 중국공산당이 국가안보이론에 대한 중대한 혁신이다. 당의 18차 대회 이래 시진핑 동지를 핵심으로 하는 당 중앙은 외부의 안보를 중시할 뿐만 아니라, 또 내부의 안보를 중시하며, 대내적으로 발전을 추구하고 개혁을 추구하며, 안정을 추구하고, 평안한 중국을 건설하며, 대외적으로 평화를 추구하고, 합작을 추구하며, 공영을 추구하고, 조화로운 세계를 건설하며, 국토의 안보를 중시할 뿐만 아니라, 또한 국민의 안보를 중시하고, 사람을 근본으로 하는 것을 지속하며, 국가안보는 모든 것이 인민을 위하고, 모든 것이 인민을 의지하며, 진정으로 국가안보의 군중기초를 다지며, 전통적인 안보를 중시할 뿐 아니라, 또한 비전통적인 안보를 중시하며, 정치안보·국토안보·군사안보·경제안보·문화안보·사회안보·과학기술안보·정보안보·생태안보·자원안보·핵안보 등이 일체화한 국가안보시스템을 구축하며, 발전문제를 중시할 뿐만 아니라, 또한 안보문제를 중시하며, 발전은 안보의 기초이고, 안보는 발전의 조건이며, 국가가 부유해야 비로소 군대가 강하고, 군대가 강해야 비로소 국가를 보위할 수 있으며, 자체안보를 중시할 뿐만 아니라 또한 공동적인 안보를 중시하며, 운명공동체를 만들고, 각 방면이 호혜호리와 공동 안보의 목표를 향하여 같은 방향으로 향하도록 추진해 나아간다. 총체적인 국가안보 개념관은 국가안보의 본질과 내포된 뜻을 밝히고, 중국과 같은 사회주의 개발도상대국이 어떻게 국가안보를 수호하고 만드는가 하는 기본문제를 과학적으로 대답하였고, 중국공산당이 국가안보규율에 대한 인식이 새로운 수준에 달했음을 상징한다. 다음으로 총체적인 국가안보개념을 지속하는 것은 국가안보의 환경이 새로운 변화의 필연적인 요구라는 것이다. 현재 중국 국가안보의 내포와 외연은 역사상 어떠한 시기보다 더욱 풍부하며, 시공영역은 역사상 어떠한 시기보다 더욱 넓고, 내외요소는 역사상 어떠한 시기보다 더욱 복잡하며, 국가안보를 수호하는 임무는 더욱 막중하고 어렵다. 일부 서방국가는 끊임없이 중국에 대하여 서구화·분화를 실시하는 강도를 증가시키고 있으며, 중국주변 영토의 주권 분쟁·대국 간 지연(地緣) 경쟁·군사안보 경쟁·민족종교의 모순 등 문제가 더욱 돌출되고 있으며, 장기적으로 형성된 중국의 외향형 경제는 아직 근본적인 변화가 없고, 국제시장에 매우 의지하고 있으며, 중국의 자원 제약은 갈수록 긴장되고 있고, 환경오염은 심각하며, 생태시스템은 퇴화되는 등 중국은 큰 것에서 강함으로 발전하는 관건적인 시기에 처해 있다. 이런 것은 모두 우리가 반드시 총체적인 국가안보개념을 고수하고, 외부안보와 내부안보·국토안보와 국민안보·전통안보와 비 전통안보·자체안보와 공동안보를 통합하여 중국특색의 국가안보의 길을 걸으며, 국가의 총체적인 안보를 확보하고, 평화적인 건설과 발전의 환경을 확보할 것을 요구하고 있는 것이다. 그 다음으로 총체적인 국가안보개념을 지속하려면, 실천요구를 전면적으로 정확하게 파악해야 한다는 점이다. 그러려면 인민의 안보를 핵심으로 해야 한다. 이처럼 국가안보를 수호하는 근본적인 목적은 인민의 생명과 재산안전을 보장하고, 인민의 생존과 발전을 보장하는 기본조건이며, 인간의 자유를 촉진시키고 전면적으로 발전시키는 데 있다. 또한 정치안보를 근본으로 해야 하는데, 정치안보는 영토완정·주권독립을 포함할 뿐만 아니라 또한 인민민주주의 독재정권과 「중국특색의 사회주의」 길을 고수하고, 마르크스주의 의식형태의 주도적 지위를 고수하는 것을 포함하며, 그중에서도 제일 관건적인 것은 중국공산당의 지도적 지위가 절대적으로 견고하다는 것을 확보하는 것이다. 그러면서 경제안보를 기초로 하여 중국 자체의 경제제도안보·국민경제안보·금융체계안보·국가에너지자원 등도 보장해야 할 뿐 아니라, 또한 외부에 대한 경제충격을 적당하게 대처하고, 경제가 지속적으로 안정하게 건강하게 발전토록 하는 것도 촉진토록 해야 한다. 또 군사, 문화, 사회 안보를 보장해야 한다. 군사적 수단은 항상 국가안보를 수호하고, 외부침략과 전복을 효과적으로 제어하는 최저의 수단이다. 한편 문화안보는 한 민족·한 국가의 독립과 존엄을 확보하는 중요한 정신적 지탱 요소이며, 사회안보는 인민의 생활품질과 생활수준에 직접적으로 영향을 끼치는 국가안보 안정에 관계된다. 그러려면 국제안보를 촉진시키는 것을 바탕으로 해야 한다. 현재 세계는 많은 안보문제가 갈수록 세계성을 지니고 국제안보의 국가안보에 대한 영향력은 갈수록 커지고 있으며, "네가 지고 내가 이기며, 네가 흥하고 내가 쇠한다."는 제로섬 사고를 넘어서야 하고, 지속적인 평화·보편적인 안보·공동 번영·개방하여 포용하는 것, 맑고 아름다운 세계를 건설하는 것 등을 추진해 나아가야 할 것이다.

52

인민군대에 대한 당의
절대적 영도를 견지하자

　당의 인민군대에 대한 절대적인 영도는 「중국특색의 사회주의」의 본질적인 특징이고, 당과 국가의 중요한 정치적 장점이며, 인민군대의 건군의 근본이며 강군의 혼이다. 당의 19차 대회는 당의 인민군대에 대한 절대적인 영도를 신시대에 「중국특색의 사회주의」의 기본전략을 지속하고 발전시키는 것으로 상승시켰으며, 중국공산당이 치국이정과 건군·치군의 규율인식에 대한 심화를 나타냈으며, 중국특색의 기본적인 군사제도가 더욱 성숙되었음을 상징하였다.

　당의 인민군대에 대한 절대적인 영도를 지속하는 것은 우리 군이 난관을 극복하고 승리로 나아가는 근본적인 보장이다. 시진핑 총서기는 "당의 영도는 인민군대가 항상 강한 응집력·향심력·창조력·전투력을 유지하는 근본적인 보장이다."라고 밝혔다. 90년간 우리 군이 장기적인 복잡한 투쟁 속에서 방향을 잃지 않은 이유는 성건제(成建制)[20]의 대오가 한 번도 적에게 끌려가지 않았고, 어떠한 개인도 군대를 이용하여 개인목적을 이루려고 한 적이 없으며, 제일 근본적인 것은 항상 흔들림 없이 당의 말을 듣고, 당을 따라 가는 것에 있으며,

―――――――
20) 성건제 : 부대를 건설할 때나 설비를 들여올 때의 교역하는 공정 혹은 행정 단위.

우리가 군사위원회 주석책임제·당위원회제도·정치위원제·정치기관제 등을 포함한 일련의 중국특색의 군사제도가 있기 때문이었다. 바로 당의 인민군대에 대한 절대적인 영도를 항상 고수했기 때문에 비로소 혁명성과 전투력을 지닌 용감한 인민군대를 만들 수 있었으며, 비로소 한 번 또 한 번의 위대한 승리를 거두었던 것이다. 당의 군대에 대한 절대적인 영도를 고수하는 것은 우리 군의 군혼(群婚)과 목숨이며, 영원히 변할 수 없고 영원히 버릴 수 없는 것이다.

당의 인민군대에 대한 절대적인 영도는 국내외의 도전에 대응해야 하는 긴박한 수요이다. 당의 군대에 대한 절대적인 영도를 지속할 것인가, 말 것인가는 항상 우리가 각종 대적세력과 투쟁하는 하나의 초점이다. 대적세력은 천방백계로 우리 군에 대하여 의식형태를 침투하고, 있는 힘을 다해 "군대의 비 당화(党化) 및 비정치화"와 "군대의 국가화"를 부추기며 "정치유전자"로써 우리 군의 성질을 바꾸고, 우리 군을 당의 깃발 아래로 끌어내려고 시도해 왔다. 이에 대하여 우리는 머리가 깨 있어야 하고, 태도가 특별히 선명해야 하며, 행동이 특별히 굳건해야 하고, 어떠한 흔들림도 있어서는 안 되며, 어떠한 의심도 어떠한 모호함도 있어서는 안 된다. 시대가 어떻게 발전하고, 형세가 어떻게 변화하더라도 우리 군은 영원히 반드시 당의 절대적인 영도 하에 있는 인민군대여야 하고, 영원히 당의 깃발을 깃발로 하고, 당의 방향을 방향으로 하며, 당의 의지를 의지해야 한다.

당의 인민군대에 대한 절대적인 영도를 고수하려면, 반드시 전면적으로 당이 인민군대를 영도하는 일련의 근본적인 원칙과 제도를 관철시켜야 한다. 군사위원회의 주석책임제는 당이 인민군대를 영도하는 일련의 제도체계에서 최고 높은 단계에 있는 것이고, 통솔하는 지위에 있는 것이며, 당의 군대에 대한 절대적인 영도를 지속하는 근본적인 제도와 근본적인 실현형식이다. 따라서 군사위원회의 주석책임제를 끝까지 수호하고 관철시켜야 하며, 전 군의 절대적인 충성·절대적인 순결·절대적인 믿음을 확보하고, 끝까지 시진핑 주석의 지휘를 듣고, 시진핑 주석에 대해 책임짐으로써 시진핑 주석이 마음을 놓게 해야 한다. 시진핑 신시대 「중국특색의 사회주의」 사상으로 장교와 사병을 무장시키고, 마음과 영혼을 응집하는 것을 지속하며, 시진핑 강군사상이 국방과 군대건설에서의 영도적 지위를 확고하게 확립하고, 군혼교육을 깊이 있게 펼치며, 전군의 장교와 사병이 끝까지 당의 지휘를 듣는 사상기초를 다지고, 정치의식·대국의식·핵심의식·정렬의식을 강화하며, 「중국특색의 사회주의」 길에 대한 자신감·이론에 대한 자신감·제도에 대한 자신감·문화에 대한 자신감을 견고히 하고, 항상 사상적으로 정치적으로 행동하는 가운데 당 중앙·중앙군사위원회와 고도로 그 일치함을 유지하며, 부대의 절대적인 충성·절대적인 순결·절대적인 믿음을 확보토록 해야 한다. 항상 군대의 근본적인 직무를 기억해야 하고, "싸울 줄 알고, 싸워 이겨야 한다"는 요구에 따라 성실하게 준비해야 하며, 각항 군사투쟁의 임무를 끝까지 완성하여 "부르면 바로 달려오고, 오게 되면 잘 싸우며, 싸우면 반드시 승리해야 할 것이다.

53

당은 신시대에 맞는

강군을 목표로 해야 한다

　당의 19차 대회보고에서는 "당의 신시대에서의 강군목표는 당의 지
휘를 듣고 싸워 이기며, 기풍이 우수한 인민군대를 건설하고, 인빈군
대를 세계일류의 군대로 건설하는 것이다."라고 하였다. 이 목표는 국
가안보환경의 심각한 변화와 강국 강군의 시대적 요구에 순응하는
것이고, "2개 백년"의 분투목표를 실현하고, 중화민족의 위대한 부흥
을 실현하기 위하여 전략적으로 이에 대한 뒷받침을 제공하는데 착
안하여 제시한 것이며, 시진핑 신시대의 「중국특색의 사회주의」 사상
의 중요한 내용이고, 인민군대의 발전방향에 대한 전략적 컨셉과 군
대건설의 전 국면에 대한 심층적 계획이며 국방과 군대건설의 총 강
령이라고 할 수 있다. 강한 인민군대를 건설하는 것은 중국공산당
의 변함없는 전략임무와 분투목표이며, 중국공산당의 군사이론과 실
천을 관통하고 있는 선명한 주제이다. "인민의 군대가 없으면, 인민
의 모든 것이 없다". 이는 마오쩌둥 동지가 중국혁명의 소중한 경험과
아픈 교훈을 총화하여 얻어낸 기초적인 결론이다. 모든 역사시기마
다 중국공산당은 모두 형세에서의 임무의 변화에 근거하여 인민군대
의 건설발전이라는 목표에 대한 요구를 명확히 제시하였으며, 군대건

설의 객관적인 규율을 심도 있게 밝히고, 우리 군이 작은 데서 커지고, 약함에서 강해지며, 끊임없이 새로운 승리를 거두도록 이끌었다. 당의 18차 대회이래 시진핑 주석은 당의 지휘를 듣고 싸워 이기며, 기풍이 우수한 인민군대를 건설하는 강군목표를 선명하게 제시하였고, 강군·흥군의 역사과정을 힘차게 추진하였으며, 「중국의 꿈」과 강군의 꿈을 실현하는데 착안하여 새로운 형세 하에서 군사적 전략방침을 제정하고, 국방과 군대의 현대화를 위해 온 힘을 다해 추진하였다. 꾸텐(古田)에서 전군의 정치업무에 관한 회의를 열어 우리 당과 우리 군의 영광스러운 전통과 우수한 기풍을 회복하고 선양하도록 하였으며, 이를 통해 인민군대의 정치생태가 효과적으로 관리되게 되었다. 국방과 군대의 개혁은 역사적인 돌파를 이루었고, 군사위원회가 전체를 관리하고, 작전구역에서 전투를 주관하며, 군대의 특기별 새로운 구조를 건설하는 것을 형성하였으며, 인민군대의 조직구조와 역량체계가 혁명성적인 리모델링을 실현하였다. 군사훈련과 전쟁준비를 강화하고, 해상권익 보호·반테러에 의한 안정 유지·재난구조·국제평화 유지·아덴만 호위·인도주의적 구원 등 중대한 임무를 효과적으로 실행하였으며, 무기장비가 빠르게 발전하였고, 군사투쟁을 위한 준비는 매우 큰 발전을 거두었다. 인민군대는 중국특색의 강군을 건설하는 길에서 견고한 발걸음을 내딛었던 것이다.

강군목표는 국제 전략의 형세와 국가안보 환경의 발전 변화를 고려하였다. 국방실력은 경제실력과 서로 매치되어야 하며, 경제사회 발전이 어느 단계에 오면 국방실력도 어느 단계까지 따라와야 한다. 현재 중국의 경제규모는 이미 옛날과 비교할 바가 아니므로 반드시 경제발전의 기초위에서 국방실력이 최대한 짧은 시간 내에 커다란 상승이 있도록 해야 하며, 그러지 아니하면 경제사회 발전에 강력한 안보보장을 제공할 수가 없다. 강군목표는 군대건설이 직면한 도출된 모순과 문제를 해결하는데서 착안되었다. 현재 우리군의 현대화 수준을 국가안보 수요와 비교했을 때, 그 격차가 아직 매우 크고, 세계 선진적인 군사수준과 비교했을 때 그 격차가 매우 크며, 우리군의 정보화 전쟁을 하는 능력과 각급 부대에서 정보화 전쟁을 지휘하는 능력은 여전히 부족하다. 강군목표의 제시는 선명한 문제방향을 나타낸 것이고, 군대 건설의 주요임무와 노력방향을 명확히 한 것이며, 국방과 군대의 현대화 건설의 비약적인 발전에 강력한 견인 역할을 제공하였다. 또 강군목표는 군대건설을 강화하는 초점과 주력점을 명확히 하였다. 시진핑 주석은 군대는 군대의 모습이 있어야 하며, 겉만 아니라 겉과 속이 모두 제대로 되어야 한다고 지적하였다. 우리군의 역사와 현실적 수요를 종합해보면, "군대의 모습"은 바로 끝까지 당의 지휘를 듣고 잘 싸우며, 싸워서 이겼던 영광스러운 전통과 우수한 기풍을 지속토록 해야 한다. 강군목표가 강조한 이 3가지는 군대가 발의한 모든 방향을 결정토록 하였으며, 또 군대의 생사존망을 결정하는 것이다. 군대를 건설하고, 군대를 다스릴 때 이 세 가지를 붙들면 바로 요점을 파악할 수 있으며, 핵심을 파악하면, 그 밖의 것은 자연스레 해결되는 작용을 한다. 당의 지휘를 듣는 것은 영혼이며, 군대건설의 정치적 방향을 결정한다. 이는 우리군 건설의 첫 번째 전제이며, 우리군의 명맥이 있는 곳이다. 이것을 잃어버리면 기타 업무는 아무리 해도 결국에는 모두 지게 된다. 싸워 이기는 것은 핵심이며, 군대의 근본적인 직무와 군대 건설의 근본적인 방향을 반영한다. 만약 군대가 전쟁에서 싸워 이기지 못하면, 심각한 정치적 결과가 발생할 수 있다. 우수한 기풍은 보장이며, 군대의 성질·취지·본색에 관계된다. 우수한 기풍은 영웅부대를 만들 수 있으며, 기풍이 산만하면 무적부대를 무너뜨릴 수 있다. 당의 지휘를 듣고 싸워 이기며, 우수한 기풍은 상호 연결되고 갈라놓을 수 없는 것이며, 중국공산당의 건군·치군 지도사상과 방침 원칙과 일치하고, 혁명화·현대화·정규화 건설과 상호 통일된 전면적인 건설사상과 일치하며, 강대한 인민군대를 건설하는 실천과 통일시키는 것이다.

54

군사위원회의 주석책임제를 전면적으로
깊이 있게 관철시켜야 한다

당의 19차 대회에서 통과된 『중국공산당정관(수정안)』에서는 "중앙
군사위원회는 주석책임제를 실행한다."라고 명확히 규정하였다. 당의
19차대회가 폐막 후 얼마 안 되어 중앙군사위원회에서는 「군사위원회
주석책임제를 전면적으로 철저히 이행하는데 관한 의견」을 발행하
고, 군사위원회의 주석책임제를 전면적으로 철저히 이행하는데 대하
여 구체적인 요구를 제시하였다. 전면적으로 철저하게 군사위원회의
주석책임제를 관철시키는 것은 시진핑 동지를 핵심으로 하는 당 중
앙의 권위와 집중적인 통일된 영도를 수호하고, 당이 인민군대에 대
하여 절대적으로 영도한다는 근본적인 원칙과 제도를 지속시키는데
대하여 중대하고 깊은 의미가 있다.

군사위원회의 주석책임제는 당의 인민군대에 대한 절대적인 영도
의 근본적인 제도와 근본적인 실천형식이다. "군인보다 더 큰 국가
적 권위는 없다." 우리군은 예로부터 "병권귀일, 군령귀일"을 강조하
였고, 이 '일'은 바로 핵심·통솔·지도자를 말한다. 중앙군사위원회
의 주석책임제는 헌법과 당헌장이 규정한 중대한 제도이고, 당과 국
가군사 영도제도가 장기적으로 발전한 중대한 성과이며, 중국공산당

의 건군·치군의 소중한 경험과 우수한 전통이 응집되어 있다. 군사위원회의 주석책임제는 우리군의 최고 영도권과 지휘권과 관계되며, 당이 인민군대를 영도하는 일련의 제도체계에서 제일 높은 단계에 처해 있고, 통솔지위에 위치해 있으며, 당이 인민군대에 대한 절대적인 영도의 근본적인 제도와 근본적인 실천형식이고, 「중국특색의 사회주의」 정치제도와 군사제도의 중요한 구성부분이다. 군사위원회의 주석책임제는 중대한 정치적 설계와 제도조치이다. 이 제도가 보장이 되면 당과 국가는 "흔들리지 않고", 부대는 "도망가지 못하며", 음모자는 "반역하지 못 하게 된다." 이 문제에 대해 충분하게 인식하지 못하고 심도 있게 이해하지 못하면, 바로 정치적으로는 불합격인 셈이다. 전면적으로 철저하게 군사위원회의 주석책임제를 관철시키면 인민군대는 '기둥'이 생기고, 강군·흥군은 "일정한 주장(定盤星)"이 생기게 되는 것이며, 전군 장교와 사병은 항상 당의 깃발아래에 응집할 수 있고, 단결과 행동이 한사람처럼 되며, 당과 국가사업의 장기적인 안정의 '받침돌'이 될 수 있다. 따라서 전면적으로 철저하게 군사위원회의 주석책임제를 관철시키자는 각항 요구를 정확하게 파악해야 한다. 시진핑 신시대의 「중국특색의 사회주의」 사상을 지도사상으로 하여 전면적으로 시진핑 강군사상을 관철시키고, 전면적으로 당의 군대에 대한 절대적인 영도의 근본적인 원칙과 제도를 관철시키며, 정치적·사상적·조직적·제도적으로 기풍면에서 군사위원회의 주석책임제를 관철시키기 위하여 견고한 보장을 제공해야 한다. 끝까지 핵심인 근본적인 정치적 요구를 수호할 것을 돌출시키고, 정치의식·대국의식·핵심의식·정렬의식을 확고하게 수립하며, 시진핑 총서기의 당 중앙과 전당에서의 핵심적 지위를 끝까지 수호해야 한다. 시진핑 신시대「중국특색의 사회주의」사상으로 전군을 무장시키는 근본적인 임무를 확고히 해야 하며 나아가 사상기초를 단단히 다지고, 근본적인 영도를 확립하며, 당 중앙, 중앙군사위원회와 시진핑 주석과 사상적·정치적으로 부대를 단단히 장악하는 일을 확보해야 한다. 당이 간부를 관리하는 근본적인 원칙을 지속하고, 간부를 잘 선택하여 채용하며, 간부대오의 충성되고 투명한 책임감을 확보해야 한다. 빕규제노의 근본적인 보장을 강화하는 것을 약속해야 하며, 법치사고와 법치방식을 중점적으로 운용하여 군사위원회의 주석책임제를 확실하게 실행해야 한다. 직책을 기반으로 하여 최선을 다해 책임지는 근본적인 착지점에 힘을 모아 자발적으로 "3엄3실"[21]의 요구를 실행하고, 시진핑 주석의 결정과 지시를 관철시키는 지도력·조직력·집행력을 향상시켜야 한다.

---

21) 3엄3실 : 본인의 수양, 권력사용, 자기관리에는 엄격해야 하며, 일을 도모하고 창업하는 자세, 그리고 사람 됨됨이가 진실해야 한다.

55

혁신적인 인민군대를 건립하자

　혁신능력은 군대의 핵심경쟁력이며, 또한 전투력을 생성하고 향상시키는 가속기이다. 당의 19차 대회는 혁신적인 인민군대를 건설하는 중대한 조치를 하였고, 이는 당과 인민군대의 역사에서 처음으로 "혁신적인 인민군대"를 명확히 제시한 것이며, 과학기술혁신과 진보에 의거하여 군사경쟁에서의 우세를 얻어낸 전략평가를 나타냈고, 우리군의 건설형식과 전투력 생성형식을 혁신구동 발전의 궤도에 올려 품질효능형과 과학기술 집약형으로 전환하는 것을 가속화하는데 중대하고 또한 깊은 의미가 있다.

　혁신적인 인민군대를 건설하는 것은 신시대에 군대 건설의 필연적인 요구이다. 국가적 측면에서 볼 때, 2006년의 중국은 2020년에 혁신적인 국가를 건설한다는 목표를 제시하였다. 당의 19차 대회는 2035년에 중국은 혁신적인 국가의 선두에 들어서야 한다고 제시하였으며, 또한 혁신적인 국가를 빠르게 건설하는데 필요한 조치를 하였고, 내용은 경제·사회·생태·국방·안보 등 각 영역에 미치며, 군대건설이 혁신적인 군대의 발전 새 단계에 들어설 것을 요구하였다. 군사적으로 볼 때 현재 세계의 주요 대국은 군사전형을 강력하게 추진하며, 미래군사경쟁의 감제고지(瞰制高地)²²를 차지하려고 노력하고 있다. 세계의 새 군사혁명의 발자취를 따라가기 위하여 오직 강력하게 혁신적인 군대건설을 추진해야만 비로소 격차를 줄이고 비약을 실현할 수 있는 것이다.

혁신적인 인민군대를 건설하는 데는 내포하고 있는 풍부한 요구들이 있다. 첫째는 과학기술수립이 핵심전투력의 사상이라는 점이다. 엥겔스는 "일단 기술적인 진보를 군사목적에 사용할 수 있고, 또한 군사목적이 이미 사용하고 있다면, 그들은 바로 거의 강제적으로 또한 종종 지휘관의 의지를 위반하여 작전방식상의 변화나 심지어 변혁을 불러올 수 있다." 과학기술 군사영역에서의 광범위한 운용은 전쟁형태나 작전방식의 심각한 변화를 일으켰으며, 갈수록 전쟁의 승부에 영향을 끼치는 중요한 요소가 되었다. 우리가 군사경쟁의 주도권을 얻으려면 반드시 더욱 강력하게 과학기술로써 흥군을 추진해야 하고, 과학기술혁신에서 전투력 이념을 취하는 것을 지속적으로 해야 하며, 군대 건설의 과학기술의 함량을 증강시키고, 장교와 사병의 과학기술 소질을 향상시키며, 기술예민도와 이해력을 강화시켜야 한다. 두 번째는 중대한 기술혁신과 자주혁신을 추진해야 한다. 우리의 이와 같은 대국, 이와 같은 군대는 반드시 자주혁신을 통하여 주도권을 장악해야 하며, 그러지 아니하면 남에게 구속받을 수밖에 없다. 최첨단 기술을 도입하는 것에 대해서 어떠한 환상도 품어서는 안 되며, 핵심기술 특히 국방과학기술은 돈으로 살 수 없는 것이다. 오직

---

22) 감제고지 : 적의 활동을 살피기에 적합한 고지.

핵심기술을 자기 손 안의 것으로 해야만 비로소 경쟁과 발전의 주도권을 진정으로 장악할 수 있다고 할 수 있는 것이며, 비로소 근본적으로 국가경제안보·국방안보·기타 안보를 보장할 수 있는 것이다. 전략적 선도기술의 발전을 고도로 중시하고, 정확한 돌파와 뒤따르는 책략을 확정해야 하며, 주공격 방향과 돌파구를 정확히 선택하고, 지능화라는 중요한 발전방향을 반드시 잡아야 하며, 전략성·선도성·전복성적인 기술돌파를 추진할 수 있고, 일부 전략적 타협이 불가능한 영역에서는 독특한 우위를 빠르게 형성해야 한다. 세 번째는 군사인재 양성체계 건설을 강화해야 한다. 중요 학과의 영역과 혁신방향을 둘러싸고 혁신적인 인재양성·도입·보류·사용하는 체제와 정책제도를 완벽히 하며, 세계적 수준의 과학자·과학기술 영도인재·공정사와 수준 높은 혁신단체를 만들어야 한다. 국가교육자원의 장점과 우리군의 캠퍼스 특색을 발휘하여 군사인재 위탁양성체계를 완벽히 하며, 군대가 필요한 분야를 지속적으로 주도하여 추진해야 하며, 부족한 전공·중점 대학·우수한 학과를 응집하여 인재양성 단계와 품질을 향상시키며, 많은 높은 수준의 신형 군사인재를 양성해야 한다. 각급 고위간부는 정치두뇌·군사두뇌가 있어야 할뿐 아니라, 또한 과학기술두뇌도 있어야 하며, 지식의 갱신을 가속화하고 과학기술 소양을 향상시켜야 하며, 군사인재 양성체계 건설을 앞장서서 잘 해 나가야 할 것이다.

56

부국과 강군이 서로
통일되어 있음을 견지하자

당의 19차 대회보고에서는 "부국과 강군의 상호통일을 지속하고 통일된 영도·최고 차원의 설계·개혁 혁신과 중대항목의 실시를 강화하며, 국방과학기술 공업개혁을 심화하고, 군민이 융합하여 심도 있게 발전하는 구조를 형성하며, 일체화한 국가전략체계와 능력을 구축한다."고 밝혔다. 이 중대한 전략사상은 전략적 차원에서 더욱 광범위하고, 더욱 높은 단계·더욱 높은 수준에서 경제건설과 국방건설의 조화로운 발전을 실현하기 위한 방향을 밝혔다.

부국과 강군은 중화민족의 위대한 부흥인 「중국의 꿈」을 실현하는 양대 초석이다. 국가가 부유하지만 군이 강하지 못하여 중국은 역사상에서 겪은 뼈아픈 교훈이 있었다. 송태조는 병변을 통하여 일어나 황제가 된 후에 "술잔으로 병권을 회수"하였고, 또한 지방의 번진(藩鎭)역량을 약화시켰으며, 문을 중시하고, 무를 경시하며, 경제를 중시하고, 군사를 경시하여, 국방의 약해짐을 초래했으며, 결국 송나라는 외적의 침입으로 말미암아 멸망하고 말았다. 세계에서 어떤 국가는 무력을 남용하여 전쟁을 일삼고, 국방공업이 지나치게 치중하며, 민생사업은 쇠잔해지고 국가는 그에 비례하여 붕괴되는 길로 나아갔다. 중국공산당은 장기적인 혁명·건설·개혁 실천에서 어려운 탐색을 통하여 계속하여 군민배려·군민결합·군민통합·군민융합 등의 중요한 사상을 제시했으며, 점차적으로 중국특색의 경제건설과 국방건설의 조화로운 발전의 길을 탐색해냈다. 당의 18차 대회 이래 시진핑 총서기는 「중국의 꿈」을 이루려면 강군의 꿈도 실현해 나가야 한다는 데 착안하여 군민이 융합하여 심도 깊게 발전하는 중대한 전략사상을 추진해 나갔고, 또한 군민의 융합발전을 국가전략으로 하여 추진하였으며, 전면적으로 샤오캉사회를 건설하는 과정에서 부국과 강군의 상호 통일을 실현하기 위한 방향을 밝혔다. 현재 중국은 큰 것에서 강함으로 발전하는 관건적인 단계에 처해있으며, 경제규모는 갈수록 커지고 받는 압력과 저항력도 갈수록 커지므로, 만약 군사역량이 따라가지 못하면 발전의 위험은 갈수록 커질 것이다. 오직 군사능력의 전체적인 비상과 국가경제 실력의 증강을 동시에 추진하고, 군민일체화의 국가전략체계와 능력을 구축해야만 비로소 「중국의 꿈」을 실현하기 위한 견고한 물질적 기초를 제공할 수 있다고 했다.

따라서 국방건설은 반드시 경제건설을 기초로 해야 한다. 엥겔스는 『반뒤링론(反杜林論)[23]』에서, "폭력적인 승리는 무기의 생산을 기초로

---

23) 반뒤링론 : 엥겔스가 1878년에 출판한 책이다. 1875년에 독일 최초의 사회주의적 노동자 운동의 통일조직인 독일사회주의노동자당이 성립했으나 마르크스주의에 반대한 베를린 대학 사강사(私講師) 뒤링의 영향이 컸고 노동자들에게도 영향을 미치고 있었으므로, 엥겔스는 뒤링에 대한 반론을 쓸 것을 결심하였다. 뒤링은 맹인(盲人)으로 진보파로 명성이 높았으며, 광범한 사상을 포함한 독자적 철학체계에 근거를 두고 과학의 변혁을 제창하면서 독특한 사회주의 이론을 수립하였으므로 이 책은 뒤링의 사회주의를 반박하면서 마르크스와 엥겔스의 변증법적 방법과 공산주의적 세계관을 개괄적으로 설명하고 있다.

한 것이며, 무기의 생산은 또 전체 생산을 기초로 한 것이므로 '경제의 힘' '경제상황'으로 폭력지배가 가능한 물질수단을 기초로 해야 한다."고 했다. 국방건설은 반드시 국력과 서로 적응해야 하며, 경제수용 능력을 기초로 해야 한다. 오직 경제를 향상시켜야만 비로소 국방건설을 위하여 더욱 많은 재력과 물질의 지원을 제공할 수 있다. 개혁개방 초기 등소평은 국방과학 기술 공업은 국가경제건설의 대 국면에 복종해야 하고, 군대는 국가건설이라는 대 국면에 복종하고 돌봐야 하며, 이 대 국면아래서 행동하고 "대 국면이 좋아지면 국력도 크게 증강하며, 원자탄·미사일을 조금하고, 장비를 조금 갱신하며, 하늘의 것도 좋고, 바다의 것도 좋고, 육지의 것도 좋으니 그때가 되면 쉬워진다"고 재차 지시하였었다. 1978년에서 1987년까지 국가업무의 중점이 경제건설로 전환됨에 따라 국방비는 연평균 3.5% 증가했고, 동 기간 국내생산총액(GDP)은 당해 계산에 따라 연평균 14.1% 증가했으며, 국가재정 지출은 연평균 10.4% 증가했고, 국방비가 GDP와 국가재정 지출에서 차지하는 비율이 1.7%와 9.2%로 하락하였다. 1998년에 국가의 물가지수가 비교적 안정된 후에야 장기적인 경비부족으로 국방과 군대 건설에 미친 영향을 낮추기 위하여 국방비 투입은 비로소 점차적으로 비교적 큰 폭의 보상성 성격을 지닌 증가가 있었지만, 미국·영국·프랑스·러시아·일본 등 국가와 비교했을 때, 중국은 국방비가 GDP를 차지하는 비율(%)이든, 국가재정지출을 차지하는 비율이든, 국민 1인당 국방비든, 아니면 군인 1인당 국방비 투입 등의 주요 지표는 모두 비교적 낮은 것이었다.

경제건설이 끊임없이 발전하는 기초위에서 점차적으로 국방건설의 강도를 강화토록 해야 한다. 현재 우리 군은 기계화와 정보화가 복합적으로 발전하는 관건적인 시기·개혁심화의 공격기에 처해있으므로 반드시 국방에 투입하는 것을 지속적으로 적당하게 증가할 수 있도록 유지해야만 비로소 국가주권·안보와 발전이익을 더욱 잘 수호할 수 있고, 국가안보전략·군사전략의 발전에 더욱 잘 적응할 수 있으며·세계의 새로운 군사변혁에 더욱 잘 적응하고, 더욱 많은 국제의무를 더욱 잘 감당하고, 유리한 외부환경을 만들 수 있다. 국가는 재력 증가의 기초위에서 점차적으로 국방 투입을 강화하여 국방건설이 군사투쟁 준비에 적응하고, 국가이익과 안보의 요구를 확보토록 해야 한다.

57

군민(軍民)은 심도 있는
발전국면에 융합해야 한다

당의 18차 대회 이래 시진핑 총서기는 "진일보적으로 군민융합의 심도 있는 발전을 잘 해야 한다"는 명제를 여러 차례 제시하였다. 2013년 3월 시진핑 총서기는 12기 전국인민대표대회 제1차 회의인 해방군대표단 전체 회의에 참석하여, "군민융합식 발전이라는 문장을 한 걸음 더 잘 하고, 수요를 견인하고, 국가가 주도하는 것을 지속하며, 기초시설과 중요한 영역에서 군민이 심도 있게 융합하는 발전구조를 형성해야 한다."고 강조하였다. 당의 19차 대회 보고에서는, "군민이 융합하여 심도 있게 발전하는 구조를 형성하고, 일체화의 국가전략 체계와 능력을 구축해야 한다."고 제시하였다. 군민융합 발전을 국가전략으로 상정하는 것은 중국공산당이 경제건설과 국방건설의 조화로운 발전의 규율을 장기적으로 탐색한 중대한 성과이고, 국가발전과 안보국면에서 출발하여 결정한 중대한 정책이며, 복잡한 안보위협에 대응하고, 국가전략의 우수함을 보여준 중대한 조치였다.

이를 위해 먼저 군민이 융합하여 심도 있게 발전해야 할 필요성·긴박성을 충분히 인식해야 한다. 현재와 향후의 일정한 시기는 군민융합의 전략적 찬스시기이며, 또한 군민융합이 초보적인 융합에서 심도 있는 융합으로 과도하고, 나아가 비약적인 발전을 실현하는 관건적인 시기이다. 오직 군민융합의 심도 있는 발전을 추진해야만, 중국이 직면한 외부의 제약·발전 저항과 안보 압력에 효과적으로 대응할수 있고, 국방건설이 경제건설에 대해 견인하는 작용을 더욱 잘 발휘할 수 있게 할 수 있으며, 국가 발전을 촉진하고, 국가안보에 대한 보장을 위하여 믿을 수 있는 버팀목을 제공할 수 있으며, 비로소 국가 과학기술 자원과 역량을 통합하고, 군민이 협동하여 혁신능력을 강화할 수 있으며, 전면적으로 과학기술적으로 흥군을 추진할 수 있고, 세계적인 과학기술강국을 건설할 수 있으며, 국제과학기술과 군사경쟁애서 새로운 우위를 가져올 수 있으며, 그렇게 함으로서 비로소 국가치리 차원에서 통합적인 경제사회의 발전과 국가안보의 제도체계를 구축해 나가고, 경제건설과 국방건설의 조화로운 발전과 지속가능한 발전을 밀고 나아갈 수 있는 것이며, 비로소 우리군의 건설 발전형식의 변화를 강력하게 밀고 나아갈 수 있고, 국가의 우수한 자원을 통합할 수 있으며, 사회의 선진적인 성과를 이용하고, 강군사업을 순리롭게 추진할 수 있게 되는 것이다.

다음으로는 군민융합의 심도 있는 발전을 위해 요구되고 있는 내용을 정확히 파악해야 한다. 군민 융합의 심도 있는 발전을 추진하려면, 반드시 국가정세와 군 형세에 입각하여 중국특색의 군민 융합의 길을 걸어가야 한다. 중국 사회주의제도에서 힘을 집중하여 큰일을 할 수 있는 장점을 발휘하고, 국가가 주도하고 시장의 운영을 서로 통일시켜 계획을 선도하고, 체제를 혁신하며, 정책을 지원하고, 법치를 보장하며, 시장화 하는 등의 수단을 종합적으로 운용하며, 최대한 도로 군민이 융합하여 발전하는 힘을 응집시키고 군민 융합의 국방건설과 경제사회 발전에 대해 쌍방향에서 견인작용을 잘 발휘하게 함으로써 경제건설과 국방건설의 종합적인 효율의 최대화를 실현토록 해야 한다. 군민 융합의 심도 있는 발전을 추진하는 근본적인 출로는 개혁 혁신에 있다. 개방을 확대하고, 폐쇄적인 점을 타파하는 것을 돌파구로 하여 끊임없이 체제 메커니즘과 정책제도시스템을 최적화하며, 융합체계의 리모델링과 중점영역의 통합을 밀고 나가야 한다. 군민 융합의 심도 있는 발전을 추진하려면, 법치사고와 법치방식을 잘 운용하여 업무를 추진하고, 법률법규의 규범·선도·보장 등의 작용을 잘 발휘하도록 하며, 군민 융합과 관련되는 법률법규의 입법·개정·폐기·버리는 업무를 신속하게 추진해야 한다. 군민 융합발전의 제도 환경을 최적화하려면, 끝까지 장벽을 허물고, 경계를 허물고, 조건의 정도를 낮추며, 시장진입제도를 빠르게 조정하고, 완벽히 하며, 정책방향에서 조건에 부합되는 많은 기업·인재·기술·자본·서비스 등 군민 융합발전을 통해 더욱 큰일을 할 수 있도록 격려해야 한다. 군민 융합의 심도 있는 발전을 밀고 나아가려면 반드시 중점영역을 향하여 힘을 응집하고 전형적인 사례를 일반화시키는 것으로 전체수준을 향상시킬 수 있도록 밀고 나가야 한다. 기초시설 건설과 국방과학기술공업·무기장비 구입·인재 양성·군대보장의 사회화·국방동원 등 영역의 군민융합 잠재력은 거대하므로 자원통합의 힘을 강화하고, 저장된 자원을 잘 활용하며, 추가자원을 가장 적당하게 조치하고, 군민 융합의 심도 있는 발전의 최대 효율을 발휘토록 해야 한다. 해양·우주·인터넷 공간·생물·새 에너지 등의 영역은 군민공용성이 강하며, 계획 설계·조직의 실시·성과의 사용 등 전 과정에서 군민 융합의 이념과 요구를 관철시키고, 돌출된 문제를 신속히 해결하며, 다차원의 일체·협동 추진·비약적인 발전의 새로운 영역에서 군민 융합의 발전구조를 빠르게 형성토록 해야 한다.

여덟 번째

"한 나라 두 체제(一國兩制)"를
견지하여, 조국통일을 촉진시키자

58

"한 나라 두 체제" 사업을
계속해서 추진하자

당의 19차 대회보고에서는, "홍콩·마카오의 장기적인 번영과 안정을 유지하고, 조국의 완전한 통일을 실현하는 것은 중화민족의 위대한 부흥을 실현하는 필연적인 요구이다."라고 하였다. 당의 19차 대회 보고에서는 "한 나라 두 체제"를 지속시키는 것과 조국통일을 추진하는 것을 시진핑 신시대 「중국특색의 사회주의」 사상의 14조항 기본 전략 중의 하나로 하여 "한 나라 두 체제"를 추진하는 기본 입장과 중대한 원칙을 깊이 있게 서술하였으며, 중국공산당이 "한 나라 두 체제" 실천의 규율성 인식에 대하여 새로운 수준에 도달하였음을 충분히 반영하였다.

"한 나라 두 체제"는 역사가 남긴 홍콩·마카오문제를 해결하는 제일 좋은 방안이며, 또한 홍콩·마카오가 반환한 뒤 장기적인 번영과 안정을 유지케 하는 제일 좋은 제도이다. 시진핑 총서기는 "'한 나라 두 체제'를 실천하는 중에 이미 세계가 인정하는 성공을 거두었으며, 강한 생명력을 가지고 있다."고 하였다. 이는 홍콩과 마카오 동포를 포함한 전국 인민의 공동된 인식이며, 또한 세계에서 모든 평화와 발전에 힘쓰는 유식인사들의 공동된 인식이다. 반환된 후 홍콩·마카오는 아시아 금융위기 '사스' 전염병·국제금융위기의 충격을 성공적으로 막아냈으며, 번영과 안정을 유지하였다. 홍콩특별행정구는 기본법에 의거하여 높은 수준의 자치를 실행하였고, 행정관리권·입법권·독립적인 사법권과 최종 판결권을 누리며, 홍콩주민은 광범위한 권리와 자유를 누리고, 경제의 안정적인 성장을 확보하였으며, 교육·의료·위생·문화·체육·사회보장 등의 사회사업이 끊임없이 새 단계로 들어섰다. 세계은행이 발표한 데이터는 홍콩이 정치안정·정부효능·관리품질·사회법치·부패통제·공민표현 및 문책 등 방면의 지표가 모두 반환 전보다 훨씬 높음을 나타냈다. 1999년부터 2016년까지 마카오 현지의 생산총액은 518.72억 마카오달러에서 3,582억 마카오달러로 증가하였고, 연평균 실질적인 성장은 7.6%에 달하며, 세계의 부유한 도시의 선두에 들어갔다. 중앙정부와 조국대륙의 대대적인 지지 하에 홍콩·마카오의 발전 동력은 더욱 강해지고 있고, 발전공간은 더욱 넓어지고 있으며, 발전 비전은 더욱 밝아졌고, 중화민족의 위대한 부흥의 웅장한 과정에 융합된 발자국은 끊임없이 빨라졌으며, 많은 홍콩·마카오 동포는 홍콩·마카오가 번영과 안정을 유지하는데 대한 믿음과 국가 발전과 민족 부흥에 대한 믿음이 끊임없이 증강하고 있다. 그 다음으로는 "한 나라 두 체제"의 근본적인 취지를 확고히 주지해야 한다. 시진핑 총서기는 "한 나라 두 체제"의 사업을 계속 추진하려면, 반드시 "한 나라 두 체제"의 근본적인 취지를 확고하게 주지해야 하며, 국가주권 및 안보와 발전이익을 함께 수호해야 하고, 홍콩과 마카오의 장기적인 번영과 안정을 유지해야 한다고 하였다.

"한 나라 두 체제"의 근본적인 취지는 유기적으로 통일된 두 개 방면인데, 즉 홍콩·마카오의 장기적인 번영과 안정을 유지해야 하는 것과 국가주권·안보와 발전이익을 수호해야 한다는 것이다.

여기서 말하는 "한 나라"는 뿌리이며, 뿌리가 깊어야 비로소 잎이 무성할 수 있는 것이다. 국가관을 견고하게 수립하는 것은 홍콩·마카오 특별행정구의 기본법 실시의 핵심요구이며, 이 기본적인 전제를 떠나면 아무것도 말할 수 없는 것이다. 중국은 홍콩·마카오에 대하여 행사주권을 회복케 하는 것은 관할권을 포함한 완전한 주권을 회복한다는 의미이며, 중앙은 홍콩·마카오 특별행정구에 대하여 전반적인 관할권을 가지고 있다는 의미이다. 중앙의 전반적인 관할권을 수호하는 것은 바로 국가주권을 수호하고, 홍콩·마카오 특별행정구의 고도의 자치권을 수호하는 근원이다. "한 나라 두 체제" 하에서 중앙과 홍콩·마카오 특별행정구의 권력관계는 수권과 피수권의 관계이지, 분권관계가 아니며, 어떠한 상황에서도 "고도 자치"라는 명의로 중앙은 권력에 대항하는 것을 허락할 수가 없다.

마지막으로 "한 나라 두 체제"의 실천을 깊이 있게 추진해야 할 것이다. 첫 번째는 헌법과 기본법을 기초로 한 특별행정구의 헌제질서를 끝까지 수호하는 것이다. 중국이 홍콩·마카오에 대하여 행사주권을 회복케 하는 것은 홍콩·마카오의 헌제기초와 법률지위에 근본적인 변화가 발생했음을 상징한다.

국가의 근본적인 대법인 헌법과 헌법에 근거하여 제정한 홍콩·마카오 특별행정구의 기본법으로서 홍콩·마카오 특별행정구의 정권구조·정치운영·사회치리체계의 헌제기초를 함께 구성하였다. 특별행정구의 어떠한 법률도 이해와 적용에서 모두 반드시 기본법에 의거해야 하며, 기본법에 저촉 되어서는 안 된다. 두 번째는 항상 행정장관을 핵심으로 하는 행정주도 체제를 지속해야 한다는 점이다. 행정장관은 특별행정구와 특별행정구정부의 "양쪽 수장"으로서 중앙인민정부와 특별행정구에 대하여 "양쪽 책임"을 져야 하며, 중앙과 특별행정구, "일국"과 "양제"를 연결하는 중요한 중추이고, 필연적으로 특별행정구의 정권기구의 운영에서 주도적인 지위에 있어야 한다.

세 번째는 특별행정구의 기본법이 부여한 특별행정구의 고도의 자치권의 제도적 장점을 충분히 발휘케 해야 한다. 특별행정구는 "한 나라"의 강한 뒷받침이 있을 뿐 아니라, 또 "두 체제"의 특색이 있는 다른 점이 있으므로 내륙과 서로 보완하는 합작을 더욱 잘 진행할 수 있고, 국제경쟁에 더욱 편리하게 참여할 수 있으며, 따라서 각종 사업의 전면적인 진보 발전을 추진할 수 있다. 네 번째는 국가를 사랑하고, 홍콩을 사랑하며, 마카오를 사랑하는 힘을 발전시키고 키우는 것이다. 시진핑 총서기는 자신을 믿고 홍콩을 믿으며 국가를 믿어야 하고, 홍콩동포는 능력이 있고 지혜가 있어 완전하게 홍콩을 관리하고 건설하며 발전시킬 수 있다고 강조하였다. 애국자를 주체로 하는 "홍콩인이 홍콩을 관리"하고 "마카오사람이 마카오를 관리"하는 것을 지속하고, 국가를 사랑하고 홍콩을 사랑하며 마카오를 사랑하는 힘을 발전시키고 키워야 한다.

홍콩·마카오동포의 국가의식과 애국정신을 강화해야 하며, 국가를

사랑하고 홍콩을 사랑하며 마카오를 사랑하는 영광스러운 전통횃불
이 대대로 이어지고, "한 나라 두 체제" 사업을 계승할 수 있는 사람
이 있게 해야 한다.

59

양안(兩岸) 동포는 운명을
함께하는 혈육을 나눈 형제다

　2016년 3월 5일 시진핑　총서기는 12기 전국인민대표대회 제4차 회의의 참가하여 대만기업대표와 담화하는 중에, "양안의 농포는 운명을 함께 하는 혈육을 나눈 형제이며, 피가 물보다 진한 한 가족이다. 양안의 동포는 양안관계의 평화로운 발전을 추진하는데 대하여 기대가 충만하기에 우리는 그들을 실망시켜서는 안 된다."고 밝혔다. 당의 19차 대회보고는 당의 18차 대회 이래 대만 업무가 거둔 새로운 발전과 새로운 경험을 심도 있게 총화하였고, 양안관계의 발전현황과 추세를 정확하게 파악하였으며, 현재와 향후 대만 업무의 국정방침과 중대한 조치를 제시하였다. 국가통일을 실현하는 것은 중화민족이 위대한 부흥으로 걸어가는 역사의 필연이다. 당의 19차 대회보고에서 "대만문제를 해결하고, 조국의 완전한 통일을 실현하는 것은, 모든 중화 자녀들의 공동된 염원이며, 중화민족의 근본적인 이익이 있는 것이다."라고 밝혔다. 중화민족의 위대한 부흥을 실현하는 것은 근대 이후 중화민족의 제일 위대한 꿈이다. 중화민족은 민족부흥의 길을 탐색하는 과정에서 갖은 고난과 어려움을 당하였다. "통일하면 강하고, 분리되면 반드시 어지럽게 된다." 이것은 역사적인 규율이다.

중화민족의 위대한 부흥은 양안동포의 미래운명과 긴밀하게 연결되어 있다. 대만지역의 미래는 국가통일과 연결되어 있고, 대만동포의 복지는 중화민족의 강성과 떠날 수 없다. 현재 우리는 역사상 어떠한 시기보다 더욱 중화민족의 위대한 부흥의 목표와 가까워져 있으며, 더욱 큰 자신감과 능력으로 이 목표를 실현할 수 있다. 대만에게 있어서 이것은 복음이고, 역사적인 기회이다. 양안의 동포는 중화민족의 위대한 부흥과 국가의 평화통일을 실현하는 것을 손잡고 추진하는 과정에서 기회를 붙들고 서로 도와주며 긴밀하게 합작하여 평화 안녕 및 행복한 삶을 살기 위하여 세계에서 중화민족의 존엄과 영화를 공유하기 위해 손잡고 분투해야 한다.

국가통일과 중화민족의 장기적인 발전에 관련되는 중대한 문제에서 우리는 정치적 태도가 분명하고 입장이 견고하며 어떠한 타협과 흔들림도 없다. 1949년 이래 양안은 비록 아직 통일되지는 못했지만, 대륙과 대만이 하나의 중국에 속한다는 사실은 한 번도 바뀐 적이 없으며, 바뀔 수도 없다. 양안이 통일을 회복하는 것은 정치대립을 끝내는 것이지, 영토와 주권의 재탄생을 말하는 것은 아니다. "평화통일, 한 나라 두 체제"는 우리가 대만문제를 해결하는 기본 방침이며, 또한 국가통일을 실현하는 제일 좋은 방식이다. 하나의 중국 원칙을 나타내는 "92공식"은 양안관계의 근본적인 성질을 명확하게 정의를 내렸으며, 양안관계와 평화발전을 확보하는 관건이다. 하나의 중국 원칙은 양안관계의 정치적 기초이다. 1992년 해협양안관계협회와 대만 해협교류기금회는 양안업무 상담에서 하나의 중국 원칙을 지속하는 서술에 관한 사항에 대하여 협상하고 각자 구두방식으로 "해협 양안은 모두 하나의 중국이라는 원칙을 지속하는 것"을 표현하는데 대해 인식을 같이 했으며, 이 공동인식은 후에 "92공식"으로 요약되었고, 그 핵심은 대륙과 대만은 하나의 중국에 속하고, 양안관계는 국가와 국가의 관계가 아니며, 또한 "일중일대(一中一臺)"도 아닌 것이다. 당의 19차 대회 보고에서는, "'92공식'의 역사적인 사실을 인정하고, 양안은 하나의 중국에 속함을 인정하며, 양안 쌍방은 대화를 통해 양안동포의 관심 문제를 협상하여 해결할 수 있으며, 대만의 어떠한 정당과 단체도 대륙과 교류 시 장애물이 없을 것이다."라고 명확히 밝혔다. 이는 양안관계의 평화발전 경험에 대한 총화이며, 또한 현재 양안관계의 평화발전이 좌절되어 있는 국면을 돌이키기 위하여 근본적인 출로를 명확히 가리켜 주었다.

우리가 추구하는 국가통일은 형식상의 통일뿐만이 아니라 더욱 중요한 것은 양안동포의 마음의 일치이다. 시진핑 총서기는, "우리는 대만동포의 특수한 역사적 처지와 서로 다른 사회 환경으로 인하여 형성된 마음을 이해하고, 대만동포가 자체적으로 선택한 사회제도와 생활방식을 존중하며, 진심·선의·따뜻한 정으로 양안동포의 마음의 거리를 줄이기를 원한다."고 하였다. 당의 19차 대회보고에서는, "우리는 '양안 일가친척'이라는 이념을 갖고, 대만의 현재 사회제도와 대만동포의 생활방식을 존중하며, 앞장서서 대만동포와 대륙 발전의 기회를 공유하기를 원한다."라고 재차 강조하였다. "양안 일가친척"은 양안동포의 혈맥관계를 붙들었으며, 민족인정·문화인정·국가인정을 강화하는데 유리하고, 의기투합을 촉진케 했다. "양안 일가친척" 이념이 갈수록 사람들의 마음에 깊게 인식될수록 양안의 정신유대는 반드시 더욱 견고해질 것이고, 양안동포의 정은 반드시 더욱 두터워질 것이며, 양안 경제문화 교류합작은 반드시 더욱 긴밀하게 될 것이다. 우리는 양안관계의 평화발전을 촉진시키고, 최대한 노력을 기울여 조국의 평화통일을 쟁취하는 동시에 반드시 양안동포가 함께 모든 국가분열의 활동을 반대하는 일을 추진해야 한다. 당의 19차 대회 보고에서 "우리는 끝까지 국가의 주권과 영토의 완정을 수호할 것이며, 국가분열이라는 역사적 비극의 재연을 절대로 용납할 수 없다. 모든 조국을 분열하는 활동은 반드시 모든 중국인의 강한 반대에 부딪칠 것이다. 우리는 확고한 의지, 충분한 믿음, 충분한 능력으로 모든 형식의 '대만독립'의 분열을 도모하는 것을 좌절시켜야 한다. 우리는 어떠한 사람도, 어떠한 조직도, 어떠한 정당도, 어떠한 시기에, 어떠한 형식으로, 어떠한 중국영토도, 중국에서 분열시킬 수 없다!"는 것을 강조해야만 한다.

아홉 번째

중국특색의 대국적

외교를 견지하자

60

인류의 운명공동체를 구축하자

중국공산당은 중국인민을 위하여 행복을 도모하는 정당이며, 또한 인류의 진보사업을 위하여 분투하는 정당이다. 2013년 3월 23일 시진핑 주석은 모스크바의 국제관계학원에서 연설할 때, "이 세계는 각 나라가 상호 연결되고 상호 의존하는 수준이 전례 없이 깊어지고 있으며, 인류는 하나의 지구촌에서 생활하고, 역사와 현실이 교차하는 동일한 시공에서 생활하고 있으며, 갈수록 너 안에 내가, 내 안에 네가 있는 운명공동체가 되고 있다."고 하였다. 당의 19차 대회보고에서는, "평화발전의 길을 지속하고, 인류운명공동체를 구축하는 것을 추진하며… 지속적인 평화, 보편적인 안보, 함께 번영하고, 개방과 포용, 맑고 아름다운 세계를 건설해야 한다." 고 강조하였다. 인류운명공동체는 중국인민의 평화발전을 추구하는 염원을 표현하였고, 중국이 각 나라와 함께 공영하는 이념을 나타냈으며, 인류의 미래발전을 인도하는 중국 전략을 제출하여, 점차적으로 국제사회의 인정을 받았으며, 글로벌 거버넌스시스템의 변혁을 추진하고, 신형 국제관계와 국제적 새 질서를 구축하는 공동의 가치규범을 갖게 되었다.

인류운명공동체 사상은 깊은 이론적 근원과 역사적 근원이 있다.

인류운명공동체 사상은 마르크스의 인류운명공동체 사상의 계승과 발전이다. 마르크스·엥겔스는『독일 이데올로기』에서 "오직 공동체에서만이 개인은 비로소 전면적으로 그의 재능을 발전시키는 수단을 얻을 수 있으며, 다시 말해 오직 공동체에서만이 개인자유가 있을 수 있다."고 여겼다. 하지만 공동체의 형성은 세계역사와 긴밀하게 연결된 것이다. 오직 경제글로벌화가 깊이 발전하고, 세계 각국의 관련된 수준이 갈수록 밀접해 질 때, 공동체는 비로소 진정으로 이론에서 현실로 나아갈 수 있는 것이다. 인류운명공동체 사상은 바로 세계역사 발전의 경험과 교훈을 심도 있게 총화하고, 경제글로벌화의 발전 추세에 순응하는 기초위에서 제시한 것이며, 현대 마르크스주의 공동체 사상이다. 인류운명공동체 사상은 중화의 우수한 전통문화의 계승과 발전이다. 중화민족은 언제나 화목·평화사랑·조화 창도·좋은 이웃·만방 협화(協和, 협력하여 화합함−역자 주)등을 추구하였다.

　시진핑 총서기가 여러 차례 칭찬한 근대 사상가인 왕양밍(王陽明)은 "천하일가(天下一家)", "성인의 마음은, 천지만물을 일체로 하여, 천하의 사람을 바라보고, 내외원근이 없다… 천하의 사람을 바라볼 때, 한 가족처럼 친근하다."고 주장하였다. 이런 우수한 전통문화는 중화문명이 전승과 번영을 할 수 있는 정신적 지주이며, 또한 인류운명공동체를 구축하는 사상적 근원이다. 인류운명공동체 사상은 새 중국 모든 시기의 중대한 외교사상과 주장을 계승 발전시켰으며, 중국 공산당 당원의 "서로의 아름다움, 아름다움의 아름다움, 아름다움의 공유, 천하대동"의 문화적 자발성·문화에 대한 믿음을 나타내고 중외의 우수한 문화와 모든 인류의 공동의 가치추구를 반영하였다.

인류운명공동체 구축은 매우 강한 현실적 목표성이 있다. 현재 세계의 다극화·경제 글로벌화·사회 정보화·문화 다양화의 깊은 발전에 따라 각 나라간의 상호연계와 의존은 갈수록 깊어지고 있고, 세계는 갈수록 가까이 살며 동거 동락하는 '지구촌'으로 바뀌었다. 인류가 공동으로 직면한 각종 새로운 상황과 새로운 문제, 새로운 도전을 앞두고 예전과 같은 사생결단·약육강식·승자독식의 냉전적 사고와 제로섬게임은 이미 유형이 지나갔으며, 평화·발전·합작·공영은 갈수록 각 나라 인민의 바람이 되었다. 오직 끝까지 냉전사고와 강권정치를 버리고, 대화하고 대항하지 않으며, 동반하고 동맹하지 않으며, 대화로 분쟁을 해결하고, 협상으로 의견 차이를 해결해야만 비로소 인류 사회의 공동된 발전과 지속적인 번영을 실현할 수 있는 것이다.

인류운명공동체 구축을 추진하려면, 중국은 세계 기타 각국과 손잡고, 더욱 아름다운 세계를 함께 건설해야 한다. 그 첫째는 평화발전의 길을 지속하고, 상호존중·공평주의·합작공영하는 신형 국제관계 건설을 추진하며, 패권주의와 강권정치를 반대하고, 영원히 제패하지 않고, 영원히 확장하지 않아야 한다. 둘째는 끊임없이 외교구조를 완벽히 하고, 글로벌 파트너관계의 네트워크를 만들어야 한다. 주변과 대국을 중점으로 하고, 개발도상국을 기초로 하며, 다변주의를 무대로 하고, 끊임없이 중국의 전방위·다방면·입체화의 외교구조를 완벽히 해야 한다. 셋째는 끊임없이 "일대일로" 건설을 추진하고, 진일보적으로 전 방위적인 대외개방 구조를 심화시켜야 한다. 함께 상의하고, 함께 건설하고 공유하는 원칙을 지키고, 평화합작·개방 포용·서로 배우고 참고하며 호혜 공영하는 실크로드정신을 선양하며, 연선의 국가들과 정책소통·시설연통·무역소통·자금융통·민심상통을 강화하고, "일대일로"를 평화의 길·번영의 길·개방의 길·혁신의 길·문명의 길로 건설한다. 넷째는 글로벌 거버넌스에 깊게 참여하고, 적극적으로 국제질서의 변혁방향을 인도해야 한다. 함께 상의하고, 함께 건설하며 공유하는 글로벌 거버넌스 개념을 고수하고, 적극적으로 글로벌 거버넌스시스템의 개혁과 건설에 참여하며, 감낭해야 하는 대국의 작용을 계속 발휘하고, 끊임없이 글로벌 거버넌스의 완벽함을 위하여 중국의 지혜와 역량을 통해 공헌해야 하는 것이다.

61

네트워크 공간의
운명공동체를 구축하자

시진핑 주석은 "인터넷은 진정으로 세계를 지구촌으로 바꾸었으며, 국제사회를 더욱 더 네 안에 내가 내 안에 네가 있는 운명공동체가 되게 하였다."라고 하였다. 네트워크 공간의 운명공동체는 중국이 인류운명공동체를 강력하게 선도하고 또는 적극적으로 추진하는 유기적 구성부분이고, 인류운명공동체의 가치이념과 행위준칙이 네트워크 공간에서의 연장이며, 네트워크 공간의 상호연결, 함께 공유와 관리를 추진하는 필연적인 선택이고, 우리와 같은 대국의 큰 정당이 국제인터넷 거버넌스의 책임과 담당을 해야 한다는 것을 나타냈다.

네트워크공간의 운명공동체를 구축하려면 네트워크의 패권을 끝까지 반대해야 한다. 시진핑 주석은 "우리는 응당 각 나라가 네트워크 발전의 길·네트워크의 관리형식·인터넷 공공정책을 자주적으로 선택하고, 국제 네트워크 공간의 거버넌스에 평등하게 참여하는 권리를 존중해야 하며, 네트워크의 패권을 추구하지 않고, 타국의 내정에 간섭하지 않으며, 타국의 국가안전을 위해하는 네트워크 활동에 종사하지 않고, 종용하거나 지지해서는 안 된다."고 심도 있게 지적하였다. 이를 위해서는 먼저 네트워크의 주권을 인정하고 존중해야 한다.

『유엔 헌장』에서 확립한 주권평등원칙은 현대 국제관계의 기본준칙이고, 국가와 국가 간 각각의 교류영역을 망라하며, 그 원칙과 정신도 응당 네트워크 공간에 적합해야 한다. 네트워크 공간은 인류 공동의 활동 공간이며, 네트워크 공간의 미래와 운명은 세계 각 나라에서 함께 움켜쥐어야 한다. 각 나라는 인터넷 발전이 빠르던 느리던, 기술이 강하던 약하던 그의 참여권리·발전권리·거버넌스 권리는 모두 응당 평등해야 하며, 모두 효과적인 보장을 받아야 한다. 서방국가의 "인터넷 자유"라는 것을 빌려 임의대로 다른 나라의 네트워크 수권을 싯밟는 것을 단호하게 반대해야 한다. 사실상 인터넷 발전상의 큰 격차로 인하여 "인터넷 자유"라는 것은 일부 서방국가의 일방적인 자유뿐이고, 그들이 네트워크 패권을 이용하여 개발도상국에 대하여 그들의 의식형태와 가치관을 보내는 '핑계'일뿐이다.

네트워크 공간의 운명공동체를 구축하려면, 적극적으로 디지털경제를 발전시켜야 한다. 네트워크 공간의 운명공동체는 인류가 정보사회에 들어선 후, 나타난 새로운 공동체 형식이며, 데이터경제는 그것의 견고한 물질적 기초이다. 많은 개발도상국을 포함한 세계 각국의 충분히 발전한 디지털경제를 포함시키지 않으면, 네트워크 공간의 운명공동체는 일부 서방국가의 '주장'에 불과할 뿐이며, 개발도상국의 '신기루'에 불과하다. 제4기 세계 인터넷대회의 주제는 바로 "디지털경제를 발전시키고, 개방과 공유를 촉진하며, 함께 네트워크 공간의 운명공동체를 건설하자"는 것이다. 시진핑 총서기는 대회에 보낸 축사에서, "중국은 자체적인 노력을 통하여 세계 각 나라가 함께 인터넷과 디지털경제 발전의 급행열차에 탑승하도록 추진하기를 희망한다."고 하였다. 이는 중국이 개방의 자세로 디지털경제 발전을 추진하는 확고한 결심을 충분히 표현한 것이었기에 국제사회의 광범위한 관심을 불러일으켰다. 디지털경제의 실질은 데이터경제인데 특히 빅 데이터경제라 할 수 있다. 시진핑 총서기는 19기 중국공산당 중앙정치국 제2차 단체교육에서 "빅 데이터는 정보화 발전의 새로운 단계이다."라고 하였다. 현재 세계의 많은 국가들은 모두 빅 데이터를 핵심과 본질로 하는 디지털경제를 혁신발전을 실현하는 중요한 동력으로 삼고 있으며, 선두기술에 대한 연구개발·데이터의 개방 공유·네트워크의 안전방역·첨단인재 양성 등 방면에서 전략적 조치를 하였다. 우리는 핵심기술에서 세계 선진국과의 격차를 똑바로 보아야 한다. 시진핑 총서기는 "인터넷의 핵심기술은 우리의 제일 큰 '명문'이며, 핵심기술이 남에게 구속 받는 것은 우리의 제일 큰 잠재되어 있는 위험이다."라고 하였다. 따라서 우리는 반드시 우수한 자원을 집중하여 빅 데이터의 핵심기술을 해결해야 하며, 자주적으로 통제 가능한 빅 데이터의 산업적 사슬·가치사슬과 생태시스템을 빠르게 구축해야 한다. 그리고 네트워크공간의 운명공동체를 구축하려면 네트워크의 안전방역 능력을 빠르게 향상시켜야 한다. 시진핑 총서기는 "세계적인 범위에서 볼 때, 네트워크 안전의 위협과 위험은 갈수록 두드러지며, 또한 갈수록 정치·경제·문화·사회·생태·국방 등의 영역을 향하여 침투하고 있다. 특별히 국가의 관건적인 정보기초시설은 매우 큰 위험에 직면하고 있고, 네트워크 안전방공 능력은 빈약하며, 국가 차원과 조직적인 고강도의 네트워크 공격에는 효과적으로 대응하기 어렵다. 이는 세계 각국이 부딪치고 있는 모두의 난제이며, 우리도 당연히 예외가 아니다."라고 하였다. 네트워크 안전방역 능력은 국가안전에 관계되는 중요한 전략능력이며, 또한 네트워크 공간의 운명공동체를 구축하는 중요한 기초능력이다. 정확한 네트워크 안전관을 수립하고, 네트워크의 안전을 명확히 하는 것은 전체적인 것이고, 분리된 것이 아니며, 동적인 것이고, 정적인 것이 아니며, 개방적인 것이고, 폐쇄적인 것이 아니며, 상대적인 깃이고, 절대적인 것이 아니며, 공동적인 것이고, 고립적인 것이 아니므로 정부·기업·사회조직·많은 네티즌 나아가 국제사회의 공동 참여가 필요하다. 또한 네트워크 안전방역 능력과 무력능력을 강화해야 한다. 유엔군축연구소의 통계에 따르면 전 세계의 50여 개 국가는 네트워크 전쟁부대를 만들었다. 이에 대하여 중국도 입체화한 네트워크 안전방역 체제를 구축하고, 네트워크 안전책임제를 실시해야 하며, 네트워크 안전기준을 제정하고, 보호대상·보호계층·보호조치를 명확히 해야 할 것이다.

62

독립자주의 평화외교정책을
확고하게 봉행하자

2013년 1월 28일 시진핑 총서기는 18기 중국공산당 중앙정치국 제3차 단체교육을 할 때의 발언에서, "장기적인 실천 중 우리는 평화공존 5원칙을 제시하고 고수하였고, 독립자주의 평화외교정책을 확립하고 실행하였으며, 세계를 향하여 영원히 제패하지 않고 영원히 확장을 하지 않는다는 굳건한 약속을 하였으며, 중국은 언제나 세계평화를 수호하는 견고한 역량임을 강조하였다."라고 하였다. 당의 19차 대회보고에서는 "중국은 견고하게 독립자주의 평화외교정책을 실행하고 각 나라 인민이 자주적으로 발전의 길을 선택하는 권리를 존중하며, 국제공평주의를 수호하고, 자기의 의지를 남에게 강요하는 것을 반대하며, 타국의 내정간섭을 반대하고, 강자가 약자를 괴롭히는 것을 반대한다."라고 강조하였다. 이 말은 중국은 시종 변함없이 독립자주의 평화외교정책을 실행하는 견고한 결심을 뚜렷하게 거듭 천명한 것이고, 중국의 주권·안보·발전이익을 수호하는 강한 의지를 선포한 것이며, 중국이 국제공평주의를 수호하고, 자신의 정당한 권익을 수호하며, 평화발전을 추구하는 것을 지속하는 진실한 염원을 나타냈으며, 세계 각 나라 인민의 평화를 구하고, 발전을 도모하며, 합작을 촉진하는 정의의 마음을 대표한 것이었다. 독립자주의 평화외교정책을 견고하게 실행하는 것은 근대 이후 중국인민이 힘든 탐색을 통하여 얻은 소중한 결론이다. 중화민족은 기개가 있는 민족이다. 멸망으로부터 구하고 생존을 도모하기 위하여 중국인민은 고난과 좌절 속에서 독립적으로 모색하고, 비바람 속에서 자주적으로 분발하는 것을 고수하였다. 중화인민공화국의 탄생은 중국인민이 국가·사회와 자기운명의 주인이 되게 하였고, 구중국의 반식민지·반봉건사회의 역사를 철저하게 끝냈으며, 외국열강이 우리에게 강요한 불평등소약과 제국주의로서 중국에서의 모든 특권을 철저히 폐지하였다. 중국공산당의 강경한 지도하에 중국인민은 자신의 어려운 탐색을 통하여 「중국특색의 사회주의」를 지속하고 발전하여 세계에서 주목한 찬란한 성과를 창조하였으며, 우리는 응당 이 기초위에서 계속 창조해 나가야 한다. 역사와 현실은 중국의 문제는 반드시 중국의 특징, 중국의 실제를 따라 중국인민이 독립 자주적으로 해결해야 하고, 이는 중국의 모든 문제를 해결하는 정확한 길임을 반복적으로 경고하였다. 독립자주의 평화외교정책을 견고하게 실행하는 것은 시종 변함없이 합작공영이념을 선도해야 한다. 우리는 모든 국제사무에 대하여 모두 중국인민과 세계인민의 근본적인 이익에서 출발하며 문제 자체의 옳고 그름에 근거하여 자기의 입장정책을 결정하며, 어떠한 외래에서 오는 압력에도 굴복하지 않는다. 국제와 지역에 관련된 핫 이슈와 난제에 대하여 우리는 담판협상의 방식을 통하여 관련 분쟁을 평화롭게 해결하고 냉전적 사고를 고수하는 것을 끝까지 반대하며, 무력을 행사하거나 또는 무력으로 위협하는 것을 반대하고, 상호존중·공평주의·합작공영의 신형 국제관계의 건설을 추진하는 것을 일관되게 주장하였다. 우리는 각 나라 인민이 자주적으로 발전의 길을 선택하는 권리를 존중하며, 사회제도·문화배경 및 의식형태 등 방면의 격차가 장벽을 만들고 자신의 의지를 절대로 남에게 강요하지 않으며·영원히 제패하지 않고·영원히 확장을 하지 않는다. 우리는 흔들림 없이 평화·발전·합작·공영의 깃발을 높이 들고 평화공존 5원칙을 지속하는 기초위에서 각 나라와 우호적으로 함께 지내며 평등호혜의 기초위에서 적극적으로 각 나라와의 교류합작을 전개하고, 흔들림 없이 세계평화를 수호하고 공동발전을 촉진한다.

　독립자주의 평화외교정책을 견고하게 실행하는 것은 바로 국가주권·안보·발전이익을 수호하는 마지노선을 단단히 지키는 것이다. 중국은 타국의 권익을 노라지 않고, 타국의 발전에 질투하지 않지만, 우리의 정당한 권익을 절대로 포기하지도 않고, 국가의 핵심이익을 절대로 희생하지 않는다. 중국인민은 악을 믿지도 않고 두려워하지도 않으며, 문제를 만들지도 않고, 두려워하지도 않으며, 어떠한 외국도 우리가 자신의 핵심이익으로 거래를 할 것이라고 기대하지 말아야 하고, 우리가 중국 주권·안보·발전이익을 해치는 쓴 열매를 삼킬 것이라고 기대하지 말아야 한다. 국가통일·영토주권과 해양권익 등 일련의 중대한 핵심이익 문제에서 우리는 퇴로가 없으며· 반드시 날카롭게 맞서고 시시콜콜 따져야 한다. 만약 수십 년 전 중국이 엄청 가난한 시기에도 감히 국가이익을 수호하고·세계강권을 반대하며·어떠한 외래압력에도 허리를 굽히고 미리를 숙인 적이 없다면, 현재 중국은 발전하고 강대해졌으므로 더욱 어떠한 외래압력에도 굴복하지 않을 것이다. 우리는 평화방식·담판방식으로 분쟁을 해결하는데 흔들림이 없을 뿐 아니라 각종 복잡한 국면에 대처하는 준비를 세심하게 잘하고 늦추지 않아야 한다. 평화발전의 과정이 끊임없이 깊어짐에 따라 중국의 국가이익을 수호하는 결심과 의지는 갈수록 확고하고, 자원 수단은 갈수록 풍부하며, 반격능력은 갈수록 강해져야 할 것이다.

63

중미 간 새로운 형식의
대국관계를 구축하자

2013년 6월 8일 시진핑 주석은 미국대통령 오바마와 함께 한 기자 공동회견에서, "중미가 신형 대국관계를 건설하는 것은 전무후무한 일이 될 것이다. 중미는 대화를 강화하고 상호신뢰를 증가하며, 합작을 발전시키고, 갈등을 관리하는 과정에서 끊임없이 신형대국관계를 건설해야 한다."고 하였다. 이 논술은 중미관계를 정확히 처리하고, 중미교류합작을 촉진하며, 중미 신형 대국관계를 건설하고, 평화와 공동발전을 촉진하는데 매우 중요한 의미가 있다.

중국과 미국은 각각 현재 세계에서 제일 큰 개발도상국과 제일 큰 선진국이며, 매우 높은 국제적 지위와 매우 강한 국제 영향력을 가지고 있고, 중미관계는 세계에서 제일 중요하고 제일 복잡한 관계이며, 글로벌 구조와 글로벌 사무에 중요한 영향을 미치고 있는 특수한 관계이고, 쌍방은 광범위한 공동적인 이익관계에 놓여 있을 뿐 아니라 마찰과 충돌도 있다. 중미관계의 건강한 발전은 양국의 이익에 관련되며, 세계의 평화안정과 발전번영에 대해 중요한 영향력을 가지고 있다. 공동적인 이익과 도전은 중미 신형 대국관계를 구축하는 내적인 동력이다. 경제글로벌과 정보화의 끊임없는 발전에 따라 세계 각국이 상호 의존하고 상호 교류하는 수준은 갈수록 깊어지고, 발생하는 글로벌 문제와 도전도 갈수록 많아지고 있으며, 이런 문제들은 어떤 한 국가가 단독으로 직면하고 해결할 수 있는 것이 아니며, 국가 간의 상호교류와 합작이 필요하다. 중미 양국은 세계에서 제일 중요한 두 개의 큰 경제체로서 각자의 경제사회 발전을 촉진시키고, 세계경제의 회복과 번영을 촉진시키며, 국제지역의 충돌을 해결하고, 글로벌 도전에 대응하는 등의 문제에서 매우 중요한 작용을 발휘하고 있으며, 공동적인 이익과 광범위한 합작공간을 가지고 있다. 중미 양국이 합작을 강화하고, 이익의 합치점을 확장해야만 비로소 효과적으로 글로벌문제에 대응하고 해결할 수 있으며, 각자의 이익을 더욱 잘 실현할 수 있는 것이다.

평화발전·상생협력은 중미 양국의 신형 대국관계를 구축하는 본질적인 요구이다. 화합하면 양측에 이롭고 싸우게 되면 모두가 상처를 입게 된다. 비록 중미 양국의 사회제도가 다르고, 국정이 다르며, 관점과 입장도 서로 다르지만, 중미 양국의 다름이 양국의 의심 심지어 마찰의 근원이 되어서는 안 되며, 일치한 것은 구하고, 다른 것은 인정하며, 같은 것은 모으고, 다른 것은 변화시키며, 함께 진보하는 동력이 되어야 한다. 쌍방은 응당 우선순위에 따라 갈등을 적절하게 처리하고, 점차적으로 대화로 협상하고 해결하는 체제를 구축해야 한다. 오직 양국이 평화롭게 지내고, 각자의 사회제도와 발전의 길을 상호 존중하며, 각자의 역사문화와 가치관을 존중하고, 평등의 의미를 서로 이해하며, 각자의 이익을 살펴야만 비로소 상생협력을 실현할 수가 있다. 모순과 갈등 및 예민한 문제를 적절하게 처리하는 것은 중미 신형 대국관계를 구축하는 관계이다. 왜냐하면 중미간의 많은 것이 다르며, 중미관계는 객관적으로 많은 갈등·마찰·모순·문제가 존재한다. "국가가 강하면 필히 패권을 행사한다." "양자가 강하면 반드시 싸운다"는 사고방식은 중미관계의 진보와 발전에 영향을 끼치고 있으며, 중미 양국은 전략 소통을 강화하고, 각 영역의 실무 합작을 실현하며, 각 영역·각 층면에서 여러 가지 형식의 교류체제를 실현하고, 중미간의 갈등과 모순을 적절하게 처리하여 새로운 시기에 중미 양국의 신형 대국관계를 구축하기 위한 견고한 기초를 다져야 할 것이다. 중미 신형 대국관계는 3가지 방면을 포함한다. 첫째는 충돌하지 않고 대립하지 않는 것이다. 바로 객관적으로 이성적으로 각자의 전략의도를 바라보며 파트너 관계를 지속하고, 적으로 대하지 않으며, 대립하고 충돌하는 방식이 아닌 대화와 협력을 통하여 모순과 갈등을 적절하게 처리해야 한다. 둘째는 상호 존중이다. 바로 각자가 선택한 사회제도와 발전의 길을 존중하고 각자의 핵심이익과 중대한 관심거리를 존중하며, 일치한 것은 취하고, 다른 것은 인정하고, 표용하고, 서로 학습하며, 함께 진보하는 것이다. 세 번째는 상생 협력이다. 바로 제로섬게임의 사고를 버리고, 자신의 이익을 추구하는 동시에 상대방의 이익도 돌아보며 자신이 발전할 때, 공동 발전할 수 있도록 추진하고, 끊임없이 이익이 교차하는 구조를 심화시켜야 할 것이다. 중미 양국의 신형 대국관계를 구축하려면 대화와 상호신뢰의 수준을 향상하고 실무합작의 새로운 국면을 열며, 대국적 상호

작용의 새로운 형식을 구축하고, 갈등을 관리 통제하는 새로운 방법을 탐색해야 할 것이다. 중미 양국의 신형 대국관계를 건설하는 것은 새로운 길이고, 단번에 성공하는 길이 아니며, 더 나아가 양국의 인민과 세계 인민의 행복을 가져오는 탄탄대로인 것이다.

64

글로벌 거버넌스 파트너관계를
적극적으로 발전시키자

2016년 9월 3일 시진핑 주석은 G20정상회의 개막식 연설에서, "상생협력의 글로벌 파트너관계를 함께 구축하자."라고 강조하였다. 당의 19차 대회보고에서는 "중국은 적극적으로 글로벌 파트너관계를 발전시키고, 각 나라와의 이익교차점을 확대하며, 대국의 협조와 합작을 추진하고, 총체적인 안정, 균형발전의 대국관계 틀을 구축하며, 친성혜용(親誠惠容)²⁴이념과 이웃과 친하게 지내고, 이웃을 벗으로 하는 주변의 외교방침에 따라 주변국가와의 관계를 심화시키자고 하였으며, 정확한 의리관과 진실·친절 이념을 지니고, 개발도상국과의 단결합작을 강화하자"고 하였다. 적극적으로 글로벌 파트너관계를 발전시키는 것은 대립하지 않고 대화하며, 결맹하지 않고 동행하는 중요한 외교이념이라는 것을 심도 있게 서술했으며, 신시대의 중국외교에 대하여 고차원적으로 설계하였고, 목표와 방향을 명확히 하였다.

적극적으로 글로벌 파트너관계를 발전시키는 기초는 각 나라와의 이익교차점을 확대하는 것이다. 경제글로벌화의 깊은 발전에 따라 국제구도는 심각하게 변화하고 세계 각국은 갈수록 "너 안에 내가, 내

---

24) 친성혜용(親誠惠容) : 서로 협의하고 대화하여 더불어 잘 살자는 의미.

안에 네가 있는 운명공동체"가 되었고, 경제무역·에너지·환경·반테러·법 집행·인문 등 영역에서의 공동이익이 갈수록 더욱 많아지며, 중대한 국제와 지역의 뜨거운 문제를 처리하고, 기후변화와 국제금융위기 등 글로벌 문제에 대응하는 공동적인 관심사는 갈수록 많아지고 있다. 특별히 국제금융위기 이후 일부 국가의 "역 글로벌" 행동을 직시하고, 글로벌 경제거버넌스를 완벽히 하고, 세계경제의 지속가능한 성장을 추진하며, 경제무역 영역의 합작을 확대하고, 새로운 에너지·청결에너지·기초시설의 건설·항공우주비행등 새로운 영역의 합작을 확대하며, 테러리즘에 타격을 가하고, 대규모 살상무기의 확산을 방지하며, 자연재해·양식 안전·중대한 전염성 질병 등 방면에 대처하고, 교류강화·상호신뢰 증진·구동존이(求同存異)[25]를 강화하며, 갈등과 예민한 문제를 적절하게 처리하고, 호혜합작을 광범위하게 전개하였다. 적극적으로 글로벌 파트너관계를 발전시키는 중점은 총체적인 안정, 균형발전의 대국관계의 틀을 구축하는 것이다. 대국관계를 위해 성실하게 방책을 짜고, 건강하고 안정적인 대국관계의 틀을 구축하는 것은, 중화민족의 위대한 부흥인 「중국의 꿈」을 순조롭게 실현하는데 매우 중요하다. 다음으로 "투키디데스의 함정"[26]을 뛰어넘어야 한다. 최근 몇 년간 중국의 종합적인 국력의 현저한 성장에 따

---

25) 구동존이(求同存㽞) : 일치하는 점은 취하고, 의견이 서로 다른 점은 잠시 보류하는 것.

26) 투키디데스 함정 : 신흥 강국이 부상하면서 기존 패권국가와 충돌하는 상황을 의미한다. 신흥 강국의 부상에 기존 패권국가가 두려움을 느끼고 무력을 통해 이를 해소하려 하면서 전쟁이 발생한다는 것이다. 국제정치학 권위자인 그레이엄 앨리슨 하버드대 교수는 "16세기 이후 국제정치의 중심축이 이동했던 15번 가운데 11번은 전쟁으로 귀결됐다" 며 떠오르는 중국과 패권을 양보할 생각이 없는 미국이 투키디데스 함정에 빠질 것을 우려했다.

라 기존의 주요대국의 의심·불편함·질투를 초래하였다. 일부 국가는 마음으로부터 중국이 세계강국의 위치에 올라가는 것을 원치 않고, 사회주의 중국의 발전성장을 원치 않으며, 반드시 천방백계로 중국에 대하여 전략적 억제와 봉쇄를 할 것이다. 하지만 우리는 적극적으로 "투키디데스의 함정"을 뛰어넘어야 하며, 또한 뛰어넘을 수 있으며, 주요 대국과 아시아·태평양지역에서 적극적인 합작을 전개하고, 모순의 격화를 피하며, 효과적으로 갈등을 관리하고, 또한 더욱 많은 국가와 지역이 공동 친구 테두리에 가입하게 하고, 끊임없이 평화의 힘을 강화시켜야 한다. 또 "킨더버그 함정(金德爾伯格)"[27]을 뛰어넘어야 하고, 응당 감당해야 할 국제책임을 피하지 않고, 세계를 위하여 더욱 많은 국제 공공 상품을 제공해야 할 뿐 아니라, 또한 자신의 지속적인 쾌속발전을 통해 개방형 세계경제의 발전을 위하여 중요한 동력을 제공해야 하며, 또 역량에 맞게 행하고, 자신의 국가능력에 맞춰 서로 부응해 나가야 하며, 자신의 발전단계를 초월해서는 안 되고, 국가능력과 발전단계와 알맞은 국제책임을 감당토록 해야 한다.

글로벌 파트너관계를 적극적으로 발전시키는데 의지할 수 있는 힘은 많은 개발도상국이다. 개발도상국은 언제나 중국이 평화발전의 길을 걸어가는 동행인이며, 중국의 제일 믿을 수 있는 친구와 의지하는 힘이다. 신 중국 탄생 이후, 우리는 항상 개발도상국을 외교업

---

27) 킨더버그 함정(金德爾伯格陷阱) : 전 세계가 권력이 이전되는 과정에서, 신흥 대국이 그 영도적 책임을 다하지 못하는 경우 국제 공공산품의 단절 및 결핍을 가져올 수 있고, 나아가 세계적인 경제 혼란과 질서 안정에 혼란을 가져올 수 있다는 것.

무의 기초로 여겼다. 중국은 비록 이미 매우 큰 발전성과를 거두었지만, 현재뿐 아니라 미래에 발전되었어도 여전히 많은 개발도상국 중의 일원이며, 영원히 개발도상국과 함께 서서 개발도상국의 정당한 권익을 수호하고, 개발도상국이 국제사무에서의 대표성과 발언권의 확대 발전을 지지하며, 능력범위 내에서 끊임없이 개발도상국에 대한 지원을 강화하고, 영원히 개발도상국의 믿을 수 있는 친구와 진실한 파트너가 되어야 할 것이다.

65

함께 상의하고, 함께 건설하며,
함께 향유하는 글로벌 거버넌스의 치리관

당의 19차 대회보고에서는 "중국은 함께 상의하고 건설하고 공유하는 글로벌 거버넌스 개념을 가지고 국제관계의 민주화를 선도해야 하며, 국가의 크기·강약·빈부에 구분 없이 모두 평등함을 고수하고, 유엔이 적극적인 작용을 발휘하는 것을 지지하며, 많은 개발도상국이 국제사무에서의 대표성과 발언권을 지지한다."고 하였다. 이 새로운 글로벌 거버넌스 개념은 현대 인류사회가 직면한 공동난제를 해결하기 위하여 새로운 원칙과 새로운 사고방식을 제공하였으며, 인류의 운명공동체를 구축하기 위하여 새로운 동력과 새로운 활력을 주입시켰다. 함께 상의하고 건설하고 공유하는 글로벌 거버넌스 개념은 풍부한 내포된 뜻을 가지고 있다. "함께 상의하자는 것"은 즉 국제사회가 정치민주와 경제민주를 선양하고, 국제상의 문제는 각국이 상의해서 처리하며, 국가의 크기·강약·빈부에 구분 없이 모두 평등하고 공동 협상을 통하여 정치의 인식을 일치시키며, 공동의 이익을 추구하자는 것이다. "함께 건설하자는 것"은 바로 각국이 호혜합작을 강화하고, 함께 도전에 부딪치며, 중대한 국제사무에 대하여 함께 참여하고 합작하여 함께 건설하며, 각자의 장점을 발휘하고, 각자가 능력 안에서 최선을 다하며, 장점과 잠재능력을 충분히 발휘하여 티끌 모아 태산이 되게 하고, 물이 모여서 깊은 못이 되게 하자는 것이다. '공유'는 바로 발전기회를 공유하고, 글로벌 경제요소가 질서 있게 자유롭게 유동하는 것을 촉진토록 하며, 자원 배치의 효율을 향상시키고, 세계경제의 발전성과가 더욱 많이 더욱 공평하게 각 나라 인민에게 미치게 해야 하며, 이익공동체와 운명공동체를 만드는 것이다.

함께 상의하고 건설하고 공유하는 글로벌 거버넌스 개념을 실시하려면, 유엔이 적극적인 작용을 발휘하는 것을 지지해야 한다. 반세기 동안 유엔은 세계평화를 수호하고 공동발전을 촉진하기 위하여 중요한 작용을 발휘하였다. 하지만 21세기에 들어온 이래 새로운 패권주의·간섭주의의 발전에 따라 국제적 갈등은 갈수록 복잡해졌고, 유엔의 권위는 심각한 도전을 받았으며, 일부 서방국가는 유엔 조종을 통하여 타국의 내정을 간섭하려고 시도하고 있다. 우리는 반드시 끝까지 『유엔 헌장』의 취지와 원칙을 수호하고, 더욱 적극적·자발적으로 평화와 발전을 촉진시키며, 더욱 강하게 공평과 정의를 선양해야 한다. 중국은 유엔안보리의 5대 상임이사국 중의 하나이며, 종합적인 국력이 갈수록 상승함에 따라 중국은 더욱 적극적으로 자발적으로 국제사무에 참여해야 하며, 유엔의 국제사무에서의 주도적인 지위를 착실하게 잘 수호하고, 유엔의 국제사무에서의 합법성·권위성·합리성을 향상시키며, 유엔을 주도로 하는 국제사무처리 체계와 공평공정한 국제사무처리 체제를 구축하여 세계의 평화발전을 강하게 수호토록 해야 한다. 함께 상의하고 건설하고 공유하는 글로벌 거버넌스 개념을 실시하려면, 개발도상국의 국제사무 처리에서의 대표성과 발언권을 향상시켜야 한다. 2008년 국제금융위기의 폭발은 국제금융체계의 존재하는 결함을 폭로했고, 또 현재 글로벌 거버넌스의 내적 결함을 충분히 폭로했으며, 소수의 선진국가가 장기적으로 글로벌 거버넌스를 주도했기에 광범위한 개발도상국의 요구를 나타내지 못하였고, 또 글로벌 경제구조의 변화를 제때에 반영하지 못했으며, 자신의 위험을 글로벌 위험으로 확대하기가 쉬웠다. 2015년 10월 12일 시진핑총서기는 18기 중국공산당 중앙정치국 제27차 단체교육에서 "글로벌 거버넌스 체제에서의 불공정하고 불합리한 조치의 변혁을 추진하고, 국제통화기금·세계은행 등 국제경제 금융조직이 국제구조의 변화를 확실하게 반영하는 것을 추구하며, 특별히 신흥시장인 국가와 개발도상국의 대표성과 발언권을 강화해야 하고, 각국의 국제경제 합작 중에서의 권리평등·기회평등·규칙평등을 추진하며 글로벌 거버넌스 규칙의 민주화·법치화를 추진하고 글로벌 거버넌스 체제가 더욱 균형 있게 대다수국가의 염원과 이익을 반영하도록 노력해야 한다."고 강조하였다. 유엔안보리·국제통화기금·세계은행 등 중요한 국제조직의 개혁과정에서 중국은 일관되게 적극적으로 지지하고, 또한 항상 우선적으로 개발도상국의 대표성과 발언권을 증강하고 발전시키는 것을 고수하며, 개발도상국이 안보리에 들어가 정책결정에 참여하는 기회가 더욱 많토록 하고, 국제경제 거버넌스 체제가 더욱 완벽해지게 해야 하며, 세계의 공동발전과 번영을 실현토록 한다. 중국은 항상 국제질서의 수호자가 될 것이며, 합작발전의 길을 끝까지 걷고,

유엔헌장의 취지와 원칙을 핵심으로 하는 국제질서와 국제체계를 계속하여 수호하며, 계속하여 광범위한 개발도상국과 함께 개발도상국 특히 아프리카국가들의 국제 거버넌스 체계에서의 대표성과 발언권을 증강시키는 일을 끝까지 지지할 것이다.

66

"일대일로(一帶一路)"의 건설

2015년 3월 28일 시진핑 주석은 2015년 아시아 보아포럼 개막식 연설에서, "'일대일로' 건설에서 지키려는 것은 함께 상의하고, 건설하고, 공유하는 원칙이며, 폐쇄가 아닌 개방과 포용이고, 중국만의 독주가 아니라 연선 주변 국가들과의 합창이다."라고 하였다. 같은 날 국가발전개혁위원회·외교부·상무부는 "실크로드경제벨트를 함께 건설하고, 21세기 해상실크로드의 염원과 행동을 추진한다."고 연합하여 발표하였다. 당의 19차 대회보고에서는 "중국은 대외개방의 기본 국가정책을 고수하고, 국문을 열어 건설하는 것을 지속할 것이며, 적극적으로 '일대일로' 국제합작을 촉진시키고, 정책소통·시설연통·무역원활·자금융통·민심상통을 위해 노력하고 실천할 것이며, 국제합작의 새로운 플랫폼을 만들고, 공동 발전의 새로운 동력을 증강할 것이다."라고 하였다. 이 중요한 선포는 현재와 향후에 중국 대외개방의 기본방향과 주요착륙점을 밝힌 것이다.

"일대일로"는 고금을 관통하고, 육해를 통합하며, 전 세계를 향한 세기의 청사진이다. "일대일로"는 "실크로드경제벨트"와 "21세기 해상실크로드"의 약칭이다. 2013년 9월과 10월 시진핑 주석은 중앙아시아와 동남아국가를 순방하는 기간에 잇달아 함께 "일대일로"를 건설하겠다는 중대한 발의를 제시하여 국제사회로부터 고도의 관심을 받았었다. "일대일로"는 아시아·유럽·아프리카대륙을 관통하는 대형 프로젝트인데, 한쪽은 활발한 동아시아경제권이고, 다른 한쪽은 발달 유럽경제권이며, 중간에 있는 많은 내지 국가들은 경제발전의 잠재력이 매우 큰 나라들이다. 실크로드경제벨트는 중국에서 중앙아시아와 러시아를 지나 유럽(발트해)까지 관통하며, 중국에서 중앙아시아와 서아시아를 지나 페르시아만과 지중해까지, 중국에서 동남아·남아시아·인도양까지이다. 21세기 해상실크로드의 중점 방향은 중국 연해에 있는 항구에서 남해를 지나 인도양과 유럽까지 연장되며, 중국 연해에 있는 항구에서 남해를 지나 남태평양까지이다. "일대일로"건설은 함께 상의하고 건설하고 공유하는 원칙을 지키려는 목적은 바로 연선 국가들과의 정책소통·시설연통·무역원활·자금융통·민심상통 등을 실현하는 것을 추진하고, 각국과의 합작공영·공동발전을 촉진시키려는 것이다. 끊임없는 노력을 통하여 "일대일로" 건설은 이미 발의에서 행동으로 바뀌었고, 실천을 통해 열매를 맺혔다. 중국기업의 연선국가들에 대한 투자액 누계는 500억 달러를 초과했으며, 무역총액은 3억 달러를 초과하였다. "일대일로"의 발의와 건설의 국제상의 영향력과 환영받는 수준은 "일대일로"의 연선 국가를 넘어 전 세계에 널리 퍼지게 되었으며, 전 세계 140여 개 국가와 80여 개 국제조직이 적극적으로 "일대일로"의 건설을 지지하고 참여하였으며, 유엔대회·유엔안보리등 중요한 결의에 관련된 내용이 올려져있다.

"일대일로"의 건설은 인류발전의 난제를 해결하기 위하여 제공한 중국의 지혜와 중국의 방안이다. 현재 세계가 직면한 주요 문제에서 남북 경제발전의 불균형·경제글로벌화의 부실·각국 경제정책의 부조화는 중요한 비중을 차지하였다. 남북 발전의 격차와 정보의 격차는 글로벌적 수요부족·국제투자·무역위축을 가져오는 중요한 근원이다. 이를 위하여 중국은 개발도상국 특히 제일 발달하지 못한 국가에 대하여 지원의 강도를 확대할 것이며, 남북의 발전격차를 줄이는 것을 추진하고, 공동발전을 실현하는 것을 추진할 것이다. "일대일로"의 건설은 중국과 관련 국가의 기존의 쌍 다변체제에 의지하고, 기존의 효과적인 지역합작의 플랫폼을 통해 평화합작·개방과 포용·서로 배우고 참조하며, 호혜공영의 이념을 지키고, 전 방위적으로 실무합작을 추진하며, 정치의 상호신뢰·경제융합·문화포용의 이익공동체·운명공동체·책임공동체를 만들 것이다

67

"친성혜용(親誠惠容)"이념

2013년 10월 24일 시진핑 총서기는 주변외교 업무좌담회에서, "중국 주변외교의 기본방침은 바로 이웃과 친선을 유시하고, 이웃을 파트너로 하는 것을 지속하며, 이웃과 화목하게·이웃과 평안하게·이웃을 부유하게를 지속하며, 친(親)·성(誠)·혜(惠)·용(容)의 이념[28]을 두드러지게 나타내는 것이다."라고 하였다. 당의 19차 대회보고에서는 "친성혜용의 이념과 이웃과 선하게 이웃을 파트너로 하는 주변외교 방침에 따라 주변국가와의 관계를 심화시킨다."고 강조하였다. 먼 친척이 가까운 이웃보다 못하며, 지리방위·자연환경에서 보나, 상호관계에서 보나 주변은 중국에 대하여 모두 매우 중요한 전략적 의미가 있다.

중국의 주변은 생기와 활력이 넘치고 뚜렷한 발전을 가져올 수 있는 잠재력이 있으며, 주변의 환경은 총체적으로 안정되고, 이웃과 화목하고 우호적이며, 상생협력은 주변국의 중국관계에 대한 주된 방침이다. "친성혜용" 이념이 내포하고 있는 풍부한 뜻을 심도 깊게 파악해야 한다. 세계구조가 다원화로 향하는 오늘날 중국은 항상 "친성혜용"의 주변외교 이념을 지키는 것을 지속하고 있다. "친성혜용"은

---

28) 친성혜용(親誠惠容) : 서로 협의하고 대화하여 더불어 잘 살자는 의미.

사람과 사람간의 도덕적 감정과 도덕행위를 가리키며, 외교이념으로 승화한 것은 사람과 사람간의 도덕적 감정과 도덕행위를 국가 간의 윤리도덕으로 승화시킨 것이고, 개인에서 국가로의 비약이다. '친'은 바로 이웃과 화목하고 우호적이며 서로 바라보며 도와주는 것을 지속한다는 것이고, 평등을 논하고 감정을 중요시하며, 자주 만나고 자주 방문하며, 인심을 얻는 일과 사람의 마음을 따뜻하게 하는 일을 많이 해서 주변국가가 우리에 대하여 더욱 우호적이고 더욱 가깝고 더욱 인정하고 더욱 지지하게 하며, 친화력·호소력·영향력을 키우자는 것이다. '성'은 바로 성심성의껏 주변 국가들을 대하여 더욱 많은 친구와 파트너를 얻자는 것이다. '혜'는 바로 호혜호리의 원칙으로 주변 국가들과 합작을 하고, 더욱 긴밀한 공동이익네트워크를 만들며, 쌍방 간의 이익을 더욱 높은 수준에서 융합하여 향상시키고, 주변 국가들이 중국 발전을 통해 이익을 얻게 하며, 중국도 주변국가의 공동발전에서 이익과 조력을 얻게 하는 것이다. '용'은 바로 포용하는 사상을 선도하고, 아시아태평양의 크기가 모든 이의 공동발전을 포용할 수 있음을 강조한 것이며, 더욱 개방된 가슴과 더욱 적극적인 태도로 지역간 합작을 촉진하자는 것이다. 이런 이념은 우리자신이 먼저 솔선수범하고, 다음으로 이것이 국가와 지역이 준수하고 지키는 공동이념과 행위준칙이 되게 해야 한다.

이를 위해서는 "친성혜용" 이념의 실천적 요구를 전면적으로 파악해야 한다. 호혜공영의 구조를 힘써 심화시키고, 경제·무역·과학기술·금융 등 방면의 자원을 통합시키며, 비교우세를 잘 활용하고, 주변국가와 상생협력할 수 있는 전략적 접점을 정확히 찾아 심화시키며, 상호신뢰·상호이익·평등·협력의 새로운 안전관을 지속하고, 전면적인 안전·공동안전·안전한 합작이념을 선도하며·주변국가와의 안전한 합작을 추진하고, 적극적으로 지역과 지역의 안전한 합작에 참여하며, 관련된 합작체제를 심화하고, 전략의 상호신뢰를 증진시켜야 한다. 주변국가에 대한 홍보업무·공공외교·민간외교·인문교류를 힘써 강화하고, 중국과 주변국가와의 관계가 장기적으로 발전하는 사회와 이론기초를 공고히 하고 확대해야 한다. 대외에 대하여 중국의 내외방침 정책을 잘 소개하고, 중국에 대한 이야기를 잘 전하며, 중국의 소리를 잘 전파하고,「중국의 꿈」을 주변 각 나라 인민이 아름다운 삶을 바라는 염원과 지역발전의 비전을 연결시켜 운명공동체의 의식이 주변국가에서 뿌리를 내릴 수 있게 해야 한다.

68
올바른 의리관

2013년 3월 시진핑 주석은 아프리카를 방문할 때, 처음으로 올바른 의리관을 지속해야 함을 제기하고, 후에 또 주변국가와의 좌담회에서 이에 대하여 전면적으로 논하였다. 시진핑 총서기의 각종 연설과 문장에서 올바른 의리관은 40여 차례나 언급되었으며, 중국의 외교적 실천 노력을 보여주었다. 당의 19차 대회보고에서는 올바른 의리관을 지속하는 것을 인류운명공동체의 구축을 추진하는 관건으로 여겼다. 현재의 경제글로벌화·지역일체화는 빠르게 발전하고 있으며, 다른 국가와 지역은 "네 안에 내가, 내 안에 네가, 한사람이 부귀해지면 모두 부귀해지고, 한사람이 망하면 모두 망하는 공동체"를 결성하였다. 세계 두 번째로 큰 경제체로서 중국이 올바른 의리관을 지속하겠다는 것을 제기한 것은 「중국특색의 사회주의」 이론문화의 자치방향을 나타낸 것일 뿐만 아니라, 또한 중국이 세계평화의 건설자·글로벌 발전의 공헌자·국제질서의 수호자가 되려고 하는 굳건한 약속을 실행한 것이었다.

올바른 의리관은 바로 의와 이익을 결합하고, 의를 앞세우며 의와 이익을 모두 고려하는 동시에 신의를 논하고, 우정을 중요시하며 정의를 선양하고, 도의를 수립하는 것이다. '의'는 중국공산당 당원과 사회주의국가의 핵심이념을 반영한 것이다. 이 세상에서 일부 사람들은 잘 살고, 일부 사람들은 잘 못사는 것이 좋은 현상은 아니다. 진정한 즐거운 행복은 모두가 함께 즐겁고 함께 행복한 것이다. 우리는 전 세계가 함께 발전하기를 희망하며, 특히 많은 개발도상국이 빠르게 발전하기를 희망한다. '리'는 바로 호혜공영의 원칙을 각자 지켜야 하고, 내가 이기고 네가 패하는 것을 하지 않으며, 윈-윈을 실현하자는 것이다. 우리는 빈곤한 국가에 대하여 힘이 닿는 한 도움을 줄 의무가 있으며, 어떨 때에는 심지어 의를 중요시하고, 이익을 가벼이 하며, 이익을 버리고 의를 취해야 하며, 오직 이익만 챙기고 꼬치꼬치 따지면 절대 안 되는 것이다. 한마디로 말해서 바로 의와 이익을 통일하고, 의와 이익을 동시에 중요시하며, 호혜호리와 조화로운 공생을 도모해야 하는 것이다.

'의'와 '리'의 관계를 정확히 대하고 처리하는 것은 중화의 우수한 전통문화의 중요한 내용이며, 또한 중국 외교의 뚜렷한 특색이다. 중국의 전통문화는 줄곧 '의'와 '리'의 관계를 정확히 처리할 것을 강조해 왔으며, 공자는 "군자는 정의를 으뜸으로 여긴다."를 주장하고 맹자는 "삶도 내 의지대로 살아가고, 의도 내가 원하는 것이지만, 이 두 가지를 다 얻을 수 없다면, 삶을 포기하고 의를 택할 것"이라고 주장하였다. 의리를 중시하고, 이익을 경시하며, 의리를 먼저 생각하고, 이익을 나중으로 하며, 이익을 취하는데 길이 있는 것은 중화민족의 수천 년 이래 일관되게 지켜온 도덕준칙과 행위규범이라고 할 수 있다.

신 중국 성립 이후, 우리는 항상 개발도상국을 외교업무의 기초로 여겼고, 중국이 평화발전의 길을 걸어가는 동행인으로 여겼으며, 중국이 제일 믿을만한 친구와 의지하는 힘으로 여겼다. 중국은 비록 개혁개방을 통하여 커다란 발전성과를 거두었지만, 우리는 항상 자신을 많은 개발도상국 중의 일원으로 여기고 있고, 많은 개발도상국에 대한 지원의 규모·품질·성과는 끊임없이 향상하였고, 국제사회의 사무와 국가 간 외교에서 행한 모든 것을 모두가 보았으며, 많은 개발도상국의 우리에 대한 존중·믿음·지지를 얻었다. 수십 년간 중국은 대만 등 핵심이익 문제에서의 입장도 줄곧 많은 개발도상국의 견고한 지지를 얻었다. 우리는 올바른 의리관을 지속하고 실행해야 하며, 의와 이익을 동시에 고려하고, 의를 먼저 생각하며, 개발도상국과의 단결된 합작을 착실하게 강화하며, 중국의 발전과 많은 개발도상국과의 공동 발전을 긴밀히 연결시켜야 한다. 정치적으로 공도(公道)와 정의를 지키고, 평등하게 상대함을 지속하며, 국제관계의 기본원칙을 준수하고, 패권주의와 강권정치를 반대해야 한다. 또 경제적으로는 호혜공영·공동발전을 지속해야 한다. 장기적으로 중국에 대하여 우호적이고, 자신의 발전임무가 어려운 주변과 개발도상국에 대하여 상대방의 이익을 더욱 많이 고려해야 하고, 남에게 손해를 끼치고 자기 이익만 도모해서는 안 되며, 화를 남에게 전가시켜서도 안 된다. 영원히 개발도상국과 함께 개발도상국의 정당한 권익을 함께 수호하고, 많은 개발도상국의 국제사무에서의 대표성과 발언권을 지지해주며, 힘이 닿는 범위 안에서 끊임없이 개발도상국에 대한 지원을 강화하고, 영원히 개발도상국의 믿을 수 있는 친구와 진실한 파트너가 되어야 하며, 한 걸음 더 나아가 중국외교의 새로운 국면을 개척하고, 인류의 진보사업을 위하여 더욱 큰 작용을 추진해야 한다.

열 번째

종심(縱深)[29] 발전을 향해 전면적이고
엄격한 당 통치를 촉진시키자

---

29) 종심(縱深) : 전선에 조치된 부대의 최전선에서 후방 부대까지의 세로의 선.

69

당의 모든 업무에 대한
영도를 견지하자

 당의 19차 대회보고는 신시대에 「중국특색의 사회주의」를 지속 발전시키자는 14조항의 기본방침을 제시하였다. 제1조는 바로 "당이 모든 업무에 대한 영도를 지속한다."이다. 보고에서는 "당정군민학(黨政軍民學)·동서남북중(東西南北中)" 모두를 당이 영도하는 것이라고 강조하였다. 「중국특색의 사회주의」의 제일 본질적인 특징은 중국공산당의 영도이고, 「중국특색의 사회주의」 제도의 제일 큰 장점은 중국공산당이 영도한다는 것이며, 따라서 당은 최고 정치영도 역량이다. 당이 모든 업무에 대한 영도를 지속하는 것은 시진핑 신시대에 「중국특색의 사회주의」 사상을 관철시키고 실시하는 근본적인 보장과 우선적인 전제이다. 2016년 초 시진핑 총서기는 중국공산당 중앙정치국 상무위원회 회의에서 "당이 모든 업무를 영도하는 것을 지속한다."는 중요한 사상을 제시하였다. 중국공산당의 영도지위는 역사와 인민의 선택이며, 당의 강한 영도가 있었기에 비로소 근대 이후 온갖 고난을 겪은 중화민족이 일어서고, 부유해지고, 강해지는 위대한 비약을 맞이했으며, 중화민족의 위대한 부흥을 실현하는 밝은 미래를 맞이하였다. 등소평은 "중국처럼 이렇게 큰 대국이 수억 인구의 사상과 힘을 통일하여 사회주의를 건설하려면, 고도의 자각성·기율성·자아희생정신을 지닌 당원으로 구성된 진정으로 군중을 대표하고 단결할 수 있는 당이 없다면, 또 이런 당의 통일된 영도가 없다면 상상할 수 없는 일이며, 그렇지 않으면 사분오열되고 아무 일도 할 수 없었을 것이다."라고 하였다. 역사와 현실이 반복적으로 증명하듯이 오직 중국 공산당만이 비로소 모든 단결할 수 있는 힘을 단결시킬 수 있으며, 끊임없이 혁명·건설·개혁에 대한 새로운 승리, 새로운 성과를 거둘 수 있다. 당이 모든 업무를 영도 하는 것을 지속하려면, 반드시 정치의식·대국의식·핵심의식·정렬의식을 강화하고, 자발적으로 당 중앙의 권위와 집중 통일된 영도를 수호하며, 자발적으로 사상적으로·정치적으로·행동적으로 당 중앙과 고도의 일치를 유지해야 한다. 이것은 공산당원이 반드시 준수해야 할 정치기율과 정치규칙이다. 소련공산당은 1990년대 초에 와해 전멸되었는데, 그 한 가지 중요한 원인은 소련공산당 당 중앙의 권위가 없어졌던 것이며, 누구나 하고 싶은 말을 하고, 하고 싶은 일을 하면서 당내에 사상이 혼란스러워지고, 기율이 느슨해졌기 때문이었다. 지난 한 동안 여러 가지 원인으로 인해 일부 동지들은 이 문제에서 모호한 인식이 생기고, 기치선명하게 당의 영도를 지속하지 못했으며, 당의 영도가 약화되었고, 당의 건설이 상실되었으며, 엄격한 당 통치가 무력해지는 등 느슨한 현상이 일부 지역과 부문에서 존재했었다. 시진핑 동지를 핵심으로 하는 당 중앙은 이 문제를 놓고 공산당원은 반드시 기치선명하게 정치를 논할 것을 강조하였고, 당의 18기 4중 전회에서 정치기율과 정치규칙을 위반하는 "7가지가 있다(七個有之)"**30**는 지적에서, 18기 중앙기율위원회 5차 회의에서 중점적으로 정치기율과 정치규칙을 준수해야 하는 "5가지 필수적인 것(五個必須)"**31**을 강조하기까지 당 건립 95주년 경축대회에서 당내 정치생활의 정치성·시대성·원칙성·전투성을 강화할 것을 명확히 제시했던 것으로부터 당의 18기 6중 전회에서 "4가지 의식"을 끊임없이 강화할 것을 강조하기까지, 당원간부의 정치의식을 강화하는 주 라인은 그 안에 관통되었다. 당의 18차 대회 이래 당의 영도는 전면적으로 강화되었고, 당의 기풍과 정치기풍은 그 면모가 몰라보게 달라졌다. 당이 모든 업무를 영도 하는 것을 지속하려면 반드시 당이 항상 전체 국면을 총괄하고, 각 방면을 협조하는 것을 확보해야 한다. 중국 사회주의 정치제도의 우월한 특징은 바로 당이 전체 국면을 총괄하고, 각 방면을 협조하는 영도의 핵심지위에 있는 것이다. 당 중앙이 결정한 정책과 조치를 당의 조직·선전·통일전선·정법 등 부문에서 관철시키고 실시해야 하며, 인민대표대회·정부·정협·법원·검찰원의 당 조직은 이를 관철시키고 실시해야 하며, 사업별 단위·인

---

30) 7가지가 있다(七個有之) : 첫째 자신의 출세를 위하거나 자신의 영향력을 위해 자신과 친분 있는 사람만을 활용하고 자신과 다른 파의 사람은 배척하는 것, 둘째 자기파만을 활용하기 위해 조직을 꾀하는 것, 셋째 익명으로 무고하거나 요언을 제조하는 것, 넷째 인심을 사서 표를 끌어 모으거나 자기편으로 끌어들이기 위하여 관직을 주거나 요구조건을 들어주는 것, 다섯째 친구가 입사하거나 승진하면 자신도 장차 임용되리라는 기대를 가지고 서로 축하해 주는 것, 여섯째 자기 자신이 옳다고 생각하여 제멋대로 하거나 겉으로는 복종하는 척 하지만 속으로는 따르지 않는 것, 일곱째 조직이나 기구가 방대하여 지휘하기가 힘들게 하거나 중앙에 대해 망발을 하는 것.
31) 5가지 필수적인 것(五個必須) : 당중앙의 권위를 유지 보호하는 것, 당의 단결을 유지 보호하는 것,조직의 프로그램을 따라야 하는 것, 조직의 결정을 따라야 하는 것, 친속과 신변에서 보좌하는 사람들을 잘 관리하는 것.

민단체 등의 당 조직도 이를 관철시키고 실시해야 한다. 이것은 당이 모든 업무를 영도하는 문제에서 당연한 것이다. 현재「중국특색의 사회주의」는 신시대에 들어섰고, 국내외형세의 심각한 변화에 직면해 있으며, 반드시 당의 영도를 지속하는 체제를 완벽히 하고, 안정 속에서 진보하는 업무의 총 기조를 지속하며, "5위1체"의 총체적인 조치를 통합하여 추진해야 하고, "4가지 전면"의 전략 조치에 협조하여 추진해야 하며, 당이 방향을 잡고 대국을 도모하며, 정책을 결정하고 개혁을 촉진시키는 능력과 힘을 향상시켜야 하며, 딩의 노선방침정책이 경제건설, 정치건설, 문화건설, 사회건설, 생태문명건설 및 국방과 군대 건설, 외교와 당의 건설 등 각 방면에서 나타나게 하고 실시되도록 해야 한다.

70

전면적이고 엄격한 당에 대한 통치는
영원히 멈추지 않아야 한다

2016년 1월 시진핑 총서기는 18기 중앙기율위원회 6차 회의에서의 연설에서 "전면적인 엄격한 당 통치는 영원히 멈추지 않아야 한다"고 하였다. 이는 당의 18차 대회 이래 중국공산당이 당 관리와 당 통치의 실천을 힘써 추진하고, 신시대의 조건하에서 자아혁명이 제시한 과학적 명제이다. 당의 19차 대회 보고에서는 당의 헌장 수정안과 중앙기율위원회의 업무보고 등 중요한 문건은 모두 "전면적인 엄격한 당 통치는 영원히 멈추지 않아야 한다."고 반복적으로 강조하였다. 당의 18차 대회 이래 시진핑 동지를 핵심으로 하는 당 중앙은 전면적인 엄격한 당 통치를 "4가지 전면적"인 전략조치에 올려놓았고, 흔들림 없이 전면적인 엄격한 당 통치, 규칙에 근거한 당 통치를 추진하며, 마음과 힘을 모으고, 적폐를 바로 공격하며, 정기를 북돋우고, 사기를 없애며, 당의 건설은 새로운 국면을 개척하고, 당의 기풍·정치 기풍은 새로운 기상을 나타냈다. 전면적인 엄격한 당 통치는 새로운 역사적 조건하에서 중국공산당이 세계형세·국가형세·당형세의 변화에 대응하는 필연적인 선택이었다. 전면적인 엄격한 당 통치의 기초는 전면에 있고, 관건은 엄격에 있으며, 핵심은 다스림에 있다. '전면적'이라는 것은 바로 8,900여 만 명의 당원, 450여 만 개의 당 조직을 향하고, 당 건설의 각 영역·각 방면·각 부분을 망라하며, 중점은 영도간부라는 "관건적인 소수"를 붙드는 것이다. '엄격'은 바로 정말 엄격하게 관리하고, 과감하게 엄격하게 관리하며, 장기적으로 엄격하게 관리하는 것이다. "다스림"은 바로 당 중앙에서 성·시·현 당위원회까지, 중앙 각 부서의 위원회, 국가기관 부문의 당 조직에서 기층의 당지부까지 모두 주체적인 책임을 감당하고, 당위 서기는 당 건설을 잘 장악하는 것을 당연한 업무와 빈드시 담당해야 할 책임으로 여겨야 하며, 각급 기율위원회는 감독책임을 감당하고, 과감하게 기율을 집행하고, 문책할 수 있어야 한다. 전면적인 엄격한 당 통치를 추진하려면, 사상을 엄격하게 장악하게 해야 하며, 마르크스·레닌주의, 모택동 사상, 등소평 이론, "3가지 대표"의 중요사상, 과학발전관과 시진핑 신시대의 「중국특색의 사회주의」 사상으로 사고를 무장하고, 마음과 영혼을 집중해야 하며, 이상에 대한 신념과 당성교육으로 근본을 튼튼하게 하고, 원기를 다스리며, 비타민을 보충하여 뼈를 튼튼하게 해야 하며, 엄격하게 당에 대한 관리를 확고히 하고, 당의 영도를 지속하고 실시하며, 정치의식·대국의식·핵심의식·정렬의식을 강화하며, 엄격하게 기율을 집행하고, 당의 정치기율과 정치규칙을 엄격히 하며, 전당이 "5가지 필수적인 것"을 명심하고 "7가지가 있다"를 방지하며, 조직의 엄격함을 확고히 하고, 정확하게 사람을 채용하는 방향을 지속하며, 사람을 채용함에 있어서 부정이 없기를 힘써 다스리고, 기풍을 엄격하게 하고, 위에서 아래를 거느리는 것을 지속하며, 당의 기풍·정치 기풍이 끊임없이 호전되도록 추진하고, 엄격하게 반부패를 붙들고, 무관용태도로 부패를 다스리는 것을 지속하고, '호랑이'와 '파리'를 함께 잡으며, 효과적으로 부패를 억제케 하고, 압도적인 자세를 공고히 하며, 압도적인 승리를 거두려는 결심은 반드시 반석처럼 견고히 해야 한다. 엄격한 당 통치의 실천은 이미 민심의 향배를 시험했으며, 반드시 끝까지 장악해야 하고, 전면적인 엄격한 당 통치의 깊이 있는 발전을 추진토록 해야 한다. 당의 18차 대회 이래 우리는 전면적으로 당 건설과 새로운 위대한 공정을 추진해 왔고, 당의 집정능력은 새롭게 향상되었으며, 당의 선진성과 순결성은 유지와 발전을 하였고, 당의 영도는 강화와 개선이 되었다. 하지만 국내외 형세발전의 변화와 비교했을 때, 또는 당이 감당하는 역사적인 임무와 비교했을 때, 당의 영도수준과 집정수준, 당원간부의 소질·능력·기풍은 모두 큰 격차가 있다. 중국공산당이 직면한 집정환경은 복잡하며, 당의 선진성에 영향을 끼치고, 당의 순결성을 약화시키는 요소도 복잡하며, 당내에 존재하는 사상불순·조직불순·기풍불순 등의 두드러지는 문제는 아직 해결되지 못했다는 것을 분명하게 인식해야 한다. 당이 직면한 집정시련·개혁개방시련·시장경제시련·외부환경시련의 장기성과 복잡성을 심각하게 인식해야 하며, 당이 직면하고 있는 정신태만에 대한 시련·능력부족에 대한 시련·군중이탈에 대한 시련·소극적인 부패위험의 날카로움과 험준함을 심각하게 인식해야 하며, 문제의 중점을 지속적으로 해결하려고 노력해야 하고, 전략적 결정을 유지하도록 하며, 전면적인 엄격한 당 통치의 깊은 발전을 추진토록 해야 한다. 우리는 거의 다 되었으니 한숨 돌리고 쉬어간다는 생각을 해서는 안 되며, 한번 잘 싸우면 계속 쉴 수 있다는 생각을 해서도 안 되며, 초기성과를 거두었다고 바로 그만둔다는 생각을 해서도 안 된다. 모택동이 제시한 "우리는 절대로 이자성(李自成)[32]이 돼서는 안 된다"는 경고를 명심하고, "두 가지 의무(兩個務必)"[33]를 명심해야 하며, "우환에 살고, 안락에 죽는다."는 교훈을 명심하고, "번영도 활발하고, 죽음도 갑작스럽다"는 말처럼 역사적인 과제를 힘써 잘 해결하며, 당의 관리와 전면적인 엄격한 당 통치의 자발성을 강화하고, 당의 집정능력과 영도수준을 향상시키며, 자아정화·자아완성·자아혁신·자아능력을 향상시켜야 한다.

---

32) 이자성(李自成) : 명나라 말기의 농민군 영수로서 명을 멸망하게 한 주요한 인물 중의 한 명이다.

33) 마오쩌둥이 말한 "두 가지 의무(兩個務必)" 인 겸허함과 분투하는 자세를 강조한 말.

71
8가지 규정

　2012년 12월 중국공산당 중앙정치국은 회의를 개최하여 「18기 중앙정치국의 업무기풍을 개선하고, 군중을 밀접하게 연결시키는 8가지 규정」을 심의 통과시켰다. 그 내용은 다음과 같다. (1) 조사연구를 개선하고, 기층으로 내려가서 조사연구하면서 진실한 상황을 심도 깊게 조사하며, 경험을 총화하고, 문제를 연구하며, 어려움을 해결하고, 업무를 지도해야 하며, 군중에게 배우고, 실천에서 배우며, 군중과 말을 많이 나누고, 간부와 마음을 많이 나누며, 많이 상의하고 토론하며, 전형을 많이 해부하고, 어려움과 모순이 집중되고 군중의견이 많은 곳으로 가며, 대충하거나 형식주의를 절대 해서는 안 되며, 행차를 간소하게 하고, 수행원을 줄이며, 접대를 간소화하고, 표어나 현수막을 붙이지 않으며, 군중의 송영(送迎)을 준비시키지 않고, 레드카펫을 깔지 않으며, 꽃 장식을 하지 않고, 연회를 열지 않는다. (2) 회의활동을 간소화하고, 회의기풍을 확실하게 개선하며, 중앙의 명의로 회의를 개최하는 각종 전국적인 회의와 중대 활동을 엄격하게 통제하고, 일반적인 업무조치와 요구를 제시하는 회의를 열지 않으며, 중앙의 비준 없이 각종 개막식·개공식·경축회·기념회·표창대회·박람회·연구회 및 각종 포럼에 참석해서는 안 되며, 회의의 실속을 향상시키고, 회의를 짧게 하며, 연설을 짧게 하고, 빈말·인사 치렛말을 하지 않는다. (3) 문서와 보고를 간소화하고, 문장의 품격을 확실하게 개선하며, 실질적인 내용이 없고, 보내도 안 보내도 되는 문서와 보고는 일절 보내지 않는다. (4) 순방활동을 규범화하고, 외교업무의 수요에서 출발하여 합리적으로 순방활동을 준비하며, 순방 시 수행인원을 엄격하게 통제하고, 규정에 따라 엄격하게 교통수단을 이용하며, 일반적으로 중국기업·화교·유학생대표 등이 공항에 나오는 것을 조치하지 않는다. (5) 경호업무를 개선하고, 군중연결에 유리한 원칙을 고수하며, 교통통제를 줄이고, 일반적인 상황에서 도로폐쇄나 폐관을 하지 않게 한다. (6) 뉴스보도를 개선하고, 중앙정치국 인사가 회의나 활동에 참석 시 업무수요·뉴스가치·사회효과에 근거하여 보도할 것인지를 결정하며, 진일보적으로 보도 회수·글자 수·시간을 압축한다. (7) 원고발표를 엄격히 하고, 중앙의 통일된 안배 외에 개인은 출판저작·연설단행본을 공개하지 않으며, 축하편지·축전을 보내지 않고, 격려나 기념의 글을 쓰지 않는다. (8) 근검절약을 엄격하게 이행하고, 청렴정치와 관련된 규정을 엄격히 준수하며, 아파트·차량조치 등 관련업무와 생활처우에 대한 규정을 엄격히 준수한다.

2016년 1월 시진핑 총서기는 18기 중앙기율위원회 6차 전회에서 8가지 규정을 출범시키게 된 원인을 설명하였다. 당의 18차 대회 이후 당 중앙은 당의 건설을 어떻게 강화할 것인지를 토론할 때면 "'호랑이'가 하늘을 어디서부터 먹어야 할지 모르는 문제"를 해결해야 할 것을 생각했다. 그 후에 8가지 규정을 파악할 것을 결정했고, 결단하면 진정으로 그 부분을 먹고 소화시키며 이것 한입 먹고 저것 한입 먹고 하지 말며, 대충 삼키면 결국에는 모두 소화시키지 못한다고 했다. 영도간부는 특별히 고위층 간부의 기풍이 어떠함은 당의 기풍·정치 기풍 심지어 전체적인 사회분위기에 대하여 중요한 영향을 끼친다. 기풍건설을 강화하려면 먼저 중앙정치국부터 시작해야 하며, 타인에게 요구하기 전에 솔선수범해야 하고, 타인에게 하지 말라고 요구하는 것은 자신도 단호하게 하지 말아야 하며, 양호한 당의 기풍으로 정치기풍·민풍을 이끌어 진정으로 군중의 신뢰와 옹호를 얻어야 한다. 8가지 규정을 반포한 이래 중앙에서 지방까지 끊임없이 8가지 규정과 정신을 위반하는 전형적인 사례를 폭로했으며, '이름'을 통보하여 절대로 부끄러움을 감추지 못하게 했으며, 당의 기풍·정치 기풍 심지어 전체 사회의 기풍을 새롭게 하는 무기가 되게 하였다. "4가지 기풍"을 반대하고, 당의 군중노선의 교육실천, "3엄3실" 주제교육, "2가지 배우고 1가지 실행"이라는 학습교육 등의 활동을 잇달아 전개하고 있으며, 접점을 이어서 추진하고, 문제를 이어서 해결하며, 세부 사항에서 시작하고, 작은 일에서 시작하며, 고리마다 견고하게 연결하고, 망치를 이어서 두드리며, 관리사회를 두렵게 하는 반부패 흐름에 협조하여 지속적으로 엄격한 감독기율 집행·문책을 실행하여 중국에서 전무후무한 위력을 발휘하게 하였다. 당의 18차 대회 이래 당내에 상·하급 관계, 인간관계는 갈수록 정상화되고, 번거롭고 불필요한 의식, 의전의 속박이 줄었으며, 더욱 많은 사람들이 시간과 에너지를 사무와 창업에 사용하게 되었고, 백성들은 당과 정부가 장기적으로 8가지 규정과 정신을 관철시키고 실시하는데 대하여 더욱 자신감이 생겼으며, 당의 기풍·정치기풍·민풍은 새롭게 바뀌었다.

기풍건설은 영원히 멈추지 않으며, 중앙의 8가지 규정과 정신을 꾸준하게 실시해야 하고, 군중주변의 부정한 기풍과 부패문제를 힘써 해결하며, 부패가 만연하는 위세를 단호하게 억제하고, 끊임없이 당기풍의 청렴한 정치건설과 반부패 투쟁이 새로운 성과를 얻게 해야 한다. 당의 19차 대회보고에서는 "중앙의 8가지 규정과 정신을 공고히 하고 확대 실시해야 한다."고 강조하였다. 2017년 10월 19기 중국공산당 중앙정치국은 회의를 개최하여 「중국공산당 중앙정치국의 중앙의 8가지 규정을 관철하고 실시하는 세부사항」을 심의 통과시켰다. 이 세부사항은 최근 몇 년간 중국공산당 중앙정치국의 8가지 규정을 실시하는 과정에서 직면한 새로운 상황과 새로운 문제에 근거하여 조사연구의 개선·회의활동의 간소화·문서보고의 간소화·순방활동의 규범화·뉴스보도의 개선·근검절약의 이행 등 다방면의 내용에 대하여 진일보적인 규범과 세부화를 완성하였으며, 업무현실에 더욱 적합하게 하고, 지도성과 통제가능성을 강화하였다.

72
군중노선의 교육실천 활동

당의 18차 대회 이래 당의 선진성과 순결성을 유지하는 것을 둘러싸고 전 당에서 당의 군중노선의 교육실천 활동을 심도 있게 전개하였다. 2013년 5월 9일 중국공산당 중앙위원회는 「전 당에서 당의 군중노선의 교육실천 활동을 심도 깊게 전개하는 데에 관한 의견」을 하달하였다. 9월 18일 당의 군중노선의 교육실천 활동 업무회의는 북경에서 열렸고, 활동에 대하여 동원하는 일과 군중을 배치하는 일을 하였다. 군중노선의 교육실천 활동은 「중국특색의 사회주의」의 위대한 기치를 높이 들고, 마르크스·레닌주의, 모택동 사상, 등소평 이론, "3가지 대표"의 중요사상, 과학발전관을 지도사상으로 하여 당의 선진성과 순결성을 유지하는 것을 확고히 손에 쥐고 인민을 위한 성실 청렴을 주요 내용으로 하며, "거울에 비추고 옷을 단정히 하며, 몸을 정결히 하고 병을 치료하라"는 것을 요구하고, 현처급(縣處級) 이상의 고위 간부, 지도부와 고위 간부를 중점으로 하여 모든 당원의 마르크스주의 군중관점과 당의 군중노선의 실천교육을 확실하게 강화하며, 중앙의 8항 규정을 관철시키고 실시하는 것을 착안점으로 하여 기풍건설을 진일보적으로 두드러지게 하고, 형식주의·관료주의·향락주의와 사치풍을 단호하게 반대하며, 인민군중의 반응이 강렬한 두드러진 문제를 힘써 해결하고, 새로운 형세 하에서 군중업무의 능력을 향상시키며, 당과 인민군중의 혈육관계를 유지하고, 당의 군중과 밀접하게 연결된 장점을 발휘하여 경제가 지속적으로 건강하게 발전하고, 전면적인 샤오캉사회를 건설하며, 중화민족의 위대한 부흥인 「중국의 꿈」을 실현하기 위하여 견고하게 보장할 것을 약속하였다.

당의 선진성과 순결성을 유지하고, 당의 집정기초와 집정지위를 공고히 하는 것은 당의 건설이 직면한 근본적인 문제와 시대적 과제이다. 당의 군중노선의 교육실천 활동을 전개하는 것은 바로 인민을 위한 성실 청렴의 가치 추구를 모든 당원의 사상과 행동에 깊게 뿌리를 박아 당의 집정기초를 단단히 하고, 당의 집정지위를 공고히 하며, 당의 창조력·응집력·전투력을 강화하여 당의 선진성과 순결성을 유지하고, 당의 집정기초와 징정지위를 공고히 하는 것이 광범위하고 깊이 있고 믿을 수 있는 군중기초가 있게 하기 위함이다. 총체적으로 볼 때 현재 각급 당 조직과 당원·간부들이 당의 군중노선을 관철시키고 집행하는 상황은 좋으며, 당과 군중, 간부와 군중의 관계도 좋으며, 많은 당원·간부들이 개혁발전의 각항 업무에서 앞서 싸우고, 자아를 잊고 헌신하면서 선봉에 서서 모범적인 작용을 발휘하고 있으며, 많은 인민군중의 인정과 옹호를 얻었다. 이것은 주류적인 현상이며, 반드시 충분히 인정해야 한다. 동시에 우리는 반드시 세계형세·국정·당정의 심각한 변화를 보아야 하며, 정신태만의 위험·능력부족의 위험·군중에서 벗어나는 위험·소극적이고 부패할 위험이 더욱 날카롭게 전당 앞에 놓여 있으며, 당내에서 군중을 벗어난 현상이 많이 존재하고 있고, 일부 문제는 아직 상당히 심각하며, 이는 집중적으로 형식주의·관료주의·향락주의·사치주의 등 "4가지 기풍"에서 나타났다. 2013년 6월부터 시작하여 활동은 2차로 나뉘어 전개되었으며, 2014년 10월에 끝났다. 각급 당 조직과 많은 당원·간부들은 적극적으로 당 중앙의 호소에 호응하고 이를 고도로 중시하며 적극적으로 참여하였고, 광범위한 인민 군중들은 열렬하게 호응하고 열정적으로 지지하며 모든 활동은 질서 있게 전개되었고, 견고하고 깊게 들어가 초기의 목적을 달성하였으며, 큰 성과를 거두었다. 많은 당원·간부들은 마르크스주의 군중 관점의 심도 있는 교육을 받았고, 당의 군중노선을 관철시키는 자발성과 견고성이 눈의 띄게 강화되었다. 형식주의·관료주의·향락주의 사치풍은 강력하게 다스려졌고, 군중의 반응이 강렬하게 두드러진 문제는 효과적인 해결이 되었다. 비평과 자아비평의 우수한 전통을 회복하고 널리 알렸으며, 새로운 형세 하에 당내의 정치생활을 엄숙히 하는 효과적인 경로를 탐색하였다. 기풍을 바꾸고 변화시키는 것을 중점으로 하는 제도체계는 더욱 완벽해 졌고, 제도의 집행력과 구속력도 강화되었다. 군중과 밀접한 이익에 영향을 끼치는 문제점은 해결되었으며 이로써 당의 집정기초는 더욱 안정되었다.

73

"삼엄(三嚴)[34] · 삼실(三實)"[35]

2014년 3월 시진핑 총서기는 제12기 전국인민대표대회 제2차 회의 안후이(安徽)대표단의 심의에 참가할 때 "각급 고위 간부는 좋은 풍조를 수립하고, 널리 알리며, 즉 수신(修身)을 엄하게, 권력 사용을 엄하게, 기율을 엄하게 지키며, 실질적으로 일하고, 창업을 착실하게 하며, 성실한 사람이 되어 한다."라고 하였다.

수신을 엄하게 하는 것은 바로 당성의 수양을 강화하고, 이상과 신념을 굳건히 하며, 도덕적 경계를 향상시키고, 고상한 정조를 추구하며, 자발적으로 저급한 취미를 멀리 하고, 자발적으로 좋지 않은 풍조를 배척해야 하는 것이다. 권력사용을 엄하게 하는 것은, 바로 권력을 인민을 위하여 사용하고, 규칙에 따라 제도에 따라 권력을 행사하며, 권력을 제도의 틀 안에 가두고, 어떠한 상황에서도 특권을 행사하지 않고, 권력으로 사욕을 도모하지 말아야 하는 것이다. 기율을 엄하게 지키는 것은, 바로 마음에 경외심을 품고, 손에 계척(戒尺, 경계하는 잣대−역자 주)을 잡고, 신중하게 부지런히 자숙하며, 당의

---

34) 삼엄(三嚴) : 엄격히 다스려야 할 세 가지라는 뜻.
35) 삼실(三實) : 실천해야 할 세 가지 사항이라는 뜻.

기율과 국법을 준수하고, 청렴한 정치를 해야 하는 것을 말한다. 실질적으로 일하는 것은, 바로 현실에서 출발하여 사업과 업무를 계획하며 생각·정책·방안이 실질상황에 부합되고, 객관적인 규율에 부합되며, 과학정신에 부합되게 하고, 목표를 너무 높게 잡지 말며, 현실에서 벗어나서는 안 되는 것이다. 창업을 착실하게 하는 것은 바로 착실하게 실질적으로 일을 하며, 책임을 담당할 수 있고, 모순을 직면할 수 있으며, 문제를 잘 해결하고, 실천·인민·역사의 검증을 견딜 수 있는 실적을 노력 하여 창조해야 하는 것이다. 성실한 사람이 되어야 하는 것은 바로 당에 대하여, 조직에 대하여, 인민에 대하여, 동지에 대하여, 성실하고 충성하며, 성실한 사람이 되고, 진실을 얘기하며, 실질적인 일을 하고, 허심탄회하며, 공평하고 정직해야 하는 것이다. 2015년 4월 중국공산당 중앙 판공청은 「현급 이상 고위간부 중 "삼엄·삼실"의 전문적인 교육 방안을 전개하는데 관하여」를 인쇄 발간하고, 2015년 현·처급 이상 고위 간부 중 "삼엄·삼실"의 전문적인 교육을 전개하였다. 즉 고위 간부의 "4가지 악풍"을 다스리고 이를 공고히 하며, 당의 군중노선의 교육실천 활동성과의 확장에서 실질적인 효과를 볼 수 있도록 추진하며, 기율과 규칙을 지키고, 좋은 정치생태를 만드는데서 실질적인 효과를 보고, 실질적으로 일을 하고, 안정적인 개혁발전을 추진하는데서 실질적인 효과를 보아야 한다는 것이었다. "삼엄·삼실"의 전문적인 교육은 당의 사상정치건설과 풍조건설을 강화하는 중요한 조치로서 고위간부의 경상적인 학습교육에 스며들어 회수에 관계없이 단계를 만들지 않고 연결고리를 만들지 않으며 일회성 활동이 아니라 고위간부 생활의 모든 면을 관통시킨 것이고, 반드시 항상 명심하고 하는 일마다 이를 고수해야 한다. 근본을 확실히 세우고 정신적인 중심을 세우며, 작은 일과 세부사항을 중시하며, 가지치기를 하고, 자발적으로 개선하고 향상하며, 충고나 권고를 겸허하게 받아드리고, 자발적으로 감독을 받아야 한다. 엄과 실은 일을 하나씩 하면서 조금씩 수양하면서 누적된 것이며, 반드시 작은 공을 많이 쌓고, 나쁜 일이 경미할 때 더 이상 커지지 못하게 방지해야 한다.

"삼엄·삼실"에 대한 요구는 공산당원의 제일 기본적인 정치품격과 인간으로서의 준칙이며, 또한 당원·간부의 수신지본(修身之本)이고, 정치를 하는 길이며, 일을 완수하는 요점이다. 그는 당을 관리하고, 당을 다스리는 사상이념을 풍부히 했으며, 당원·간부의 당성수양을 강화하고, 새로운 형세 하에서 당의 건설을 심도 있게 추진하기 위하여 중요한 준칙을 제공하였던 것이다. 현재 중국은 많은 새로운 역사적 특징을 가진 위대한 투쟁을 진행하고 있기레, 역사와 미래의 교차점에 서서 위험에 도전해야 하고, 집정이라는 사명을 완성해야 하며, 당원·간부가 분발하고, 담당하는 정신 상태를 유지해야 한다. 당원고위간부 특히 고층간부는 엄격한 요구를 지속하고, 문제의 중심을 강화하며, 진정으로 자신을 투입하고, 이상과 신념이 동요하고 신앙이 길을 잃고 정신이 방향을 잃은 것과 취지에 대한 의식이 희미하며, 군중의 이익을 가볍게 여기고, 군중을 질고를 무시하는 것과 당성수양이 결핍하고, 당의 원칙을 지키지 않는 등의 문제를 힘써 해결하며, 권력남용, 정경유착, 이익 주고받기 등의 문제에 직면하지 않도록 하고, 책임을 지지 않으며, 담당을 하지 않을 것과 기율을 위반하고 "4가지 악풍"이 민연하기나 이에 조심하지 않는 등의 문제를 힘써 해결하며, 당의 정치기율과 정치규칙을 무시하고, 당에 대하여 충성하지 않으며, 사람 됨됨이가 성실하지 않고, 아부하며 자기 멋대로 하고, 마음에 당의 기율이 없고, 눈에 국법이 보이지 않는 등의 문제를 힘써 해결하며, 각급 고위간부가 "삼엄·삼실"로써 자기를 수신하고 다스리는 것을 기본 준칙으로 하고, 창업의 행위준칙으로 하는 것을 촉진하며, "삼엄·삼실"을 행하는 좋은 간부가 되도록 노력해야 한다.

74

"두 가지 학습, 하나의 행동(兩學一做)"[36]

2016년 2월 중국공산당 중앙 판공청은 「전체 당원 중 "당의 헌장·당규를 배우고 시리즈연설을 배우며, 합격된 당원이 되자"를 전개하는데 대한 학습교육방안」을 인쇄 발간하고, 당의 헌장에서 당원의 교육 관리를 강화하는데 관한 요구를 심화하고 실시하였으며, 전체 당원을 향하여 당내교육을 강화하였다. 당의 19차 대회보고는 마르크스주의 학풍을 선양하고, "두 가지 학습, 하나의 행동"의 학습교육의 상태화·제도화를 추진하며, 또한 "두 가지 학습, 하나의 행동"의 학습교육의 상태화·제도화를 당의 헌장에 기재하는 것을 추진할 것이라고 강조하였다.

당의 18차 대회 이래 중국공산당은 잇달아 당의 군중노선의 교육실천 활동인 "삼엄·삼실"의 주제교육을 전개하였으며, 당원·간부 특히 현처급 이상의 고위 간부들에게 존재하는 돌출된 문제를 해결하고, 전면적인 엄격한 당 관리를 추진하는데 대하여 중요한 작용을 하게

---

36) 두 가지 학습, 하나의 행동(兩學一做) : 두 가지 공부로 하나의 목표를 이루자는 뜻. 여기서의 두가지 중 하나는 당장(黨章)이고, 다른 하나는 시진핑의 중요 연설문, 즉 시진핑 어록이다. 이 단어는 지난해 19차 당대회에서 정식으로 공산당 당헌인 당장에 명기됐다.

하였다. 기층의 당 조직은 당의 집정기초이고 힘의 근원이다. 오직 기층당 조직이 강력하고, 당원이 합당한 작용을 발휘해야만, 당의 뿌리가 비로소 견고해질 수 있으며, 그래야만 비로소 당의 전투력이 있을게 되는 것이다. "두 가지 학습, 하나의 행동"의 학습교육은 당내 교육을 "중요한 소수"에서 "광범위한 당원"으로 확장하고, 집중적인 교육에서 경상적인 교육으로 연장하는 것을 추진하는 중요한 조치이며, "4가지 전면적" 전략조치를 협조하여 추진하며, 특히 전면적인 엄격한 당 관리를 기층으로 연장시키는 것을 추진하는 강력한 힘이며, 전 당이 항상 사상적으로, 정치적으로, 행동적으로 당 중앙과 고도의 일치를 유지는 것을 강력하게 보장하였다.

"두 가지 학습, 한 가지 행동"의 학습교육의 기초는 학습에 있고, 관건은 행동에 있는 것이다. 당의 헌장과 당 규칙을 학습하려면 기본적인 기준을 명확히 하고 행위규범을 수립하는 것에 착안해야 하며, 조항마다 구절마다 당의 헌장을 통독하고, 전면적으로 당의 강령을 이해하며, 입당선서를 명심하고, 당의 취지를 명심하며, 당원의 의무와 권리를 명심하고, 당원을 인도하여 당의 헌장을 존숭하며, 당의 헌장을 준수하고, 이상과 신념을 굳건히 하며, 당에 절대적인 충성을 해야 한다. 시리즈연설을 학습하려면, 이론무장을 강화하고 사상행동을 통일해야 하는데 착안하여 시진핑 신시대의 「중국특색의 사회주의」 사상을 열심히 배우고, 당원을 인도하여 그 안에 내포되어 있는 풍부한 내용과 핵심적인 요의를 심도 있게 깨달아야 하며, 그 안에 관통되고 있는 마르크스주의 입장·관점을 깊이 깨달아야 한다.

합격된 당원이 되려면 당과 국가사업의 새로운 발전이 당원에 대한 새로운 요구에 착안하여 지식으로 행하는 것을 지속하며, 정치를 논하고, 신념이 있으며, 규칙을 지키고, 도덕을 지키며, 품행이 있는 사람이 되고, 헌신하며 능력 있는 낭원이 되어야 한다.

　"두 가지 학습, 한 가지 행동"의 학습교육을 추진하는 주요 조치는, 주제교육을 중심으로 한 토론해야 하고, 혁신적인 방법으로 당의 교육과정을 강의해야 하고, 당 지부별로 조직 생활회를 열며, 민주적인 당원평가를 전개하고, 직책을 다하여 공헌을 하며, 지도기관과 간부들이 솔선수범하는 등의 내용이 포함된다. 2017년 3월 중국공산당 중앙 판공청은 「"두 가지 학습, 한 가지 행동"의 학습교육의 상태화·제도화를 추진하는데 관한 의견」을 인쇄 발간하였는데, 여기에는 "두 가지 학습, 한 가지 행동" 학습교육의 상태화·제도화를 추진할 것을 요구하였으며, 모든 것을 망라하고 상태화·새로운 혁신·실질적인 효과를 구하는 것을 지속하며, 배움과 행동을 결합하는 것을 고수하고, 당위원회에 이론학습·중심조 학습, 당지부의 "3회1과"등의 기본적인 제도에 의탁하며, 일상에 녹아들고 늘 붙들고 있으며, 형식주의를 방지하고, "따로 노는 것(兩張皮)"을 방지해야 한다. 현 지역, 현 부서, 현 업체의 현실과 긴밀하게 연계하고, 당원의 사상업무의 현실과 연계하며, 분류하여 지도를 두드러지게 하고, 당원·간부를 조직하여 자주적으로 자성하여 수신하고, 사상의 먼지를 청소하며, 무슨 문제가 있으면 그 문제를 해결하고, 무슨 문제가 중점을 돌출하게 되면 그 문제를 해결해야 한다. 지도기관은 앞장서서 배우고 행동해야 하며, 당위원회의 이론학습·중심조 학습은 당의 헌장과 당 규칙을 배우고, 시리즈연설을 배우는 것을 주요내용으로 해야 하며, 당원·간부는 자기가 들어가 끊임없이 자신을 개조하고, 사상정치의식을 향상시켜야 한다.

75

건전한 당과 국가를 위한
감독체계를 완벽하게 하자

당의 19차 대회보고에서는 "당과 국가의 감독체계를 완벽히 한다. 당의 자아정화능력을 강화하는 것은 근본적으로 당의 자아감독과 군중감독을 강화하는 것에 의지해야 한다. 권력운행에 대한 제약과 감독을 강화하고, 인민이 권력을 감독하게 하며, 권력이 밝은 햇살 아래서 운행하게 하고, 원력을 제도의 틀 안에 가두어야 한다. 위에서 아래로의 조직 감독을 강화하고, 아래에서 위로의 민주감독을 개선하며, 동급의 상호감독 작용을 발휘하고, 당원간부에 대한 일상적인 관리감독을 강화해야 한다. 정치순시를 심화하고, 문제를 발견하면 두려워 떨지 말아야 하며, 순시 순찰에서 상하연동의 감독망을 구축해야 한다. 국가감찰체제 개혁을 심화하고 시범 업무를 전국에서 시행하며, 국가·성·시·현 감찰위원회를 조직하여 당의 기율검사기관과 합동근무하고, 모든 공권력을 행사하는 공직인원에 대한 감찰을 실천한다. 국가 감찰법을 제정하고 법의 근거하여 감찰위원회의 직책권한과 조사수단을 부여하며, '두 가지 규칙'조치를 대체한다. 회계감사 관리체제를 개혁하고 통계체제를 완벽히 한다. 당의 통일적인 지휘·포괄적인 적용·권위고효율의 감독체계를 구축하고, 당내의 감독을 국가기관감독·민주감독·사법감독·군중감독·여론감독과 연계해서 감독 기능의 협력을 강화한다.

최근 몇 년간 중국공산당은 순시 강화·기율집행심사 등을 통하여 많은 당원·간부들이 기율을 위반하고 법을 위반하는 문제를 발견하였다. 문제 발견 및 조사받은 간부의 후회록에서 볼 때, 당내의 감독체계는 일부 제도적인 누락이 아직 존재하고 있고, 주로 서로 다른 주체의 당내 감독 안에서의 지위·작용·직책이 명확하지 않으며, 감독주체 간에 정보 소통이 원활하지 않고, 협조가 원만하지 않으며, 당위원회의 주체적 책임에 대해 강조하는 것이 부족하고, 당 조직의 일상적인 관리감독이 부족하며, 당위원회 판공청·조직부·선전부·통전부·정법위원회 등 업무부서의 감독책임을 명확히 하지 않았고, 상응하는 제도조치가 부족하며, 당원의 감독권리에 대한 보장이 부족하고, 민주감독이 형식에 그쳤다. 동시에 이런 문제는 또 감독체계에서 각종 감독주체의 합력을 형성하지 못하고, 민주감독·군중감독·여론감독의 연약하고 무력하다는 등의 문제를 반영하였다. 이런 문제를 해결하려면 찔끔찔끔해서는 안 되고, 수선을 해서도 안 되며, 반드시 통합적으로 고려하고, 전체적인 설계를 강화하며, 협조조합·시스템집성의 당과 국가감독체계를 형성토록 해야 한다.

당내의 감독체계를 완벽히 하려면, 반드시 당의 헌장을 근본적인 준칙으로 하고, 통일적인 지도, 분할실시를 지속하며, 권력과 책임 일치, 포괄적으로 적용하는 당내 감독체계를 구축해야 한다. 당 중앙의 집중통일지도를 지속하고, 당의 중앙위원회, 중앙정치국, 중앙정치국상무위원회가 전면적으로 당내감독업무를 지도하며, 당위원회의 전면적인 감독을 지속하고, 당위원회가 동급의 각종 조직에서 전체적인 국면을 총괄하고, 각 방면에 협조하는 지도핵심작용을 발휘하며, 서기는 첫 번째 책임자이고, 당위원회 상무위원회 위원과 당위원회 위원이 직책범위 내에서 감독직책을 이행하며, 기율검사기관이 전문적으로 감독을 책임지고, 각급 기율위원회에서 기율집행의 문책직책을 이행·감독하며, 기율검사업무의 이중지도체제를 실시하고, 상급기율위원회가 하급기율위원회에 대한 지도를 강화하며; 당의 업무부서 직무감독을 지속하고, 당위원회의 판공청·조직부·선전부·통전부·정법위원회 등 업무부서가 상응하는 당내의 감독직책을 감당하며, 각항의 감독 제도를 엄격히 집행하고, 당의 기층조직의 일상적인 감독을 지속하고, 당의 기층조직은 당의 사회기층조직 중의 전투보루이며, 당의 조직생활을 엄격히 하고, 당의 기율을 수호하고 집행하며, 당원들이 착실하게 의무를 이행하는 것을 감독하고, 당원권리가 침범을 받지 않도록 보장하며, 당원의 민주감독을 강화하고, 당원은 당과 인민사업에 대한 고도의 책임을 지는 태도로 적극적으로 당원권리를 행사하고, 열심히 감독의무를 이행하며, 당원간부에 대한 민주감독을 강화해야 한다.

국가감독체계는 「중국특색의 사회주의」 정치체제의 중요한 내용이며, 국가권력기관·행정기관·사법기관의 감독을 포함한다. 국가권력기관감독은 각급인민대표대회 및 그 상무위원회를 주체로 한 감독을 가리키며·입법감독과 헌법·법률 실시에 대한 감독을 포함한다. 국가

행정기관감독은 국가행정기관 내부의 상하급 관계 및 전문적으로 설치한 행정감찰·회계심사기관이 행정기관 및 공무인원에 대한 감독을 가리킨다. 국가사법기관감독은 각급 인민검찰원과 인민법원이 법정직권과 절차에 따라 행정기관 및 공무원에 대해 진행하는 감독을 가리킨다. 민주감독은 인민정치협상회의에서 건의와 비평을 통하여 당과 국가의 개선업무를 협조하고, 업무효율을 향상시키며, 관료주의를 극복하는 것이다. 군중감독은 공민 또는 사회조직이 권력기구 및 공무원에 대한 감독을 가리키며, 신방(信訪)[37]·신고·의견조사·지도자 방문 등을 포함한다. 여론감독은 뉴스매체가 여론을 소유한 독특한 힘이며, 대중들이 정부사무·사회사무와 모든 공공이익에 미치는 사무를 이해하는 것을 도와주고, 또한 그것이 법치와 사회생활 공공규칙의 방향에 따라 움직이도록 하며, 사회생활에 중요한 영향을 끼친다.

---

37) 신빙(信訪) : 대중이 서신과 방문을 통하여 유관 부문에 의견을 제시하고 해결을 요구하는 것.

76
높은 자질의 전문적인
간부대오를 건립하자

당의 19차 대회보고에서는 "높은 자질의 전문적인 간부대오를 건설하자"를 당의 집정능력과 지도수준을 향상시키는 중요한 조치로 결정하였으며, 당의 신시대에 "어떤 간부대오를 건설할 것인지, 어떻게 간부대오를 건설할 것인지" 등의 근본적인 문제를 전반적으로 대답하였다. 높은 자질의 간부대오를 건설하는 것은 당과 국가의 장기적으로 나라가 태평하고 생활이 안정되는 근본적인 대계이고, "5위1체"의 총체적인 조치와 "4가지 전면"의 전략조치를 관철시키고, 실시하는 유력한 지지이며, "2개 백년"의 분투목표와 중화민족의 위대한 부흥인 「중국의 꿈」을 실현케 하는 중요한 조직보장이다.

시진핑 총서기는 하나의 현자를 사용하면 탁월함을 얻을 수 있고, 현명한 사람을 보는 것이 표준이 될 것이라고 하였다. 당의 19차 대회보고는 "당이 간부를 관리하는 원칙을 지속하고, 재덕겸비·이덕위선(以德爲先, 덕을 우선시 하는 것–역자 주)을 지속하며, 오호사해(五胡四海, 지구촌)에서 덕과 능력을 갖춘 자를 임용하는 것을 지속하고, 사업위상(事業爲上, 사업을 우선순위에 놓는 것–역자 주) 공도정파(公道正派, 공평하고 단정하게 공사를 구분하는 것–역자 주)를 지속하며, 좋은 간부의 기준을 실질적으로 실시한다"는 근본적인 원칙을 강조하였으며, "전문적인 능력·전문적인 정신을 집중하여 양성하고·간부대오가 신시대에 「중국특색의 사회주의」 발전요구에 적응하는 능력을 강화해야 한다."는 요구를 명확히 하였으며, "준비되어 있는 젊은 간부를 힘써 발견하고, 기층일선과 어려운 지방에서 젊은 간부를 양성하고 단련하는 것을 중시하며, 끊임없이 실천과 시련을 겪은 우수한 젊은 간부를 선택하고 등용하며, 여자 간부, 소수민족 간부와 당 외부 간부를 양성하고 선발하는 업무조치를 통합적으로 잘하며", "엄격함과 사랑을 결합하고, 격려와 구속을 병행하는 것을 지속하고, 간부평가체제를 완벽히 하며, 격려체제와 결함을 허용하고, 수정하는 체제를 구축하고, 기치를 선명하게·과감하게 책임지고 착실하게 일하며, 사욕을 탐하지 않는 간부를 위하여 지지하고 격려한다."는 관리사용 이념을 강조하였으며, 높은 자질의 전문적인 간부대오를 양성하기 위한 근본적인 준칙을 제공하였다.

"어떤 사람을 선택할 것인지" 하는 문제에 착안하여 좋은 간부의 기준을 실질적으로 실시해야 한다. 정확하게 사람을 선택하고 등용하는 방향을 지속하고, 정치적 기준을 뚜렷하게 하며, 그 말을 들어야 할 뿐만 아니라 그의 행동을 더욱 보아야 하며, 그의 표면을 볼 뿐만 아니라 그 내면을 더욱 보아야 하며, 그의 시작을 알아야 할 뿐만 아니라 그의 변화를 더욱 알아야 하며, 큰일에서 덕을 보아야 할 뿐만 아니라 작은 일에서 나타나는 덕을 더욱 잘 살펴야 하며, 간부가 시진핑 신시대 「중국특색의 사회주의」 사상과 마르크스주의 경전에 대하여 체계적으로 읽고 심도 깊게 이해했는지, 당의 노선방침정책에 대하여 빠짐없이 단호하게 집행했는지, 급하고 험한 임무 앞에서 뒤를 돌아보지 않고 앞장서서 나섰는지, 명의득실 앞에서 대국을 고려하고 침착하게 대처하는지를 보아야 한다. "4가지 의식"과 "4가지 자신감"을 확고하게 수립하고, 당 중앙의 권위를 단호하게 수호하며, 전면적으로 당의 이론과 노선방침정책을 관철시키고, 집행하며, 충성하고, 청렴하며, 책임지는 간부를 선발하고 중용해야 하며, 전문적인 능력과 전문적인 정신을 지니고 신시대의 「중국특색의 사회주의」발전 요구에 적응하는 간부를 양성하고 선발하며, 기층일선에서 착실하게 단련하고, 어려운 지역에서 갖은 고난을 겪고, 업적이 출중한 간부를 양성하고 선발해야 한다.

"어떻게 사람을 선택할 것인지"하는 문제에 착안하여 추천관찰방법을 개선하고 최적화해야 한다. 오호사해에서 덕과 능력이 있는 사람을 임용하는 것을 고수해야 한다. 당의 사업발전수요에 착안하여 사람을 선택하고 등용하며, 사람을 보는 시야를 넓히고, 사람을 선발하는 경로를 확장하며, 현명하고 능력 있는 사람을 천거하여 쓰는 길을 열고, 천하에 영재를 널리 받아드려 좋은 간부가 온몸으로 일을 도모하는 마음은 있고 사람을 모략할 마음은 없게 해야 한다. 구체적으로 볼 때, 당 조직의 영도와 점검하는 작용을 강화하고, 정치관문을 잘 장악하며, 정치적으로 불합격인 것은 "단번에 부결시키며", 청렴을 마지노선 요구로 하고, 문제가 있는 것은 단호하게 사용하지 않으며, 대화와 조사연구를 광범위하게 깊이 있게 하고, "다수 참여

추천방식", "다수 참여 선발방식"을 하지 않으며, 분석과 연구판단을 강화하고, 조직인사기율을 엄숙히 하고, 사정하고, 부탁하며 관직을 구하고·관직을 팔고 사며·뇌물선거 등의 행위를 단호하게 조사하며, 사람을 선발하고 등용하는 풍조를 바로잡으며, 간부평가제도를 완벽히 하고, 격려체제와 잘못을 용납하고 수정하는 체제를 구축하며, 기치를 선명하고 과감하게 감당하고, 착실하게 일하며 사욕을 탐하지 않는 간부를 위하여 격려하고 지지해야 한다.

77

정신적인 "칼슘"을 충분히 보충하자

2012년 11월 시진핑 총서기는 18기 중국공산당 중앙정치국 제1차 단체교육 때 "이상과 신념은 바로 공신당원의 정신직인 '칼슘'이며, 이상과 신념이 없고, 이상과 신념이 견고하지 못하면, 정신적으로 '칼슘 부족'이 되고 '골연화증'이 걸릴 수 있다."고 하였다. 이 말은 이상과 신념이 공산당원에 대한 극적인 중요성을 생동적으로 천명한 것이었고, 새로운 형세 하에서 사상정치건설을 강화하는데 대하여 매우 중요한 의미가 있다.

이상과 신념은 한 정당의 행동적인 영도와 정신적 지주이고, 정당의 분투목표·가치추구·정신동력을 상징하며, 당원의 정치의식·사상경계·도덕정조의 집중적인 표현이다. 숭고한 이상과 신념 및 그의 강한 목표에 대한 흡인력, 도덕적 호소력과 가치에 대한 응집력은 뜻이같은 사람들을 모아 공동 사업을 위하여 끊임없이 분투하게 한다. 오직 이상과 신념의 기치를 항상 고양해야만 위대한 사업은 비로소 끊임없는 동력과 강한 지지를 얻을 수 있다.

이상과 신념을 굳건히 하고, 공산당원의 정신적 추구를 굳건하게 지키는 것은, 항상 공산당원의 안신입명[38]의 근본이다. 중국공산당은 탄생일부터 공산주의 실현을 최고의 이상으로 확립하였고, 90여 년의 비바람 속에서 그것은 한 세대 또 한 세대의 공산당원이 앞사람이 쓰러지면 뒷사람이 이어가고, 용감하게 분투하도록 격려하였으며, 수많은 열사들이 피와 희생을 아끼지 않은 것은 바로 이런 신앙을 의지한 것이고, 이 이상을 위한 것이었다. 결론적으로 말해서 마르크스주의에 대한 신앙은 사회주의와 공산주의에 대한 신념이고, 공산당원의 정치적인 영혼이며, 공산당원이 어떠한 시련도 견딜 수 있는 정신적인 지주이고, 국가와 인민에 대하여 충성하고, 영원히 인민에 대한 적자지심[39]을 유지하며, 공산당원이 휘황찬란한 역사적 성과를 거두는 끊임없는 동력이고, 그들은 정신적인 '칼슘'의 구체적인 내용을 구성하였다. 현재 대다수 당원·간부의 이상과 신념은 견고한 것이고, 정치적으로 믿을 만 한 것이다. 동시에 또 당원·간부대오 중에서 신앙의 결핍은 고도로 중시해야 하는 문제임을 알아야 한다. 어떤 사람은 공산주의에 대하여 의심을 품고, 그것은 공허하고 허망하며, 뜻을 이루기 어려운 환상이라고 여겼으며, 어떤 사람은 마르크스·레닌주의를 믿지 않고 귀신을 믿으며, 봉건미신에서 정신적인 의탁을 구했고, 점치고 관상 보고, 향 피우고 부처에게 절하며, 문제를 직면하면 신에게 물어보고, 어떤 사람은 시비관념이 약하고, 원칙성이 약하며,

---

38) 안신입명(安身立命) : 편안한 자세로 삶을 따른다는 뜻으로, 세상의 풍파에 흔들리지 않는 평정한 마음 상태를 이르는 말.
39) 적자지심(赤子之心) : 죄악에 물들지 않고 순수하며 깨끗한 마음.

정의감이 퇴화하였고, 흐리멍덩하게 관직에 있으며, 어리석게 살아가고, 어떤 사람은 심지어 서방사회제도와 가치 관념을 동경하고, 사회주의 비전과 운명에 대하여 확신을 잃었으며, 어떤 사람은 당의 영도와 「중국특색의 사회주의」 길 등 원칙성 문제에 미치는 정치적 도전 앞에서 태도가 애매하고, 소극적이고, 회피하며, 칼을 뽑지 못하고, 심지어 고의로 입장을 분명하지 않게 하고, 잔머리를 굴리는 등 이러한 이상과 신념의 동요는 제일 위험한 동요이고, 이상과 신념의 타락은 제일 위험한 타락이다. 일부 당원·간부들이 이런저런 문제가 생기는 것은 결국은 신앙이 막막하고 정신이 방향을 잃었기 때문이다.

숭고한 이상과 신념은 자체적으로 생길 수 없으며, 반드시 정치의식·대국의식·핵심의식·정렬의식을 강화하고, 「중국특색의 사회주의」 길의 확신·이론 확신·제도 확신·문화 확신을 확고히 하고, 마르크스·레닌주의, 모택동 사상, 등소평 이론, "3가지 대표" 중요사상, 과학발전관, 시진핑 신시대의 「중국특색의 사회주의」 사상을 심도 깊게 학습하며, 끊임없이 사상의식과 이론수준을 향상시키고, 원대한 이상과 분투목표에 대한 뚜렷한 인지와 집념을 유지하며, 이상의 빛으로 분투의 길을 밝히고, 신앙의 힘으로 아름다운 미래를 열어야 한다.

78

당성(黨性)과 인민성(人民性)은
서로 일치한다

2013년 8월 19일 시진핑 총서기는 전국 사상 선전 업무회의에서, "당성과 인민성은 언제나 일치하고 통일된 것이다."라고 하였다. 이 말은 당성과 인민성의 내적인 통일을 심도 있게 천명한 것이었고, 사상 선전 업무를 강화하고, 의식형태를 이끄는데 중요한 의미가 있으며, 마르크스주의 뉴스관의 발전이다.

마르크스·엥겔스는 『공산당선언』에서, "무산계급의 운동은 절대 다수인의 것이고, 절대다수 사람을 위하여 이익을 도모하는 운동이다."라고 하였다. 중국공산당은 공인계급의 선봉대이고, 동시에 중국 인민과 중화민족의 선봉대이며, 중국인민의 근본적인 이익을 대표하고, 성심성의껏 인민을 위하여 봉사한다는 것을 근본적인 취지로 하며, 인민에서 오고, 인민을 의지하고, 인민을 위한 마르크스 정당이며, 각 민족인민의 이익을 위한 충실한 대표이다. 인민의 이익은 바로 당의 이익이며, 이 외에 당은 자기에 대한 특수한 이익이 없다. 마르크스 경전작가의 중요한 논술·당의 헌장 등 당의 중요한 문헌으로 보나, 아니면 당의 분투사·발전사로써 당이 지도한 위대한 사업으로 보나, 우리 당의 당성과 인민성은 언제나 모두 일치하고 통일된 것이며, 당성을 고수하는 것은 바로 인민성을 고수하는 것이고, 인민성을 고수하는 것은 바로 당성을 고수하는 것이며, 당성은 인민성 안에 포함되고, 인민성에서 벗어난 당성은 없으며, 당성을 벗어난 인민성도 없는 것이다. 사상 선전 업무는 당성을 고수해야 하며, 이것은 마르크스주의 뉴스관의 본질적인 요구이며, 또한 사상 선전 업무의 영혼과 초석이다. 시대가 어떻게 변화되고 여론 전파환경이 어떻게 변화되든지, 어떠한 시기나 어떠한 상황에서도 당성원칙은 버릴 수도 없고, 잊어서도 안 되며, 추호의 모호함·벗어남·동요가 있어서는 안 된다. 당성을 고수하는 핵심은 바로 정확한 정치적 방향을 고수하고, 정치적 입장을 굳건히 하며, 당의 이론노선 방침정책을 확고하게 선전하고, 중앙의 중대한 업무조치를 확고하게 선전하며, 중앙의 형세에 관한 중대한 분석과 판단을 확고하게 선전하고, 단호하게 당 중앙과 고도의 일치를 유지하며, 단호하게 중앙의 권위를 수호하는 것이다. 당성을 고수하려면 반드시 마르크스주의 의식형태 영역의 지도적 지위를 공고히 해야 하고, 전당과 전국의 인민이 단결하여 분투하는 공동의 사상기초를 공고히 해야 한다. "두 가지 공고는 사상 선전 업무의 근본적인 임무이며, 당성과 인민성의 내적 통일을 나타낸다.

반드시 단결·안정·격려, 정면 선전을 주로 하는 중요 방침을 견고하게 장악하고, 주 선율을 널리 알리며, 긍정에너지를 전파하고, 전 사회가 단결해 나아가는 강한 힘을 불러일으켜야 한다.

반드시 당이 매체를 관리하는 흔들림 없는 원칙을 지속하고, 의식형태업무의 지도권·관리권·발언권을 단단히 붙들며, 정치가의 신문

발행·잡지 발행·방송국 개국·유즈넷 개설을 지속하고, 무엇을 고수하고, 무엇을 반대하며, 어떤 말을 해야 하는지, 어떤 일을 해야 하는지에서 당의 요구에 부합해야 하며, 견실하고 믿을 수 있게 해야 한다. 사상 선전 업무가 인민성을 고수하는 것은 바로 민중이 역사 창조자라는 관점을 확고하게 수립하는 것이고, 성심성의껏 인민을 위하여 봉사하는 것을 모든 활동의 근거와 근본적인 기준으로 하며, 인민의 근본적인 이익을 잘 생산하고, 잘 유지하고, 잘 발전시키는 것을 출발점과 착지점으로 하여, 인민을 중심으로 하는 업무방향을 견고하게 수립하고, 인민을 근본으로 하는 것을 고수하며, 군중을 믿고 군중을 의지하며, 군중에게 겸허하게 배우고, 군중의 위대한 분투와 뜨거운 생활을 많이 선전 보도하며, 군중 속에서 솟아나는 선진적인 전형사례와 사람을 감동시키는 사례를 많이 선전 보도하며, 인민의 정신세계를 풍부히 하고, 인민의 정신적인 역량을 강화하며, 인민의 정신적인 수요를 만족시켜야 하는 것이다.

업무풍조와 문풍을 힘써 개선하고, 개혁발전의 생동적인 실천, 기층이 창조한 신선한 경험, 군중들의 희망의 외침을 충분히 반영해야 한다. 반드시 서로 다른 군중의 사상문화에 대한 수요를 열심히 연구하고, "열쇠 하나로 자물쇠 하나를 여는 것"을 지속하고, 공인·농민 등 평범한 군중의 업무를 잘해야 할뿐 아니라, 광범위한 지식인의 업무를 잘하는 것을 고도로 중시해야 하며, 또 새로운 형세하의 사상문화영역에서 나타난 특수한 단체의 업무를 잘해야 하고, 사상 선전 업무를 인민의 마음속까지 해야 하며, 최대한도로 그들을 당 주변으로 단결시키고 응집시켜 그들이 자발적으로 중화민족의 위대한 부흥을 실현하기 위하여, 총명과 지혜를 공헌하도록 격려해야 한다.

79

자아정화, 자아완성,
자아혁신, 자아향상

    당의 18차 대회보고에서는, "당의 사상건설·조직건설·기풍건설·반부패청렴건설·제도건설을 전면적으로 강화하고, 자아정화·자아완성·자아혁신·자아향상능력을 강화하며, 학습형·서비스형·혁신적인의 마르크스주의 집정당을 건설하고, 당이 항상 「중국특색의 사회주의」사업의 견고한 지도핵심이 되도록 확보해야 한다."고 하였다. 2016년 7월 1일 시진핑 총서기는 중국공산당 성립 95주년 기념대회 연설에서, "전 당은 자아혁명이라는 정치적 용기로 당 자체에서 존재하는 두드러진 문제를 힘써 해결하고, 끊임없이 당의 자아정화·자아완성·자아혁신·자아향상능력을 강화하며, '4가지 시련(4大考驗)'을 견디고, '4가지 위험[40]'을 극복하며, 당이 항상 「중국특색의 사회주의」 사업의 견고한 지도핵심이 되도록 확보해야 한다."고 강조하였다. 당의 19차 대회보고에서는 "자아혁명을 용감히 하고, 엄격하게 당을 관리하고, 다스리는 것은 중국공산당의 제일 뚜렷한 품격이다. 반드시 당의 헌장을 근본적인 준칙으로 하고, 당의 정치건설을 우선순위에 놓고, 사상으로 당을 건설하고, 제도로 당을 다스리는 것을 동시에 할

---

40) 4가지 위험 : 부채, 부동산버블, 좀비기업, 고령화.

수 있도록 힘을 내며, 당의 각항 건설을 통합적으로 추진하고, '관건적인 소수'를 붙잡고, '삼엄·삼실'을 고수하며, 민주집중제를 지속하고, 당내 정치생활을 엄숙히 하며, 당의 기율을 엄격히 하고, 당내 감독을 강화하며, 적극적이고 건강한 당내 정치문화를 발전시키며, 당내 정치생태를 전면적으로 정화하고, 각종 부정 풍조를 단호하게 수정하며, 제로섬 태도로 부패를 처벌하고, 끊임없이 당의 자아정화·자아완성·자아혁신·자아향상능력을 강화하며, 항상 당과 군중이 혈육간의 관계처럼 연결을 유지토록 해야 한다."고 진일보 강조하였다. 19차 대회 당 헌장의 총 강령도 "당을 세우는 것은 대중을 위해서이고, 집정은 인민을 위한 것임을 지속해야 하고, 당의 우수한 전통적 기풍을 널리 알리며, 끊임없이 당의 영도 수준과 집정 수준을 향상시키고, 썩고 변질되는 것을 막으며, 끊임없이 자아정화·자아완성·자아혁신·자아향상능력을 강화해야 한다."고 명확히 규정하였다.

자아정화는 강렬한 우환의식으로 조직제도·기율규칙·우수한 전통 등을 의지하여 자아수정을 실현해야 하고, 당의 조직에 병이 생기는 것을 방지케 하는 것을 가리킨다. 자아완성은 정치건설·사상건설·조직건설·기풍건설·기율건설·제도건설을 통하여 중국공산당이 더욱 성숙하고 더욱 강하게 하는 것을 가리킨다. 자아혁신은 당이 시대조건, 즉 구체적인 환경과 인사임무의 변화에 근거하여 제때에 자기의 이론과 노선방침·정책 등을 조정하고, 시대에 부합되지 않는 사상관념과 체제를 버려 사상해방·실사구시·시대와 더불어 발전하고 진리를 추구하며 실효를 강조하는 것을 가리킨다. 자아향상은 당의 건설

수준이 아래에서 위로 발전하는 하나의 상승과정을 가리키며, 당의 이론수준·집정능력·풍조형상 등 방면에서 나타나는 것이다.

　당의 선진성과 순결성을 지지하고 발전하는 것은 항상 당 건설의 영원한 주제이다. 중국공산당이 성립시기에 중국은 반식민지·반봉건 사회에 처해 있었고, 당은 장기적으로 국내외 반동세력의 압박과 토벌 한가운데에 처해있었는데, 이러한 모든 생존발전의 위기에서는 오직 자아수정·자아조절을 통해서만 비로소 해결할 수 있었다. 중국공산당은 항상 강한 지도핵심이 되려면, 반드시 자아정화·자아완성·자아혁신·자아향상 능력을 더욱 중시해야 한다. 새로운 형세 하에서 당은 집정시련·개혁개방시련·시장경제시련·외부환경시련을 직면하고 있으며, 정신태만 위험·능력부족 위험·군중이탈 위험·부패에 대해 소극적인 위험에 직면하고 있다. 이러한 시련을 견뎌내고, 위험을 해결하기 위한 제일 근본적인 것은, 당의 건설을 강화하고, 끊임없이 자아정화·자아완성·자아혁신·자아능력향상을 강화해야 하는 것이다. 오직 이렇게 해야만 비로소 항상 당의 선진성과 순결성을 유지할 수 있으며, 「중국특색의 사회주의」사업이 끊임없이 전진하는 것을 추진해 나갈 수 있는 것이다.

80
정치기율과 정치규칙

2015년 1월 시진핑 총서기는 18차 중앙기율위원회 5차 전회에서 정치기율과 정치규칙을 잘 지키도록 엄명해야 하며, 기율을 지키고, 규칙을 지키는 것을 더욱 중요한 위치에 놓아야 한다고 강조하였다. 당의 19차 대회보고에서는 당의 정치건설·사상건설·조직건설·기풍건설·기율건설을 전면적으로 추진하며, 제도건설을 그 안에 관통시켜 부패에 반대하는 투쟁을 심도 있게 추진해야 한다고 하였다. 특히 당의 정치건설은 우선순위에 놓아야 한다고 강조하였고, 당의 정치건설에서 정치기율과 정치규칙을 엄격하게 준수해야 한다고 강조하였다. 당의 정치기율과 정치규칙은 각급 당 조직과 전체당원이 정치방향·정치입장·정치언론·정치행위 방면에서 반드시 지켜야할 기율과 규칙이다. 기율은 문장으로 된 강한 규칙이며, 일부 기율에 기재되지 않은 규칙은 성문화되지 않은 스스로 구속해야 하는 규칙이다.

당의 모든 기율과 규칙에서 첫째는 정치기율과 정치규칙이고, 그것은 전 당이 정치방향·정치입장·정치언론·정치행동 방면에서 반드시 지켜야 할 강한 구속이며, 또한 제일 중요하고, 제일 근본적이며, 제일 관건적인 기율과 규칙이다. 엄격한 정치기율과 정치규칙은 중국공산당의 영광스러운 전통과 정치적 장점이다. 규칙이 없으면 일을 성사시킬 수가 없다. 중국공산당은 혁명이상과 강철 같은 기율로 조직된 마르크스주의정당이며 엄격히 명령이 내려진 기율은 당의 영광스러운 전통과 독특한 장점이다. 혁명전쟁시대나 건설과 개혁시기를 막론하고, 당은 전국인민을 단결시키고, 이끌어 각종 어려움과 위험을 극복하고, 작은 데서 큰 데까지, 약함에서 강함까지, 승리에서 승리까지 나아가는 데는 바로 강철 같은 기율에 의한 것이다. 오늘날 새로운 역사적 기점에서 「중국특색의 사회주의」를 지속시키고 발전시키며, "두 개 백년"의 분투목표와 중화민족의 위대한 부흥인 「중국의 꿈」을 실현하는데 임무가 어렵고 무거울수록 기율건설을 더욱 강화하고, 당의 단결통일을 더욱 수호해야 하며, 전 당의 통일된 의지, 통일된 행동에 발맞추어 전진하도록 해야 한다. 어떠한 시기나 어떠한 상황에서도 정치기율과 정치규칙이라는 끈을 놓아서는 안 된다. 만약 정치기율과 정치규칙이 장식품처럼 된다면 "깨진 유리창 효과"가 형성될 것이고, 당은 각자 필요한 만큼 취하고, 제멋대로 하는 "개인클럽"으로 빠질 것이며, 오합지졸이 될 것이다. 현재 당의 정치기율과 정치규칙을 준수하는 방면에서, 대다수 당 조직과 당원·간부는 잘 하고 있다. 하지만 또 소수 당원·간부의 기율의식이 약하고, 정치기율과 정치규칙을 위반하는 현상도 자주 발생한다. 어떤 당원은 원칙문제와 근본적인 옳고 그름 앞에서 확고하지 못하고 흔들리며, 당의 이론과 노선방침정책 등에 미치는 중대한 정치문제에 대하여, 이러쿵저러쿵 불평하고 험담하며, 심지어 공개적으로 반대의견을 발표하기까지 하며, 어떤 당원은 말을 가리지 않고 함부로 비평하며, 심지어 떠도는 소문과 정치소문을 만들어 전파하며, 어떤 당원은 당 중앙의 방침정책과 중대한 정책조치에 대하여, 마음에 들면 집행하고, 마음에 들지 않으면 집행하지 않으며, 어떤 당원은 당과 국가의 기밀을 누설하는 등 이런 문제들은 당내와 사회에 대해 악한 영향을 끼쳤으며, 당과 인민사업에 심각한 손해를 가져왔다. 정치기율과 정치규칙을 준수하려면 "5가지 반드시"를 해야 하는데, 즉 반드시 당 중앙의 권위를 수호하고, 어떠한 시기나 어떠한 상황에서도 사상적으로 정치적으로 행동적으로 당 중앙과 고도의 일치를 유지해야 하며, 반드시 당의 단결을 수호하고, 오호사해와의 결속을 지속하며, 모든 당에 충성하는 동지를 단결시키고, 반드시 조직절차를 준수하고, 중대한 문제는 물어봐야 할 것은 물어보고 보고해야 할 것은 보고하며, 월권해서 일을 하는 것은 허용하지 않으며, 반드시 조직의 결정에 복종해야 하며, 비조직 활동을 하는 것을 절대로 허용하지 않고, 조직결정을 위반해서는 안 되며, 반드시 친인척과 주변의 직원을 잘 관리해야 하며, 그들이 특수신분으로 불법이익을 취하는 것을 묵인해서는 안 된다. "5가지 반드시"는 갈라놓을 수 없는 유기적인 일체이다. 제일 핵심적인 것은 바로 반드시 당의 지도를 고수하고, 당의 기본이론·기본노선·기본방침을 고수하며, 사상적으로 정치적으로 행동적으로 시진핑 동지를 핵심으로 하는 당 중앙과 고도의 일치를 유지하고, 자발적으로 당 중앙의 권위를 수호하며, 당 중앙의 지휘에 복종하고, 당 중앙이 제창에 단호하게 호응하며, 당 중앙이 결정한 것은 단호하게 시행하고, 당 중앙이 금지하는 것은 단호하게 철저히 막아야 하는 것이다.

81

'호랑이"와 '파리'는
함께 때려야 한다

2013년 1월 시진핑 총서기는 18기 중앙기율위원회 2차 전회에서의 중요한 연설에서, "엄격하게 당을 관리하며, 처벌은 절대로 늦출 수 없다. '호랑이'와 '파리'를 함께 때리는 것을 지속해야 하며, 즉 고위 간부의 위법사건을 단호하게 조사하고, 또 군중주변에서 발생한 부정 비리와 부패문제를 성실하게 해결해야 한다."라고 하였다. 2013년 4월 시진핑 총서기는 18기 중국공산당 정치국 제5차 단체교육에서, "'벌레가 많으면 나무가 부러지고, 틈이 크면 벽이 무너진다.'는 도리를 명심하고 부패를 응징하는 고압태세를 유지하며, 사건이 있으면 반드시 조사하고, 부패가 있으면 반드시 응징하며, '호랑이', '파리'를 함께 때려 인민의 합법적인 권익을 확실하게 수호하고, 간부청렴·정부청렴·정치청명을 할 수 있도록 노력해야 한다."고 강조하였다. 당의 19차 대회보고는 엄격한 당 관리의 효과는 탁월해야 하고, 반부패의 무 금지구역이 되어야 하며, 포괄적·무관용을 지속하며, 확고부동하게 "'호랑이'도 때리고" "'파리'도 때리고" "여우를 사냥하며" 감히 부패한 짓을 못하게 하는 목표는 초보적으로 실현되었고, 부패해서는 안 되는 틀은 갈수록 견고해지며, 부패하지 못하게 하는 댐은 지금 건축 중에 있고, 반부패 투쟁의 압도적인 태세는 이미 형성되었으며, 또한 공고히 발전하고 있다. 하나의 정당, 하나의 정권인 그들의 미래와 운명은 민심의 향배에 달려있는 것이다. 군중이 무엇을 반대하고, 무엇을 증오하면, 우리는 단호하게 방어하고 타격을 가해야 한다. 군중은 부패현상을 가장 증오하므로, 우리는 반드시 확고부동하게 부패를 반대하고, 깨끗이 하고, 공정한 당의 기풍·정치풍조·사회풍조를 만들어야 한다. "'호랑이'를 때린다"는 것은 고급간부의 부패행위를 처벌한다는 것으로 어떠한 사람이든, 직책이 얼마나 높든 당의 기율과 국가법을 위반하면 모두 엄격한 추궁과 처벌을 받아야 한다는 것을 가리킨다. "'파리'를 때린다"는 것은 중점적으로 군중주변의 부정비리와 부패문제를 해결하고, 기층부패 및 집법불공정 등의 문제를 착실하게 수정하고, 엄숙하게 조사하며, 군중과 밀접한 이익을 수호하는 것이다. '호랑이'와 '파리'를 함께 때리는 것을 구체적으로 말하면 바로 중대한 사건이나 중요한 사건을 단호하게 조사해야 할뿐 아니라, 영도기관과 고위간부 중에서 발생한 직권남용·횡령 및 뇌물, 부패와 타락·직무과실 안건 등을 엄숙하게 조사 처리해야 하며, 또 군중주변에서 발생한 부패문제를 힘써 해결하고, 군중이익에 해를 끼치는 각종 안건을 엄격하게 조사하며, 인민의 합법적인 권익을 확실하게 수호토록 해야 하는 것이다. '호랑이'와 '파리'를 함께 때리는 것을 고수하고, 부패가 있으면 반드시 반대하고, 횡령이 있으면 반드시 척결해야 한다. 만약 '호랑이'를 때리지 않고, '파리'만 때리면 화근을 키우게 되며, 반부패 결심을 명확히 할 수 없고, 두려움을 형성케 할 수 없으며, 윗사람이 하는 대로 아랫사람이 따라한다 해도 결국에는 '파리'도 때리지 못하게 될 것이다. 만약 '호랑이'만 때리고 '파리'를 때리지 않으면, 군중이익을 해치는 행위는 수정과 조사를 할 수 없으며, 군중은 멀리 있는 '호랑이'보다 눈앞에서 윙윙거리는 "'파리' 탐오"를 더욱 분명하게 느끼게 된다. '호랑이'와 '파리'는 크든 작든 모두 인민의 적이고, 당과 국가의 좀 벌레이며, 횡령부패의 성질은 동일하고, 사회의 조화와 건강을 해친다. '호랑이'와 '파리'를 함께 때리는 것을 지속하고, 큰 것만 잡고, 작은 것을 놓치지 않으며, 또한 작은 것만 잡고, 큰 것을 놓치지 말아야 한다. 부패문제에서 직책이 높고 낮음은 없으며, 일단 위반하면 단호하게 처벌하고 절대로 약해져서는 안 된다. 당의 18차대회 이래 중국공산당은 '호랑이'와 '파리'를 함께 때리는 것을 지속해 왔고, 저우용캉(周永康), 부시라이(薄熙來), 궈버송(郭伯雄), 쉬차이허우(徐才厚), 링지화(令計劃), 수롱(蘇榮), 쑨정차이(孫政才)등 고급간부들의 엄중한 위법안건을 조사했으며, 입건하여 조사한 성·군 급 이상의 당원·간부 및 기타 중급간부는 440명이고, 그중에 18기 중앙위원·후보위원이 43명이며, 중앙기율위원회 위원이 9명이고, 전국 기율검사 감찰기관에서 154.5만 건을 입안하였으며, 153.7만 명을 처벌하였고, 청·국 급 간부 8,900여명, 현·처 급 간부 6.3만 명이 범죄혐의로 사법기관에 이송되어 처리된 사람은 5.8만 명이며, 동시에 많은 군중주변에서 발생한 부정비리와 부패문제를 조사하였거나 함부로 행하거나 아무것도 하지 않는 3.2만 명의 기층 당원·간부를 엄숙하게 추궁하였으며, 전국 기율검사 감찰기관에서 당지부 서기 및 촌 위원회 주임 27.7만 명을 처벌하였다.

82

쇠를 두드리려면 반드시
자신부터 강해져야 한다

2012년 11월 시진핑 총서기는 18기 중국공산당 중앙정치국 상무위원들과 국내외 기자들과의 면담에서, "쇠를 두드리려면 자신이 먼저 강해야 한다. 우리의 책임은 바로 모든 당원들과 함께 당이 당을 관리하고, 엄격하게 당을 다스리는 것을 지속하며, 자신이 존재하는 돌출된 문제를 확실하게 해결하고, 업무 기풍을 확실하게 개선하며, 군중과 밀접하게 연결하여, 중국공산당이 항상 「중국특색의 사회주의」 사업의 강한 지도핵심이 되게 하는 것이다."라고 하였다. 이는 시진핑 동지를 핵심으로 하는 당 중앙이 당이 당을 관리하고, 엄격하게 당을 다스리는 확고한 결심을 생동적으로 표명한 것이었다. 당의 19차 대회보고에서는 "「중국특색의 사회주의」는 신시대에 진입하였고, 중국공산당은 반드시 새로운 기상과 새로운 성과가 있어야 한다. 쇠를 두드리려면 반드시 자신이 강해야 한다. 당은 인민을 단결시키고 이끌어 위대한 투쟁을 진행하고, 위대한 사업을 추진하며, 위대한 꿈을 실현시키고, 반드시 확고부동하게 당의 지도를 지속시키며, 완벽히 하고 확고부동하게 당을 더욱 강하고 힘 있게 건설해야 한다."라고 제시하였다.

중국공산당은 「중국특색의 사회주의」 사업의 강한 지도핵심이다. 당의 지도를 지속하는 것은 당과 국가의 근간이고, 명맥이며, 전국 각 민족인민의 이익에 관련되고, 행복에 관련되는 것이다. 당의 지도를 지속하고, 당의 지도가 핵심적 지위를 확보하려면 반드시 당의 지도를 강화하고 개선해야 한다. 당이 당을 관리하고, 엄격하게 당을 다스리는 것은, 당의 건설의 일관된 요구와 근본적인 방침이다. 시진핑 총서기는, "당이 당을 관리해야 비로소 당을 잘 관리할 수 있으며, 엄격하게 당을 다스려야만 비로소 당을 잘 다스릴 수 있다."라고 하였다. 만약 당을 잘 관리하지 못하고, 당을 엄격하게 다스리지 못하면, 군중의 반응이 강한 당내에 돌출된 문제는 해결되지 못할 것이고, 그러면 중국공산당은 조만간에 집정자격을 잃을 수 있으며, 불가피하게 역사에서 도태될 수 있다. 현재 우리는 수많은 새로운 역사적 특징을 가지고 있는 위대한 투쟁을 진행하고 있고, 당은 역사적 중임을 감당하고 있으며, 시대의 시련을 겪고 있다. 국내외 형세발전의 변화와 비교했을 때, 당이 감당하고 있는 역사적 임무와 비교했을 때, 당의 지도 수준과 집정 수준, 당 조직의 건설 상황과 당원·간부의 소질·능력·기풍은 모두 작지 않은 격차가 있으며, 반드시 고도의 경각심을 가져야 한다. 치국을 지속하려면 반드시 먼저 당을 다스려야 하고, 당을 다스리려면 반드시 엄격해야 하며, 당의 관리와 다스리는 능력과 수준을 향상시키고, "자신의 강함"으로 이길 수 없는 광대한 힘을 응집하여 역사에 부끄럽지 않은 찬란한 업적을 창조해야 한다.

당의 18차 대회 이래 시진핑 동지를 핵심으로 하는 당 중앙은, 기풍을 바로잡고 기율을 엄격히 하였으며, 부패를 반대하고 악을 처벌하였으며, 당과 국가내부에서 존재하는 심각한 우환을 없앴으며, 당의 지도는 현저하게 강화되고, 당과 군중의 관계는 눈에 띄게 개선되었으며, 당은 혁명성 단련 면에서 더욱 강해졌고, 새로운 강한 생기와 활력을 발산하게 되었으며, 당과 국가사업을 위하여 강한 정치적 보장을 제공하였다. 당의 19차 대회는 "아직도 필요"를 "반드시"로 바꾸었으며, 두 글자의 차이는 깊은 뜻을 담고 있다. 이는 과거 5년산 당과 국가 각항 사업이 역사적인 성과를 거두고, 역사적인 변혁을 발생케 한 성공경험에 대한 심도 있는 총화일 뿐만 아니라, 더 나아가 당의 지도를 지속하고, 완벽히 하며, 전면적으로 당을 엄격하게 관리하고, 당의 건설을 추진하는 새로운 위대한 공정의 진일보적인 강조이다. 단어사용의 변화, 어조 강화의 배후는 당 중앙의 전면적인 엄격한 당 관리의 확고한 결심과 더욱 뚜렷한 태도, 자아혁명의 용기와 활력이 더욱 넘치고, 과거 5년간 당이 장기적인 집정능력 건설경험을 탐색한데 대한 새로운 확인이다.

"쇠를 두드리려면 반드시 자신이 강해야 한다."를 실현하려면 공산당원의 "칼슘"을 보충하고, 당원간부의 이상과 신념을 확고히 해야 하며, 당과 인민이 필요한 좋은 간부를 양성하고 선발하며, 높은 자질과 전문화된 간부대오를 양성하고 만들어야 하며, 기풍의 개선을 지속하고, 사상적으로는 근본부터 바로잡고, 근본을 확고히 세우며, 기풍의 장기적인 체제를 완성하고 개선하며, 법에 근거하고 규칙에 근거하여 당을 다스리고, 권력을 제도의 틀 안에 가두며, 제도로 엄격하게 간부를 관리하며, 강한 기율로 당의 단결통일을 수호하고, 엄격하게 당의 헌장을 준수하며, 정치기율과 정치규칙을 엄명하여 기율이 진정한 전기 있는 고압선이 되게 해야 하며, 무관용 태도로 부패를 처벌하며, 부패를 반대하고 청렴을 제창하는 것을 항상 게을리 하지 않으며, 썩고 변질된 것을 막으며, 끊임없이 부패처벌과 예방체계를 완벽히 하고, 반부패 체제의 혁신을 추진해야 한다.

당이 인민을 이끌고, 세계가 주목하는 성과를 거두었지만, 절대 과거의 공로를 적어놓은 장부에 누워있어서는 안 된다. 당이 직면한 '과거시험'은 아직 끝나지 않았으며, 모든 고위간부와 모든 당원은 계속하여 인민이 중국공산당에 대한 '시험', 중국공산당이 겪고 있는 것과 겪을 각종 시련의 '시험'을 잘 치러야 하며, 우수한 답을 제출하도록 노력해야 할 것이다.

83

기풍건설은 영원히
멈추지 않아야 한다

　　2014년 1월 시진핑 총서기는 당의 군중노선의 교육실천 활동 제1차 총화 및 제2차 조치회의에서, "군중노선을 관철시키는 데는 쉼표가 없으며, 기풍건설은 영원히 멈추지 않는다."라고 하였다. 당의 기풍은 당의 형상이고, 민심의 향배에 관련되며, 당의 생사존망에 관련된다. 시진핑 총서기는 당의 기풍건설에 관하여 중요한 논술을 하였고, 마르크스주의 집정당의 기풍건설에 대한 규칙성 인식을 심화하였으며, 새로운 시대의 내포를 부여하였고, 새로운 형세 하에서 당의 기풍건설을 강화하고 개선하기 위하여 기존준칙과 행동지침을 제공하였다. 마르크스주의 집정당은 강한 진리의 힘이 있어야 할뿐 아니라, 또한 강한 인격의 힘이 있어야 한다. 진리의 힘은 중국공산당의 정확한 이론에 집중적으로 나타나고, 인격의 힘은 중국공산당의 우수한 기풍에 나타난다. 중국공산당은 줄곧 기풍건설을 고도로 중시하였다. 중국혁명·건설·개혁을 이끄는 장기적인 실천 중에서 중국공산당은 이론과 현실을 연결하였고, 군중과 밀접히 연결하였으며, 비평과 자아비평 등 일련의 우수한 전통과 기풍을 형성하였고, 또한 지속하여 널리 알렸으며, 공산당원의 빛나는 형상을 수립하였고, 민심을 얻었고,

힘을 응집하였으며, 당의 사업이 하나 또 하나의 승리를 거두도록 보장하였다. 당의 18차 대회 이래 시진핑 동지를 핵심으로 하는 당 중앙은 당과 국가의 생사존망에 관련되는 수준에서 강한 역사책임감과 깊은 사명감을 품고 중앙정치국에서 규칙을 세우는 것부터 시작하여, 중앙의 8항 규정정신을 실시하였고, 당의 군중노선의 교육실천활동·"삼엄·삼실"의 특정교육·"두 가지 배움과 한 가지 행동" 학습교육을 심도 있게 전개하였으며, 위에서 아래를 거느리고 솔선수범하며 몸소 실천하고 상위 기관이 아래 기관에게 보여주고, 상위 기간이 아래 기관을 이끌게 하며, 구체적인 문제부터 진행하는 것을 지속하고, "혀끝에서의 낭비", "클럽 중의 비뚤어진 풍습", "차바퀴에서의 겉치레", "명절 중의 부패"에 초점을 맞추었으며, 은둔형이 색다름으로 변하는 표현을 심도 있게 다스렸고, 감독 검사를 강화하는 것을 지속하였고, 일상과 경상을 장악하여 관건적인 부분을 주시하면서 군중의 감독 작용을 충분히 발휘케 하였고, 엄격한 기율에 대한 집행과 문책을 지속하였으며, 신중하지 않고 멈추지 않는 사람은 모두 엄격하게 조사하였고, 또한 문책을 예리한 무기로 하였고, 주체적인 책임과 감독책임의 실시를 추진했으며, 지엽적인 것과 근본적인 것을 함께 다스렸고, 끊임없이 제도를 완벽히 했으며, 비뚤어진 풍조를 예방하는 제도울타리를 확고히 세웠다. 이처럼 끊임없는 노력을 통하여 사치행락의 풍조는 기본적으로 멈추었고, 군중의 반응이 강렬한 두드러진 문제는 효과적으로 억제하게 되었으며, 비뚤어진 풍조의 관성은 돌아섰고, 고질병은 정복되었다. 중국공산당은 실질적인 행동으로 장엄한 약속을 지켰고, 당 심과 민심을 얻었으며, 또한 사회기풍이 전체적으로 호전되도록 이끌었다. 시진핑 총서기는 "기풍문제는 완고성(頑固性)과 반복성이 있으며, 우수한 풍조를 형성하는 것은 한번 고생으로 영원히 편안해지는 게 아니며, 불량한 기풍을 극복하는 것도 단번에 성공하는 것이 아니다."라고 하였다. "4가지 기풍(四風)"[41] 문제는 유래가 오래 되었고, 원인이 복잡하며, 또한 역사문화·전통관념·사회풍습 등 요소의 영향을 받았으므로 하루아침에 철저히 해결되는 것이 아니며, 한번 고생으로 영원히 편안해질 수도 없는 것이다. 반드시 경종을 오래 울리고, 오래도록 공을 들여야 한다. 우리는 반드시 당내에 존재하는 기풍의 불순문제는 아직 근본적인 해결이 안 되었고, "생각하지 않는" 사상기초는 여전히 견고하지 못하며, 압력의 전달은 아래로 내려갈수록 감소하며, 위에서는 뜨겁고 중간에서는 미지근하며, 아래에서는 차갑고 물이 끝까지 흐르지 못하는 현상이 여전히 존재하며, 신중하지 못하고 멈추지 못하는 상황이 여전히 존재하고, "4가지 기풍" 문제는 은신형적인 변질이 나타나고 있으며, 형식주의와 관료주의문제는 여전히 두드러지고 힘써 해결하고 다스려야 하며, 어떤 제도는 수정과 완성이 제때에 이루어지지 않고 있어 운용하는 가능성이 부족하고, 집행이 제대로 되지 않았음을 명확하게 인식해야 한다. 기율검사 감찰기관이 2017년 "4가지 기풍" 문제를 조사한 상황을 보면, 2017년 1월에서 10월까지 전국에서는 중앙의 8항 규정 정신을 위반한 문제를 3.78만 건이나 조사하였고, 그중에 2017년에 발

---

41) 네 가지 기풍(四風) : 형식주의, 관료주의, 향락주의, 사치주의.

생한 기율위반행위는 9,600여 건으로 당년 조사량의 25.5%를 차지하였으며, 이는 "4가지 기풍" 문제는 완고성과 반복성이 있다는 판단을 증명하였고, "4가지 기풍" 문제를 다스리려면 반드시 강도를 지속적으로 확대하며, 영원히 멈추지 않는 변함없는 마음과 강인함으로 끊임없이 나사를 더욱 단단히 조이고 일을 더욱 성실하게 해야만, 비로소 기풍건설의 공격전과 장기전에서 싸워 이길 수 있는 것이다.

84

권력을 제도의 틀
안에다 가둬야 한다

2013년 1월 시진핑 총서기는 18기 중앙기율위원회 제2차 전회에서 권력운행에 대한 제약과 감독을 강화하고, 권력을 제도의 틀 안에 가두어 감히 부패하지 못하는 징계제도, 쉽게 부패하지 않는 보장제도를 형성해야 한다고 강조하였다.

이것은 전면적인 엄격한 당 관리의 필연적인 요구이며, 과학적·효과적으로 부패를 반대하는 필연적인 선택이다. 당의 19차 대회보고에서는 감히 부패하지 못하게 하는 목표는 초보적으로 실현하였고, 부패하지 못하게 하는 울타리는 갈수록 단단해지며, 부패하지 못하는 댐은 구축하고 있고, 반부패 투쟁의 압도적인 태세는 이미 형성되었고, 또한 공고히 발전하였다고 하였다.

이 중요한 논술은 제약 감독하는 권력의 기본 경로를 밝힌 것이고, 제도건설의 규범과 권력의 운행·부패방지 중에서의 근본적인 작용을 드러낸 것이며, 당 기풍의 청렴건설을 위해 노력하는 방향을 제시한 것이었다. 제도문제는 근본성·전 국면(局面)성·안정성·장기성의 특징을 지니고 있다. 등소평은 "제도가 좋으면 나쁜 사람이 제멋대로 할 수 없게 되고, 제도가 나쁘면 좋은 사람이 착한 일을 충분히 할 수 없게 되며, 심지어 반대로 갈 수 있으므로 반드시 전 당은 이를 고도로 중시하는 기풍을 일으켜야 한다."고 예리하게 지적했었다.

개혁개방 40년 동안 중국공산당은 줄곧 제도건설 강화에 힘을 썼으며, 권력이 감독과 제약을 받고, 고위간부가 착오를 범하지 않거나 적게 범하도록 노력하였다. 현재 부패문제가 많이 발생하는 중요한 한 가지 원인은 바로 제도가 불완전하고, 관리가 엄격하지 못하기 때문이며, 부패의 번식을 위하여 빈틈을 제공하였기 때문이다. 반부패 투쟁을 심도 있게 추진하는 관건은 권력에 대한 운용을 제약하고 감독체계를 완벽히 하고, 권력이 있으면 반드시 책임이 있고, 권력을 사용하면 감독을 받으며, 실책하면 문책을 해야 하고, 위법을 하면 추궁을 해야 한다. 인민이 권력을 감독하게 하고, 권력이 밝은 것에서 운용토록 하며, 인민이 부여한 권력이 항상 인민을 위하여 이익을 도모하는데 사용하도록 보장해야 한다.

권력이 효과적으로 "제도의 틀 안에 가두어져 있는지" 여부의 핵심은, 모든 당원간부가 감히 부패하지 못하게 하는 징계제도, 부패하지 못하는 방지제도, 쉽게 부패하지 못하는 보장제도를 구축하는데 있다. 전면적으로 부패처벌과 예방체계건설을 추진하는 것은, 전 당의 중대한 정치임무와 전 사회의 공동책임이며, 당이 당을 관리하고, 전면적으로 엄격하게 당을 관리하며, 당 기풍의 청렴건설과 반부패 투쟁을 심도 있게 전개하고, 국가치리체계와 치리능력의 현대화를 추진하는데 중대한 의미가 있다.

부패현상이 쉽게 많이 발생하는 관건적인 부분을 장악하고, 더욱 과학적으로 효과적으로 부패를 방지하며, 전면적으로 부패처벌과 예방체계의 건설을 추진하고, 반부패 법률제도의 집행력을 향상시켜 법률제도가 엄격하게 운행이 되게 해야 한다. 전형적인 안건의 분석을 강화하고, 부패문제가 많이 발생하는 영역과 부분의 개혁을 심화시키며, 최대한도로 체제결함과 제도누락을 줄이고, 개혁심화를 통하여 끊임없이 부패현상이 자라고 만연하는 토양을 없애야 한다. 각급의 고위간부는 그 누구라도 법률을 벗어난 절대적인 권력은 없으며, 어떠한 사람도 권력을 행사하리면 반드시 인민을 위하여 복무하고, 인민에 대하여 책임지며, 또한 자발적으로 인민의 감독을 받아야 한다. 권력의 운용 제약과 감독체계를 완벽히 하고, 법치사고와 방식으로 부패를 방지하며, 권력을 법치궤도에 올려 운용토록 해야 한다. 국가 차원의 반부패 입법을 강화하고, 당내에 반부패 법규제도의 건설을 강화하며, 국가기관 권력의 부여·형성·범위에 대하여 명확히 규정하여 국가기관과 사람이 법정권한에 근거하여 권력을 행사하고, 월권을 하지 못하게 해야 한다. 부패문제가 많이 발생하는 영역과 부분의 개혁을 심화하고, 규범화한 행정절차법을 제정하여 국가기관이 법정권한과 절차에 근거하여 권력을 행사하도록 보장해야 한다.

감독법·행정감독절차법·반 뇌물 횡령법을 제정하고 완벽히 하여, 인민의 알권리·참여권·표현권·감독권을 보장하고, 결정권·집행권·감독권 및 상호제약 또는 상호협조를 확보하며·당의 업무 공개·정치업무 공개·사법업무 공개를 완벽히 하고, 자문·문책·경제책임에 대한 감사·파면 등의 제도를 완벽히 해야 한다. 전면적으로 부패처벌과 예

방체계의 건설을 강화하고, 반부패 교육과 청렴문화건설을 강화해야
한다. 법집행은 반드시 엄해야 하고, 위법을 하면 반드시 추궁하며,
특권현상·특권사상을 반대하고, 법률 앞에서 모두 평등토록 해야 한
다.

85

"4가지 형태"를 감독하고
기율을 집행하자

2016년 1월 18기 중앙기율위원회 제6차 전회 업무보고에서 "전면적으로 엄격하게 당을 관리하려면, 귀를 물고 소매를 낭기며 얼굴을 붉히고 땀을 흘리는 것이 정상상태가 되게 해야 하고, 당 기율에 의한 가벼운 처분과 직무를 조정하는 것이 대다수가 되게 하며, 무거운 처분이나 중대한 직무를 조정하는 것은 소수가 되게 하고, 엄중하게 기율을 위반하고 위법혐의를 받으면 입건조사를 하는 것이 극소수가 되게 하는 '4가지 형태'에 대한 감독 집행을 운용해야 한다."라고 하였다. 이것은 당의 18차 대회 이래 당을 관리하고 다스린 실천경험에 대한 심도 있는 총화이며, 과학적으로 "무엇으로 기율을 집행하고, 왜 감독해야 하는지" 등의 중대한 이론과 현실 문제를 대답한 것이었고, 현재의 기율검사기관이 감독·집행·문책을 전개하는 기본준칙일 뿐 아니라, 또한 각 급 당 조직이 전면적으로 엄격하게 당을 관리하는 필연적인 요구이다. 기율검사기관은 반드시 "4가지 형태"를 감독·집행·문책의 기본 준칙으로 해야 하고, 기율건설을 더욱 두드러진 위치에 놓으며, 기율이 법보다 엄격하고, 기율이 법 앞에 있도록 지속하며, 끊임없이 기율집행감독의 규범화와 과학적인 수준을 향상시켜야 한다. "4가지 형태"는 기율의 잣대에 근거하여 엄격하게 평가하고 구분하며, 모든 기율위반문제를 포함케 하였다. 그 중에서 무거운 처분·중대한 직무 조정·입건 심사 등의 수단으로 존재하는 부패를 말끔히 정리하고 추가되는 부패의 양을 억제시키며, "감히 부패하지 못하도록 함"을 강화하고, 귀를 물고 소매를 당기며 얼굴을 붉히고 땀을 흘리는 가벼운 처분과 업무 조정 등의 부드러운 조치로 당기율의 존재감을 강화하고, 제도의 집행력을 향상시킨다. "4가지 형태"는 기율과 규칙을 법률 앞에 놓고, 기율을 위반하면 반드시 추궁하고, 규칙을 파괴하면 반드시 처분하며, 감독 집행하는 일을 앞으로 옮기고, 처리 및 조치는 급에 따라 점진적으로 진행하며, 싹 수가 보이면 제때에 알려주고, 기율을 위반하면 바로 처리한다. 일찍이 잡고, 작은 것을 잡으며, 생기지 않은 병은 예방하고, 작은 병은 치료하여 "귀를 물고 소매를 당기며 얼굴을 붉히고 땀을 흘리는" 것이 정상상태가 되게 하고, 당원간부들이 작은 착오를 쉽게 범하지 않게 하며, 비록 작은 착오를 범했다 하더라도 큰 착오로 발전하지 않게 하고, 정도가 경미 이상인 기율위반행위에 대해서는 그 정도와 결과에 근거하여 각각 기율과 규칙에 근거하여 제때에 당의 기율에 의한 가벼이 처분하거나, 업무를 조정 또는 중대하게 처분하며, 중대하게 직무를 조정하고, 그 잘못을 제때에 깨닫고 부끄러움을 알게 하여 멈출 줄 알게 하며, 극소수의 엄중하게 법률을 위반한 위법자들만 기율에 의한 심사를 하고, 당의 기율에 의해 추궁한 후 사법기관에 이송하여 처리하고, "이전의 과오를 뒷날의 경계로 삼고, 병을 치료하여 사람을 구하는 목적"을 달성하게 하여 진정으로 당원에 대한 엄격한 요구와 관심을 갖고 있다는 점을 나타냈다.

"4가지 형태"는 엄격하게 당을 관리해야 한다는 점에서 착안하였다. 엄격한 당 관리는 반드시 전체 당원을 대상으로 기율과 규칙에 의거해 대다수의 사람을 관리해야 하는데, 이는 즉 각급의 고위간부를 향해야 할 뿐 아니라, 보통 당원에게도 향하도록 해야 하며, 부패행위를 눈여겨보아야 할뿐만 아니라, 일상행위도 관리해야 한다. "4가지 형태"는 당의 기율을 잣대로 하여 양적인 변화에서 질적인 변화로 이끌어야 한다는 것을 묘사한 것이고, 가벼운 것에서 무거운 것으로 이어지는 원인이 무엇인지에 따라 처벌해야 한다는 정책을 나타난 것이며, 부분과 전체를 결합시켜 모든 당 조직과 모든 당원이 기율의 구속을 받게 하는 것이며, 당의 관리와 다스림이 소수를 주목하는데서 대다수를 관리하는 것으로 전환하게 하였다. "4가지 형태"는 법률의 기율과 규칙을 엄격히 하는 것으로 당원의 일상행위를 평가하는 것이며, 당원의 사상과 언행에 기율위반의 싹이 보이면 바로 일깨워주고, 기율을 위반했지만 아직 법률을 위반하지 않았으면 제때에 처리하도록 한 것으로 당원·간부에 대한 요구가 더욱 엄격해졌음을 나타낸 것이었다. "4가지 형태"는 감독·교육·관리에 대한 평소의 노력을 강조한 것이며, 한 구역을 도모하느라 전 국면을 잊지 않고, 한때를 생각하느라 앞날을 잊지 않으며, 진정으로 심혈을 기울이고 심사숙고토록 한 것이며, 반드시 오랫동안 공을 세우고 꾸준하게 추구토록 하도록 한 것이다.

"4가지 형태"는 표면을 엄격하게 다스려야 할뿐 아니라 근본도 선하게 해결해야 한다. 표면과 근본 해결은 방법은 달라도 결과는 같은 것이며, 표면에 대한 해결이 효과적이어야 비로소 근본적인 해결도 길이 있게 되는 것이다. 기율이 엄격해지면서 일찍 잡고 작은 것부터 잡는 것은 처벌을 하겠다는 의지를 나타낸 것일 뿐만 아니라 다스린다는 의미도 나타낸 것이다. 즉 표면적인 점을 해결하는 행위일 뿐만 아니라 근본을 다스린다는 계책이기도 한 것이다. "4가지 형태"는 기율의 잣대에 "4도 눈금(四道刻度)"을 새긴 것과 같으며, 기율을 집행하는 점에서 더욱 세분화하고, 더욱 엄격하며, 표면에서 평가하는 것은 기율위반 행위지만 가리키는 것은 심층적인 당성에 관심을 가져야 한다는 것과 당의 기율의식을 강화하자는데 있는 것이다. 권면(勸勉)[42] 대화, 편지로 일깨움, 업무부서의 조정, 기율에 의한 처분, 입건에 따른 심사 등 다양한 방식을 통하여 기율위반 행위의 겉모양과 사상근원을 "일망타진"하며, 융단조사를 실시하여 각종 기율위반 행위가 발생하는 기회와 조건을 말끔히 정리하고, 겉과 근본을 함께 해결하는 목적을 달성토록 해야 하는 것이다.

---

42) 권면대화 : 알아듣도록 권하고 격려하여 일깨우기 위한 대화.

86

청렴한 당풍을 위해서는
"두 가지 책임제"를 건립해야 한다

2013년 11월 당의 18기 3중 전회에 심의 통과한 「중국공산당 중앙의 일부 중대한 문제를 전면적으로 심화개혁 하는데 관한 결정」에서, "당풍청렴건설 책임제를 실시하며, 당위원회에서 주체적 책임을 지고, 기율위원회에서 감독책임을 지며, 확실하고 실행가능성이 있는 책임추궁제도를 제정하고 실시해야 한다. 각급 기율위원회는 당위원회에 협조하여 당풍건설 강화와 반부패 업무에 조직적으로 협조하는 직책을 이행해야 하며, 동급 당위원회 특별히 상무위원회 위원에 대한 감독을 강화하고, 당내 감독 전문기관의 작용을 더욱 잘 발휘토록 해야 한다."고 하였다. 2014년 1월 시진핑 총서기는 18기 중앙기율위원회 제3차 전회에서, "당위원회의 주체 책임과 기율위원회의 감독책임을 실시하고, 책임 추궁을 강화하며, 제도가 종이 '호랑이' 허수아비가 되게 해서는 안 된다." "당위원회, 기율위원회 또는 기타 관련된 직책부문에서는 모두 감당하는 당풍 청렴건설 책임에 대하여 자신이 담당한 업무는 확실히 책임져야 한다."고 강조하였다. 부패를 단호하게 처벌하고, 부패가 만연하는 기세를 억제하려면, 반드시 형세와 임무의 발전변화에 적응하고, 실제상황에 맞게 반부패체제 개혁과 제도혁신을 강화해야 하며, 한 가지 중요한 방면은 바로 책임을 정리하고 책임을 실시하는 것이다.

당풍청렴건설의 주체적 책임과 감독책임은 당의 헌장이 각급 당위원회와 기율위원회에 부여한 중요한 직책이며, 당풍청렴건설과 반부패 투쟁을 심도 깊게 추진하는 "관건"이다. 당의 18차 대회 이래 당 중앙의 강한 영도 하에 당풍청렴건설과 반부패의 각항 업무는 새로운 뚜렷한 성과를 거두었다. 하지만 현재 부패현상은 여전히 많이 발생하고, 부패가 자라나는 토양은 여전히 존재하며, 반부패 형세는 여전히 가혹하고 복잡하다. 반부패 성과에 영향을 끼치는 문제는 주로 반부패기관의 기능이 분산되어 감독의 협동력을 형성하지 못하기 때문이다. "두 가지 책임"의 제시는 당풍청렴건설과 반부패 투쟁의 관건적인 부분을 파악한 것이며, 각급 당위원회·기율위원회가 당풍청렴건설과 반부패 업무의 각항 임무를 실질적으로 실시하는데 유리하다. 만약 책임이 명확하지 않으면, 문제가 발생했을 때 책임을 추궁하지 않아 반부패라는 막중한 임무는 완성할 수 없게 되며, 당이 당을 관리하는 것과 전면적인 엄격한 당 관리는 빈말이 될 것이다.

당위원회가 주체적 책임을 잘 질 수 있는지는 당풍청렴건설의 성과에 직접적으로 관계된다. 당위원회는 부패처벌과 예방 방면에서 영도책임을 더욱 많이 감당해야 하고, 부패 예방의 요구를 현 지역·현 부서·현 기관의 각항 개혁과 제도건설안에서 나타내고 실시해야 하며, 집법을 하는 집행기관이 위법·위반문제를 조사하는 것을 이끌고 지원해야 한다. 주체적 책임을 실시할 때 당위원회(당 조직) 서기는 첫 번째 책임자이고, 기타 구성원은 분담하는 범위 내에서 주요책임자이다. 첫 번째 책임자는 당풍청렴건설을 중요한 위치에 놓고, 중요한 일정에 올려놓으며, 업무와 동일하게 고려하고, 동일하게 조치하며, 동일하게 실시해야 한다. 구성원들은 분담범위 내의 당풍청렴건설에 대하여 주요책임을 지고 고위간부들의 당풍청렴건설에 대한 조치와 요구를 단호하게 실시하며, 직책범위 내의 당풍청렴건설에 대하여 정기적으로 연구하고, 정기적으로 조치하며, 정기적으로 검사하고, 정기적으로 보고하며, 자신이 하는 일에 책임을 니하고, 당에 책임을 져야 한다. 구성원은 솔선수범하려 그 작용을 잘 발휘토록 해야 하며, 앞장서서 중앙의 당풍청렴건설에 대한 전체적인 조치를 실시하고, 앞장서서 자발적으로 청렴결백해야 한다.

　기율위원회는 당내 기율집행감독의 전문기관이며, 반드시 감독책임을 잘 이행해야 한다. 각 급 기율위원회는 반드시 당위원회를 협조하여 당풍청렴건설과 반부패조직 협조업무를 강화하고, 관련된 부서가 부패처벌과 예방업무의 임무를 실시하는 것을 독촉하고 검사하며, 부패가 만연하는 기세를 단호하게 억제토록 해야 한다. 기율검사 감찰기관의 기능전환·방식전환·풍조전환을 심화시키고, 더욱 많은 기관과 역량을 당풍청렴건설과 반부패 투쟁의 주요 업무에 참여하도록 조치하며, 참가하는 의사기관을 정리하고 압축하며, 관리하지 말아야 할 업무를 단호하게 주요 책임부서에 돌려주고, 기능을 당풍청렴건설과 반부패 투쟁에 응집시키며, 권력에 대한 제약과 감독효과를 강화하고, 각급 기율위원회의 감독권에 대한 상대적인 독립성과 권위성을 보장토록 해야 한다. 동시에 조직혁신과 제도건설에서 내부감독 체제를 강화하고 완벽히 하며, 자아 감독의 강도를 강화하고, "등잔 밑이 어두운" 문제를 확실하게 해결해야 한다. 당이 당을 관리하는 것과 전면적인 엄격한 당에 대한 관리는 각급 당 조직의 책임에 달려 있고, 청렴한 당풍 건설의 주체적 책임과 감독 책임을 실시하는 관건 은 행동하는데 달려 있다. 당위원회의 주체적 책임과 기율위원회의 감독 책임은 책임 범주의 두 가지 방면인데, 이는 서로 대체할 수 없 고, 또 서로 약화시켜서는 더욱 안 되며, 반드시 상호협조하고 함께 촉진토록 해야 한다.

87

친밀하고 깨끗한 새로운
형태의 정경(政經)관계

2016년 3월 시진핑 총서기는 전국 정치협상회의 12기 제4차 회의의 민건(民建)·공상연계위원 연합회의에서의 언설에서, "신형 정경관계"라는 표현을 제시하였다. 당의 19차 대회 보고에서는 "친밀하고 깨끗한 신형 정경관계를 구축하고, 비공유제경제의 건강한 발전과 비공유제 경제인사의 건강한 성장을 촉진토록 해야 한다."고 하였다. 친밀하고 깨끗한 정경관계는 정경 쌍방이 의지할 규칙이 있고, 평가할 잣대가 있게 했을 뿐만 아니라, 더 나아가 당원·간부와 기업가 간에 어떻게 교제를 해야 하는지에 대한 방향을 가리키고, 마지노선을 제시하였으며, 녹색의 정치생태를 만들고, 공정한 시장 환경을 구축하며, 양호한 사회분위기를 만드는데 중대한 의미가 있다.

사회주의시장경제를 발전시키는데 정경관계는 항상 피해갈 수 없는 중요한 화제이다. 건강하고 청렴하며, 공개적이고 투명한 신형 정경관계를 구축하는 것은, 경제의 새로운 상태에 순응하는 대세의 흐름이다. 시진핑 총서기는 '친밀함' '깨끗함' 두 단어로 신형 정경관계를 확정했으며, 그 형태와 내포하고 있는 의미에 대한 정확하고 생동적인 해석이다. 정부와 기업가의 관계는 마치 '심판'과 '선수'의 관계이다. 즉 상호 의존하고 또 직책이 다르므로 응당 마지노선이 있고 거리가 있어야 한다. 친밀하고 깨끗한 정경관계를 구축하려면, 쌍방이 경계를 명확히 밝히고, 각자 맡은 바 소임을 다하고, 서로 마주 대하는 큰 협조가 필요하다. '친밀함' '깨끗함' 이 두 단어는 양자가 친밀하게 교제는 하지만 분수를 잃지 않는 정상적인 상태를 형상적으로 표현한 것이다. 고위간부에게 있어서 '친밀함'은 바로 정정당당하게 진실하게 민영기업과 접촉하고 교제하는 것이며, 각급 정부는 인민을 위하여·기업을 위하여 일을 하고, 실질적인 어려움을 도와주고 해결하며, 진심으로 민영경제의 발전을 지원해야 한다는 것이다. 비공유제경제는 사회주의시장경제의 중요한 구성부분이고, 중국 경제사회발전의 중요한 기초임을 깊게 인식해야 한다. '깨끗함'은 바로 민영기업가와의 관계가 맑고 순수해야 하며, 마지노선을 지키고 분수를 지켜야 하는 것이며, 당의 기율과 국법을 명심하고 탐하는 마음과 사심이 있으면 안 되며, 권력으로 개인의 이익을 도모하면 안 되고, 권력과 금전거래를 해서는 안 된다는 것이다. 민영기업가에게 있어서 '친밀함'은 바로 적극적·자발적으로 각급 당위원회·정부부문과 많이 소통하고 교류하며 진실을 말하고 실정을 말하며, 직언을 하고 열정적으로 지방의 발전을 지원해야 하는 것을 말한다. 민영기업가는 일선에서의 생산에 대한 지도와 조직업무를 책임지고, 기업발전과 경제상황에 대하여 가장 직접적으로 파악을 하며, 그들이 피드백 하는 것은 정부의 관리능력을 향상시키는 소중한 자료인 것이다. '깨끗함'은 바로 자신의 결백을 지키고, 바른 길을 가며, 법을 준수하면서 기업을 운영하고, 광명

정대하게 경영을 하며, 자신의 사회형상을 아끼고 수호하며, 나라와 일을 사랑하고, 법을 지키면서 경영하며, 창업혁신하고, 사회에 보답하는 모범이 되어야 함을 말하는 것이다. 정경교류는 규칙을 지켜야하며, 모임은 기능하지만 교환은 안 되며, 교류는 가능하지만 거래는 안 된다는 것이다. 절대로 봉건관료와 "공무원 상인"간의 의탁관계처럼 되어서는 안 되고, 또 서방국가의 대 재단과 정계 간의 매판관계를 해서도 안 되며, 접대와 결탁하는 술친구의 관계는 더욱 안 된다. 당의 18차 대회 이래 시진핑 동지를 핵심으로 하는 당 중앙은 무거운 펀치를 날리고 강경책으로 부패를 반대하였고, 정경유착이나 권력과 금전거래의 이익동맹은 여지없이 폭로되었다.

강도 높은 반부패 하에서 정경관계는 또 다른 극단으로 가고 있으며, 기업가는 어려움이 있어도 정부를 감히 찾아가지 못하고, 정부관원은 기업가에 대하여 두려워 피하고 무관심하며 일부러 멀리하게 되었다. 백성은 장사를 하지 않으면 살 수 없고, 나라는 상업이 없으면 흥할 수가 없다. 관리와 상인 간에 적당한 거리를 유지할 것을 요구하는 것은 관리와 상인이 등을 돌리라는 것이 아니다. 정경관계문제에 대한 처리는 전면적인 심화개혁 중 정부기능의 전환에 관계되는 것이며, 사회주의시장경제의 발전에 더욱 관계된다. 오직 정경의 경계가 뚜렷하고, 서로 결백하며, 각자의 자리에서 서로 결탁하지 않아야만 비로소 선순환하고 함께 모든 사회의 건강한 발전을 밀고 나아갈 수 있는 것이다.

88

당이 직면한 "4가지 큰 시련"

당의 18차 대회보고에서 "새로운 형세 하에서 당이 직면한 집정의 시련·개혁개방의 시련·시장경제의 시련·외부환경의 시련은 장기적이고 복잡하고 가혹한 것이다."라고 하였다. 당의 19차 대회보고에서는 "중국공산당이 직면한 집정환경은 복잡한 것이며 당의 선진성에 영향을 끼치고 당의 순결성을 약화시키는 요소 또한 복잡한 것이며, 당내에 존재하는 사상불순·조직불순·풍조불순 등의 두드러진 문제는 아직 근본적인 해결을 얻지 못하였다. 당이 직면한 집정의 시련·개혁개방의 시련·시장경제의 시련·외부환경의 시련 등이 장기성과 복잡성이 있다는 점을 심도 깊게 인식해야 한다."라고 강조하였다.

집정의 시련은 중국공산당이 장기적인 집정·집정환경이 갈수록 복잡하며, 집정기초가 변화하는 배경에서 어떻게 자체건설을 강화하고 개선하여 당의 집정지위를 공고히 할 것인가를 가리킨다. 오늘 우리가 장기적으로 직면한 각종 시련은 더욱 복잡하고 가혹하며, 당의 집정능력에 대하여 더욱 높은 요구를 제시하였고, 어떻게 진일보적으로 공산당의 집정규율에 대한 인식을 심화하여 당의 집정능력을 강화하고 개선하며, 과학적인 집정·민주적인 집정·의법적인집정을 실현하고, 인민을 위한 집정을 하는 것은 우리의 집정이념과 당의 자체개혁 혁신에 있어서는 새로운 중대한 시련이다.

개혁개방의 시련은 어떻게 전면적으로 개혁개방을 심화하는 동시에 「중국특색의 사회주의」를 지속하고 발전시킬 것인가를 가리킨다. 개혁개방은 당의 새로운 역사적인 조건하에서 인민을 이끌고 진행하는 새로운 위대한 혁명이고, 당대 중국의 운명을 결정하는 관건적인 선택이며, 「중국특색의 사회주의」를 지속 발전시키며, 중화민족의 위대한 부흥을 실현하기 위해 반드시 거쳐야 하는 길이다. 개혁개방 이래 중국의 경제는 고속으로 발전하였고, 세계가 주목하는 성과를 거두었으며, 인민들의 생활수준은 눈에 띄게 향상되었고, 종합국력은 현저하게 증강하였다. 개혁개방은 당의 건설에 또 거대한 도전을 가져다주었으며, 사회경제적 요소·조직형식·취업방식·이익관계·배분방식은 갈수록 다양화 되었고, 각종 사상문화는 서로 흔들리며, 경제와 사회생활에 겪어본 적 없는 새로운 상황들이 나타나고 있으며, 당원 대오에도 매우 많은 변화가 발생하였다.

시장경제의 시련은 중국공산당이 시장경제가 당풍건설에 대한 부정영향의 시련을 견뎌야 할뿐만 아니라, 또한 시장경제가 불러일으킨 의식형태 안정의 시련을 견뎌야 하는 것을 가리킨다. 사회주의제도 하에서 시장경제를 발전시키는 것은 중국공산당의 인류역사에서 첫 번째 위대한 시도이고, 중국사회가 천지개벽의 변화가 발생하게 하였으며, 사회주의가 전례 없는 활력을 발산하게 하였다. 사회주의시장경제 체제의 구축은 중국의 사회경제발전에 대하여 매우 큰 촉진작용을 일으켰지만, 불가피하게 어느 정도의 자발성·맹목적성·부정적인 것을 가져왔다. 예를 들면 과하게 물질향락을 추구하고, 부패현상의 온상을 제공하였으며, 서방자산계급의 가치관이 스며든 것 등은 모두 당의 풍조건설에 부정적인 영향을 가져다주었으며, 또한 더 나아가 당의 이론과 노선방침정책이 군중에게 받아드려지는 수준에까지 영향을 끼쳤다.

외부환경의 시련은 중국공산당이 직면한 국제환경과 주변 환경이 갈수록 복잡하고 험준하며, 중국의 행위에 대한 포위·억제·억압·분화·비방은 갈수록 격렬해지고 있음을 가리킨다. 현재 중국의 개혁개방은 이미 중요한 전략기회기·관건기·공격기에 들어섰으며, 얻기 어려운 역사적인 기회에 직면했을 뿐만 아니라, 또한 수많은 예견 가능한 것과 예견 불가능한 위험과 도전에 직면하고 있다. 평화와 발전은 현 시대의 주제이지만 패권주의와 강권정치는 여전히 존재하고, 서방자본주의 국가의 중국에 대한 "서구화" 및 분화시키려는 계략은 변하지 않았으며, 서방자본주의 정치제도의 중국공산당에 대한 전복 및 침투 압력은 여전히 매우 크다.

"4가지 큰 시련" 앞에서 전 당은 반드시 편안한 처지에 있을 때에도 위험할 때의 일을 미리 생각하고 계획해야 하고, 긴박감과 책임감을 강화하며, 당 건설의 총 요구를 확고하게 장악하고, 끊임없이 당의 집정능력과 지도수준을 향상시키고, 썩고 변질된 것을 막고 위험방어능력을 향상시켜 중국공산당이 세계형세가 심각하게 변화하는 역사적인 노정에서 항상 시대 앞에서 걸어가고, 국내외의 각종 위험과 시련을 대응하는 역사적인 노정에서 항상 전국인민의 기둥이 되며, 「중국 특색의 사회주의」를 지속 발전시키는 역사적인 노정에서 항상 견고한 지도핵심이 되게 해야 할 것이다.

89

당이 직면한 "4가지 위험"

당의 18차 대회보고에서는 새로운 형세 하에 "정신태만 위험·능력부족 위험·군중이탈 위험·소극부패 위험이 더욱 날카롭게 전당 앞에 놓여있다."고 하였다. 이들 "4가지 위험"은 새로운 형세 하에 중국공산당의 집정이 직면한 위험한 부분을 정확하게 개괄한 것이며, 전면적으로 당 건설의 과학수준을 향상시키고, 당의 집정능력건설·선진성과 순결성의 건설을 강화하며, 당이 항상 시대의 선두에서 걸어가도록 보장하는데 대하여 더욱 높은 요구를 제시하였고, 이를 위하여 당의 19차 대회보고에서는 "당이 직면한 정신태만 위험·능력부족 위험·군중이탈 위험·소극부패 위험의 예민성과 심각성을 심각하게 인식하여 문제의 중심을 중심으로 전략적 정력을 유지하며 전면적으로 엄격하게 당을 관리해야 한다는 발전관을 추진해나가야 한다."고 재차 강조하였다. 정신태만 위험은 일부 당원간부들의 이상과 신념이 부족하고, 자신감이 부족하며, 투지가 부족한 것으로 나타나고 있다. 개혁개방 이래 중국 경제사회의 발전은 천지개벽의 변화를 거두었고, 이들 성적 앞에서 일부 당원·간부는 교만과 향락정서가 쉽게 생겨 업무에서 느슨해졌고, 학습하는데 무지몽매하며, 업무적으로 책임감이 없고 진취성이 없음을 초래하였다. 정신태만이 발전하면 당의 형상을 파괴시키고, 당의 전투력을 약화시키며, 심각한 결과를 불러일으킨다. 정신태만의 위험을 극복하려면 각고분투하고, 근검절약을 지속하며, 나태와 사치 등 불량한 풍조를 힘써 다스리며, 형식주의와 관료주의를 단호하게 극복하고, 우수한 당의 기풍으로 당 심과 민심을 응집시키고, 정부풍조와 민풍을 이끌어 한 치의 착오도 없이 당의 노선방침정책을 구체적인 업무에 관철시키며, 드높은 정신 상태로 발전시켜 전면적으로 샤오캉사회를 건설하는 과정에 참여해야 한다.

능력부족 위험은 일부 당원·간부들이 어깨에 짊어진 역사적인 중임을 감당하지 못하는 것으로 나타나고 있다. 현재 세계의 실정, 국내의 실정, 당의 실정은 심각하게 변화하고 있으며, 새로운 상황과 새로운 문제는 천차만별이다. 우리다 걷는 것은 누구도 해보지 않은 새로운 길이며, 따라서 직면하고 있는 많은 문제들은 주어진 답이 없고, 주어진 방법이 없으며, 사회이익의 조화 및 사회모순의 해결이든, 아니면 사회 관리이든 당원·간부는 모두 실제능력과 문제해결이 서로 부합되지 않는 상황에 직면해 있다. 당원·간부는 자신이 서책을 향하여, 군중을 향하여, 실천을 향하여 학습하는 능력을 향상시켜야 하며, 끊임없이 자신의 지도능력과 지도수준을 향상시키고, 이론사고능력·전략계획 능력·직책업무 능력·팀 협조 능력 등 다방면적인 소질의 양성과 향상을 중시하며, 사상 면·능력 면·풍조 면에서 시대와 더불어 가야 한다. 당원 고위간부는 오직 개혁의 선두에 서서 최신 이론 성과와 실천경험을 학습해야만 비로소 끊임없이 새로운 형세를 파악하고, 새로운 문제를 해결하는 능력을 향상할 수 있다.

군중이탈 위험은 일부 당원·간부들이 현실을 이해하지 못하고, 군중들과 동떨어져 군중 속으로 들어가기를 원하지 않으며, 당의 인민 군중과 밀접하게 연결하는 우수한 전통을 위배하는 것으로 나타나고 있다. 중국공산당은 마르크스주의의 집정당으로 제일 큰 정치적 장점은 바로 군중과 밀접하게 연결하는 것이고, 제일 큰 위험은 바로 군중을 벗어나는 것이다. 당은 오직 항상 인민과 마음을 연결하고, 함께 호흡하며, 운명을 같이 하고, 항상 인민을 의지하여 역사의 전진을 밀고 나아가야만 비로소 반석처럼 견고할 수가 있다. 반드시 당내에 군중을 벗어나는 현상이 많이 존재하고, 집중적으로 형식주의·관료주의·향락주의·사치풍조 등 이 "4가지"에서 집중적으로 나타남을 명확히 보아야 한다. "4가지 풍조"는 군중이 극도로 미워하고 반응이 제일 강렬한 문제이며, 또한 당과 군중관계, 간부와 군중관계를 해치는 중요한 근원이기에 반드시 강력한 힘으로 처벌해야 한다. 오직 시시각각 전심을 다하여, 인민을 위하여 복무하는 근본적인 취지를 명심하고, 군중노선을 지속하며, 인민군중과 혈육관계를 유지해야만 비로소 군중이탈의 위험을 효과적으로 해결할 수 있다.

소극부패 위험은 일부 영역의 부패현상이 쉽게 많이 발생하여 중국공산당의 지체(肢體, 사지와 몸—역자 주)를 심각하게 손상시키는 것으로 나타난다. 당의 18차 대회 이래 중국공산당은 무관용의 태도로 강력하게 부패를 반대하고 '호랑이"와 '파리를 함께 때리는 것을 지속하여 감히 부패하지 못하는 공포작용이 충분히 발휘하게 하고, 부패할 수 없고, 부패하고 싶지 않은 효과가 초보적으로 나타났다. 점차적으로 정치체제 개혁을 추진하고, 결정권·집행권·감독권이 상호 제약뿐 아니라 또 상호 협조하도록 보장하며, 간부의 청정(清正, 맑고 올바름-역자 주) 정부의 청렴·정치의 청렴을 열심히 실현해야 한다. 많은 당원과 간부는 항상 당의 우수한 전통을 널리 알리고, 항상 겸손·조심·교만하지 않고 조급해하지 않는 기풍을 유지하며, 항상 각고분투의 기풍을 유지해야 한다. 동시에 권력의 제약과 감독에 대하여 강화하고, 감히 부패하지 못하게 하는 징계체제, 부패할 수 없는 예방체제, 쉽게 부패하지 못하는 보장체제를 형성시키며, 당의 집정 기초를 다지고, 당의 집정지위를 공고히 하며, 당의 창조력·응집력· 전투력을 강화해야 한다.

90
신시대에 당의 건설을 위한
총체적 요구

　당의 19차 대회 보고에서는 신시대에 당 건설을 위한 총 요구를 제시하였는데, 즉 "당의 전면적인 지도를 지속하고 강화하며, 당이 당을 관리하고, 전면적으로 당을 엄격하게 관리하는 것을 지속하며, 당의 장기적인 집정능력건설·선진성과 순결성건설을 강화하는 것을 주라인으로 하고, 당의 정치건설을 통솔자로 하며, 이상과 신념취지를 견고히 하는 것을 기초로 하고, 전 당의 적극성·자발성·창조성을 동원하는 것을 착력점(着力点)[43]으로 하여 전면적으로 당의 정치건설·사상건설·조직건설·기풍건설·기율건설을 추진하며, 제도건설을 그 안에 관통시켜 반부패 투쟁을 심도 깊게 추진하고, 끊임없이 당의 건설 품질을 향상시키며, 당의 건설이 항상 시대의 선두에서 걸어가고, 인민이 진심으로 옹호하며, 용감하게 자아혁명하고, 각종 풍랑과 시련을 견딜 수 있고, 활기찬 마르크스주의 집정당이 되게 해야 한다."고 강조하였다. 「중국특색의 사회주의」는 신시대에 들어섰다. 신시대에 새 기상이 있어야 하고, 더 나아가 새로운 성과가 있어야 하며, 관건은 중국공산당이 전면적으로 정치지도력·사상인도력·군중조직력·사

---

43) 착력점(着力點) : 어떤 물체에 대하여 힘이 작용하는 한 점.

회호소력을 강화하고, 왕성한 생명력과 강한 전투력을 영원히 간직해야 하는 것이다. 당의 19차 대회는 중국인민을 위하여 행복을 도모하고, 중화민족을 위하여 부흥을 도모하는 초심과 사명을 갖고, "항상 시대의 선두에서 걸어가고, 인민이 진심으로 옹호하며, 용감하게 자아혁명하고, 각종 풍랑시련을 견디며, 활기찬 마르크스주의 집정당"을 건설한다는 목표에 착안하여 신시대에 당 건설을 위한 총 요구를 제시하였고, 당 건설의 새로운 위대한 공정을 추진하는 전략적 조치를 취하였으며, 이것은 당의 집정능력과 지도수준을 향상시키는 고층 설계이고, 전면적인 엄격한 당 관리의 심층적 발전을 추진하는 기본 준칙이다. 당의 18차 대회 이래 시진핑 동지를 핵심으로 하는 당 중앙은 당의 지도와 건설을 전면적으로 강화하였고, 인민군중의 반응이 제일 강렬한 두드러진 문제를 힘써 해결하였으며, 중앙의 8항 규정을 출범시켰고, 형식주의·관료주의·향락주의·사치풍조를 엄격하게 다스렸으며, 기풍을 바로 잡고, 기율을 엄격히 하며, 부패를 반대하고 악을 징벌하도록 하였으며, 당내 정치생활 기상을 더욱 새로이 했고, 당내의 정치생태는 눈에 띄게 호전되었다. 당의 19차 대회는 당 건설의 역사경험, 그 중에서도 과거 5년간 전면적인 엄격한 당 관리의 신선한 경험을 충분히 흡수하고, 또 신시대에 새로운 사명에 근거하여 새로운 요구를 제시하였으며, 중국공산당의 공산당 집정규율, 마르크스주의 정당건설규율에 대한 탐색이 끊임없이 심화되었음을 나타냈고, 당 중앙이 전면적인 엄격한 당 관리를 끝까지 진행하려는 분명한 태도와 굳은 결심을 나타냈다.

신시대에 당 건설에 대한 총적 요구는 유리한 위치에서 신시대에 당의 건설 방향을 밝게 가리켰다. 이 총적 요구는 글의 첫머리에서 "당의 전면적인 지도를 지속시키고 강화해야 한다."는 요지를 제시하였고, 신시대에 당의 건설 목적과 근본적인 원칙을 분명하게 가리켰으며, 당의 지도는 모든 어려움과 위험을 싸워 이기는 "정해신침(定海神針)"[44]이고, 당의 지도는 반드시 전면적이고 전체적이어야 하며, 어떤 영역·어떤 방면·어떤 부분이 부족하고 약화되더라도 모두 당의 힘을 약화시키고, 당과 인민의 사업을 해치며, 총적 요구는 "당이 당을 관리하고, 전면적이고 엄격하게 당을 관리해야 한다"라는 당의 건설지도방침을 명확히 하였고, "중국이 문제가 생기면 공산당 내부에서부터 생긴다."고 하여, 만약 당에 대한 관리가 약하고 당에 대한 관리가 엄격하지 않으면, 당은 불가피하게 역사에서 도태되어질 것이고, 당이 짊어진 역사적 사명은 이루어질 수 없으며, 이 총적 요구는 "당의 장기적인 집정능력건설·선진성과 순결성건설을 강화하는 것을 주라인으로 해야 한다."라고 제시하였으며, 장기적인 집정조건에서 당의 집정능력과 지도수준을 향상시키고, 당의 선진과 순결이 영원하며, 필연적으로 중국공산당 집정의 모든 과정과 함께 하고, 「중국특색의 사회주의」의 장엄한 과정과 함께 해야 한다고 심도 있게 밝혔으며, 이 총적 요구는 진일보적으로 당 건설의 총체적인 조치를 명확히 하였고, "전면적으로 당의 정치건설·사상건설·조직건설·풍조건설·기율

---

44) 정해신침(定海神針) :서유기에서 손오공이 훔친 용궁 기둥으로 나중에는 작아져서 여의봉으로 됨, 안정제 역할을 의미)

건설을 추진하고 제도건설을 그 안에다 관철시키며, 반부패 투쟁을 심도 있게 추진해야 한다."고 강조하였으며, 신시대에 당 건설의 관건을 파악하고, 정치건설의 통솔지위와 기율건설이라는 당 관리의 근본적인 정책을 돌출시켰으며, 이 총적 요구는 신시대에 당의 건설목표를 확립하였고, 바로 "당건설이 항상 시대의 선두에서 걸어가고, 인민이 진심으로 옹호하며, 용감하게 자아혁명하고, 각종 풍랑과 시련을 견딜 수 있으며, 활기찬 마르크스 집정당이 되게 하는 것이며," 집중적으로 당의 성격·취지·상령을 나타냈고, 신시대에 중국공산당원의 가치방향·정치정력·사명담당을 나타냈다.

91
당의 정치건설을
우선순위에 놓자

당의 19차 대회보고에서는 전면적으로 당의 정치건설·사상건설·조직건설·기풍건설·기율건설을 추진한다고 제시하였고, 이것은 처음으로 정치건설을 당의 건설조치 안에 나열시킨 것이며, 또한 당의 정치건설을 통솔하여 당의 정치건설을 우선순위에 놓고, 전면적으로 당의 각 방면의 건설을 강화한다고 중점적으로 강조하였다. 이것은 시진핑 신시대에 「중국특색의 사회주의」 사상이 마르크스주의 당건이론에 대한 중대한 혁신이며, 태도가 분명하게 당의 확고한 결심을 표명하였고, 흔들림 없이 전면적인 엄격한 당 관리를 추진하고, 당을 더욱 강하게 건설하는데 대하여 현실적이고 장원적(長遠的)인 의미가 있다. 태도가 분명하게 정치를 논하는 것은 중국공산당이 마르크스주의 정당으로서의 근본적인 요구이다. 당의 정치건설은 당의 근본적인 건설이며, 당 건설의 방향과 효과를 결정한다. 당 성립 90여 년 이래 항상 단결과 집중통일을 유지하고, 온갖 좌절과 실패를 겪었지만, 더욱 용감해질 수 있는 것은 중국공산당이 항상 정치를 논하는 것을 중시한 것과 갈라놓을 수 없다. 시진핑 총서기는 당의 18기 4중 전회 제2차 전체회의에서 당의 정치기율과 정치규칙을 무시하는 "7가지

(七個有之)[45]를 예리하게 지적하였고, "간부가 정치에서 문제가 생기면 당에 대한 위해는 부패문제보다 못하지 않고, 어떤 것은 심지어 부패문제보다 더 심각하다"라고 하였으며, 성·부급 주요 고위간부가 18기 6중 전회 정신을 학습하고 관철하는 전문포럼 개학식에서의 연설에서, "정치를 논하는 것은 중국공산당이 칼슘을 보충하여 뼈를 튼튼히 하며, 신체를 건강하게 하는 근본적인 보장이며, 중국공산당이 자아혁명 용기를 양성하고, 자아정화 능력을 강화하며, 독을 배출하고 살균하여 정치면역력을 향상시키는 근본직인 경로이다. 언제 전당이 정치를 논하고, 당내 정치생활이 정상적으로 건강하면 중국공산당은 말끔하고 공정하고, 단결 통일하고, 생기와 활력이 넘치고, 당의 사업은 활기차게 발전하며, 이와 반대면 병폐가 많이 발생하고, 인심이 흩어지고, 투지를 상실하며, 각종 잘못된 사상이 제때에 고쳐지지 못하고, 당의 사업에 심각한 손해를 끼치게 된다.

　전 당이 중앙에 복종하도록 보장하고, 당 중앙의 권위와 집중통일된 지도를 지속하는 것은 당의 정치건설의 첫 번째 임무이다. 전 당은 확고하게 당의 정치노선을 집행하고, 엄격하게 정치기율과 정치규칙을 준수하며, 정치입장·정치방향·정치원칙·정치여정에서 당 중앙과 고도로 일치하는 것을 유지해야 한다. 당 중앙의 권위를 단호하게 수호하고, 전 당이 법령을 잘 지키도록 보장하는 것은, 당과 국가의 미래와 운명이 연결된 것이며, 전국 인민의 근본적인 이익이 있는 곳이다. 당의 지도를 지속하는 것은 먼저 당 중앙의 집중통일지도를

---

45) 주20) 참조.

지속하는 것이며, 반드시 정치의식·대국의식·핵심의식·정렬의식(看齊 意識)[46]을 견고하게 수립하고, 자발적으로 사상·정치·행동 면에서 시진핑 동지를 핵심으로 하는 당 중앙과 고도의 일치를 유지해야 한다. 모든 당의 조직, 모든 당원·간부는 어떤 영역·어떤 계층·어떤 부문에 있을지라도 모두 당 중앙의 집중통일지도에 복종해야 하며, 당 중앙의 법령이 잘 지켜지도록 보장해야 한다. 당의 정치건설을 강화하려면 반드시 당내 정치생활을 엄숙히 하고, 당내 정치생태를 정화해야 한다. 당의 헌장을 존경하고, 「새로운 형세 하에 당내 정치생활의 일부 준칙」을 엄격하게 집행하며, 당내 정치생활의 정치성·시대성·원칙성·전투성을 강화하고, 자발적으로 상품교환원칙이 당내 생활에 대한 침식을 억제하며, 말끔하고 공정한 양호한 정치생태를 만들어야 한다. 민주집중제의 각항 제도를 완벽히 하고 실시하며, 민주기초 위에서의 집중과 집중지도하의 민주 상호결합을 지속하고, 즉 민주를 충분히 선양할 뿐만 아니라 또 집중통일을 잘해야 한다. 충성성실·공평정직·실사구시·청렴결백 등의 가치관을 널리 알리고, 개인주의·분산주의·자유주의·본위주의·호인주의를 단호하게 방지하고, 반대하며, 종파주의·패거리문화·부두(碼頭)문화[47]를 단호하게 방지하고 반대하며, 기회주의자가 되고, 이중인격자가 되는 것을 단호하게 반대해야 한다. 당의 정치건설을 강화하며, 모든 당원은 특별히 고급간부는 당성훈련을 강화하고, 끊임없이 정치적 각오와 정치능력을 향

---

46) 정렬의식(看齊意識) : 시진핑을 향해 정렬하는 의식.
47) 부두문화 : 「의(義)」「이(利)」를 주도로 하여 형성된 문화.

상시키며, 당에 충성하고 당을 위하여 걱정을 분담하며, 당을 위하여 책임을 다하고, 인민을 행복하게 하는 것을 근본적인 정치담당으로 하여 공산당원의 정치본색을 영원히 간직해야 한다. 정치능력을 중점적으로 향상시키고, 정치이상을 확고하게 수립하며, 정치방향을 정확하게 파악하고, 정치입장을 확고하게 하며, 정치기율을 엄격하게 준수하고, 정치적 단련을 강화하며, 정치경험을 쌓고, 자발적으로 정치를 논하는 것을 당성훈련의 전 과정에 관통시키며, 끊임없이 당을 위하여 걱정을 분담하고 인민을 행복하게 하는 자발적인 담당과 업무 능력을 향상시켜야 한다.

92
당내 정치생활의 기본규범

2016년 6월 시진핑 총서기는 중국공산당 중앙정치국 제33차 단체교육에서, "중국공산당은 수립일로부터 당내 정치생활을 고도로 중시하였고, 장기적인 실천 가운데서 점차적으로 실사구시이론과 현실을 결합시키고, 비평과 자아비평·민주집중제·당의 기율엄명 등을 주요 내용으로 하는 당내 정치생활의 기본규범을 형성하였다."고 하였다.

1980년 당의 11기 5중 전회는 심도 있게 역사경험을 특히 "문화대혁명"의 교훈을 총화 하였으며, 「당내 정치생활의 약간의 준칙」 12조 항을 제정하였다: (1) 당의 정치노선과 사상노선을 고수하고, (2) 단체지도를 고수하고 개인독단을 반대하며, (3) 당의 집중통일을 수호하고 엄격하게 당의 기율을 준수하며, (4) 당성을 고수하고 파벌을 근절하며, (5) 진실을 말하고 언행일치하며, (6) 당내민주를 선양하고 서로 다른 의견을 정확하게 대하며, (7) 당원의 권리가 침범을 당하지 않도록 보장하며, (8) 선거는 선거인의 의견을 충분하게 나타내며, (9) 잘못된 경향과 나쁜 사람과 나쁜 일과 투쟁을 하며, (10) 착오를 범한 동지들을 정확하게 대하며, (11) 당과 군중의 감독을 받고, 특권을 누리지 않으며, (12) 열심히 배워 사상도 건전하고, 전문적으로 되어야 한다. 이 12조항은 당시에 당내에 존재하는 두드러진 문제에 대하여 해결의 방법을 제시했을 뿐만 아니라, 또한 당의 장기적인 실천 중의 소중한 경험에 대하여 체계적인 총화를 하였고, 마르크스주의 건당 이론에 대한 풍부한 발전이며, 획기적인 의미가 있으며, 어지러운 것을 바로잡고, 당내의 정치생활을 회복하고 건전히 하며, 당의 건설을 추진하는데 중요한 작용을 발휘하고, 그 주요 원칙과 규정은 오늘에도 여전히 적용되며, 계속 지속해야 한다.

새로운 역사 조건하에서 당내 정치생활의 상황은 전체적으로는 좋다. 동시에 한 세기동안 당내 정치생활에서 일부 두드러진 문제가 나타나기도 하였다. 주로 일부 당원, 고급간부를 포함한 간부 중에 이상과 신념이 확고하지 않고, 당에 대하여 충성하지 않으며, 기율이 느슨하고, 군중에서 이탈하며, 독단적이고 속임수를 쓰며, 나태하고 성과가 없으며, 개인주의·분산주의·자유주의·호인주의·종파주의·파벌주의·금전주의가 어느 정도 존재하고, 형식주의·관료주의·향락주의와 사치풍조의 문제가 두드러지며, 코드인사, 관직을 위해 부탁하고, 관직을 팔고사고, 뇌물선거 현상이 아무리 금지해도 근절되지 않으며, 권력남용·탐오횡령·부패타락, 법을 어기고 기율을 어지럽히는 현상들이 번식하고 만연하였다. 특히 고급간부 중 극소수 사람들은 정치적 야심이 팽배하고, 권세욕에 빠졌으며, 겉으로는 복종하나 속으로는 따르지 않고 작당하여 사리사욕을 꾀하며, 파벌을 나누고 패거리를 조직하며, 권력도모 등 정치음모활동을 하였다. 이런 문제는 당의 사상도덕 기초를 심각하게 침식하였고, 당의 단결과 집중

통일을 심각하게 파괴하였으며, 당내정치 생태와 당의 형상을 심각하게 해치고, 당과 인민사업의 발전에 심각하게 영향을 끼쳤다. 그리하여 우리가 반드시 계속 개혁·혁신정신으로 당의 건설을 강화하며, 당내의 정치생활을 강화하고 규범화하며, 전면적으로 당 건설의 과학적인 수준을 향상하도록 요구하였다. 수많은 새로운 역사적 특징을 가진 위대한 투쟁을 진행하고, 당 건설의 새로운 위대한 공정을 추진하며, 「중국특색의 사회주의」 위대한 사업을 더욱 잘 추진하고, "4가지 시련"을 견디고, "4가지 위험"을 극복하기 위하여 새로운 형세 하에 당내 정치생활의 준칙을 제정할 필요가 있다. 2016년 10월 당의 18기 6중 전회는 「새로운 형세 하에 당내의 정치생활의 약간의 준칙」(이하 「준칙」으로 약칭)을 제정하고 통과시켰으며, 1980년 12조항 준칙의 기초 위에서 새로운 요약과 혁신을 하였고, 새로운 12조항의 준칙을 제정하였다. (1) 이상과 신념을 확고히 하며. (2) 당의 기본노선을 고수하며. (3) 당 중앙의 권위를 단호하게 수호하며. (4) 당의 정치기율을 엄명하며. (5) 당과 인민군중과의 혈육관계를 유지하며. (6) 민주집중제 원칙을 지속하며. (7) 당내민주를 선양하고 당원권리를 보장하며. (8) 정확한 인재선발채용의 방향을 지속하며. (9) 당의 조직생활제도를 엄격히 하며. (10) 비평과 자아비평을 전개하며. (11) 권력운행에 대한 제약과 감독을 강화하며. (12) 청렴결백한 정치본색을 유지한다.

새로운 「준칙」은 "새로운 형세 하에서 당내 정치생활을 강화하고 규범화하려면, 반드시 당의 헌장을 근본적인 준칙으로 하여 당의 정치노선·사상노선·조직노선·군중노선을 지속하고, 당내 정치생활의 정치성·시대성·원칙성·전투성을 힘써 강화하며, 당의 자아정화·자아완성·자아혁신·자아능력 향상을 힘써 강화하고 힘써, 당의 지도수준과 집정수준을 향상시키고, 부패변질 방지와 위험제어 능력을 강화하며, 힘써 당 중앙의 권위를 수호하고, 당의 단결통일을 보장하며, 당의 선진성과 순결성을 유지하며, 전당에서 집중도 있고, 민주도 있으며, 기율도 있고, 자유도 있으며, 통일의지도 있고, 개인의 정서가 편안하고 생동적이고 활발한 정치국면을 형성해야 한다."고 강조하였다. 새로운 「준칙」은 "새로운 형세 하에 당내 정치생활을 강화하고, 규범화하는 중점은 각급 지도기관과 고위간부이고, 관건은 고급간부 특히 중앙위원회·중앙정치국·중앙정치국 상무위원회의 구성원이다. 고급간부 특히 중앙지도층의 구성원은 반드시 몸소 모범을 보이고, 모범적으로 당의 헌장·당의 규칙을 준수하며, 엄격하게 당의 정치기율과 정치규칙을 지키고, 초심을 잃지 않고, 앞으로 계속 전진해야 하며, 솔선수범하고, 위에서 아래를 이끄는 것을 지속하여 전당·전 사회를 위하여 모범을 보여야 한다."고 규정하였다.

당내 정치생활을 강화하고 규범화하는 것은 전당의 공동 임무이며, 반드시 전당이 함께 움직여야 한다. 각급 당위원회(당 조직)는 전면적으로 당내 정치생활의 지도책임을 강화하고, 규범화하는 것을 이행해야 하며, 힘써 두드러진 문제를 해결하고, 당내 정치생활제도 체계를 구축하고 완벽히 하며, 당내 정치생활을 강화하고 규범화하는 각항 임무를 실제로 실행해야 한다. 새로운 「준칙」의 선전교육을 심도 깊게 전개하고, 「준칙」을 당원·간부의 교육훈련의 필수내용으로 해야 한다. 당위원회의 주체적 책임과 기율위원회의 감독책임을 실시하고, 책임추궁을 강화한다. 당위원회(당 조직)의 주요책임자는 책임감 있게 제일책임자러서의 책임을 이행해야 한다. 당의 각급 조직은 새로운 「준칙」의 실시상황에 대한 독촉검사를 강화하고, 문책체제를 구축하고, 완벽히 하며, 상급 당 조직은 하급 당 조직에 대한 지도감독 검사를 강화하고, 각급 조직부분과 기관의 당 조직은 일상 관리를 강화하며, 각급 기율검사기관은 새로운 「준칙」을 위반한 각종 행위를 엄격히 조사해야 한다. 전면적인 엄격한 당 관리는 영원히 지속된다. 전당은 끊임없는 노력을 지속하여 공정하고 깨끗한 정치생태를 함께 만들어 당이 항상 「중국특색의 사회주의」 사업의 견고한 지도핵심이 되도록 보장해야 한다.

93
중국공산당의 6항 규율

  2015년 10월 중국공산당 중앙에서는 새로운 「중국공산당 규율처분 조례」를 심의 통과시켰다. 이 조항은 당의 규율을 위반한 행위를 6가지로 나누었다. 정치규율·조직규율·청렴규율·군중규율·업무규율·생활규율을 "6항 규율"로 약칭한다. 당의 19차 대회보고는 전면적으로 당의 정치건설·사상건설·조직건설·풍조건설·규율건설을 추진할 것을 제시하였고, 처음으로 규율건설을 당의 건설조치 안에 기입했으며, 또한 "중점적으로 정치규율과 조직규율을 강화하여 청렴규율·군중규율·업무규율·생활규율이 엄격해지도록 이끌어야 한다."고 강조하였다.

  정치규율 : 정치규율은 제일 중요하고, 제일 근본적이고, 제일 관건적인 규율이며, 당의 정치규율을 준수하는 것은 당의 모든 규율을 준수하는 중요한 기초이다. 당의 정치규율을 위반하는 주요 행위는, 인터넷정보·방송·텔레비전·신문잡지·서적·강좌·포럼·보고회·좌담회 등의 방식을 통하여 공개적으로 자산계급의 자유화 시장을 지속하고, 4가지 기본원칙을 반대하며, 당의 개혁개방정책을 반대하는 문장·연설·선언·성명 등을 발표하고, 당의 기본이론·기본노선·기본강

령·기본경험·기본요구 또는 중대한 방침정책을 반대하는 집회·데모·시위 등 활동을 조직하고 참여하며, 당의 지도를 반대하고, 사회주의 제도 또는 정부를 적대시하는 것을 목적으로 하는 조직을 조직하고 참여하며, 당내에서 비밀집단을 조직하거나 또는 기타 당을 분열하는 활동을 조직하며, 당내에서 파벌을 짓고, 결탁하여 사욕을 채우며, 패거리를 짓고, 자기편을 키우거나 또는 이익교환이나 자기를 위하여 세력을 만드는 등의 활동을 통하여 정치자본을 건지며, 민족관계를 이간질시켜 사건을 만들거나 또는 민족분열 활동에 참가하며, 미신 활동을 조직하고, 당원 고위간부들이 정치규율과 정치규칙을 위반하는 등의 잘못된 사상과 행위에 대하여 방임하고 무원칙으로 화목한 분위기를 만드는 등의 행위이다.

조직규율 : 조직규율을 위반하는 주요행위는, 민주집중제 원칙을 위반하고, 당 조직이 내린 중대한 결정을 거부하고, 집행을 하지 않거나 또는 임의대로 변경하며, 또는 의사규칙을 위반하고, 개인 또는 소수 사람들이 중대한 문제를 결정하며, 하급 당 조직이 상급 당 조직의 결정을 거절하고, 집행하지 않거나 또는 임의대로 변경하며, 관련 규정 또는 업무요구에 따라 조직에 중대한 문제 및 중요사항을 요청하거나 보고하지 않고, 개인 파일자료를 사실대로 기재하지 않으며, 당원 고위간부들이 관련된 규정을 위반하고, 자발적으로 설립한 향우회·교우회·전우회를 조직하거나, 참가하며, 당원의 표결권·선거권·피선거권을 침범하고, 비평가·적발인·고소인 등 및 기타인원에 대하여 보복하며, 간부 선발·채용업무에서 간부 선발·채용규정을 위

반하는 등의 행위이다.

　청렴규율 : 청렴규율을 위반하는 주요행위는 직권 또는 직무상의 영향을 이용하여 타인을 위하여 이익을 도모하고, 본인의 배우자·자녀 및 배우자의 친척과 기타 특정관계인이 상대방의 재물을 받고, 공정하게 공무를 집행하는데 영향을 줄 수 있는 선물·사례금·선불카드 등을 받으며, 공정하게 공무를 집행하는데 영향을 줄 수 있는 연회·여행·헬스·오락 등의 활동에 참가하고, 당원 고위간부들이 이직 또는 퇴직 후 관련규정을 위반하고, 기존 직무관할지역과 업무범위 내의 기업과 중개기관의 초빙을 받거나 또는 개인이 기존 직무관할업무와 관련되는 영리활동에 종사하며, 업무용 주택관리규정을 위반하고, 권력과 성(性, 色) 거래 또는 재물을 주고 돈과 성 거래 등의 행위를 하는 것이다.

　군중규율 : 군중규율을 위반하는 주요행위는, 기준을 초과하고 범위를 초과하여 군중에게 자금과 노동력 조달 및 비용 할당을 하여 군중부담을 가중시키는 것이며, 관련규정을 위반하여 군중물자를 압류 및 징수하거나, 또는 군중을 처벌하며, 군중의 재물을 가로채거나 또는 관련 규정을 위반하여 군중자금을 연체하며, 관리·서비스 활동에서 관련규정을 위반하고 비용을 받으며, 군중과 관련되는 사무를 처리할 때, 군중을 괴롭히고 향응이나 뇌물을 요구하며, 군중의 생산경영 자주권을 간섭하여 군중재산이 비교적 큰 손실을 당하게 하고, 사회보장·정책지원·구제물자 분배 등 사항에서 친인척을 우대하고 눈에 띄게 공평하지 못한 행위이다.

업무규율 : 업무규율을 위반하는 주요 행위는, 당 조직의 책임자가 업무 중 무책임하거나 또는 관리에 소홀하며, 당 조직이 전면적인 엄격한 당 관리의 주체적 책임을 이행하지 않거나 또는 전면적인 엄격한 당 관리의 주체적 책임의 이행이 무력하여 심각한 손해나 또는 심각한 나쁜 영향을 초래하며, 업무의 무책임으로 인하여 관리하고 있는 직원이 도망하게 하고, 상급기관의 업무검사·시찰 또는 상급기관에 업무보고를 할 때, 응당 보고해야 할 사항에 대하여 보고하지 않거나 또는 사실대로 보고하지 않아 심각한 손해나 심각한 나쁜 영향을 초래하며, 당원 고위간부가 관련규정을 위반하고, 시장경제 활동에 간섭하고 개입하며, 당원 고위간부가 관련 규정을 위반하고 사법활동·규율집행·집법활동에 간섭하고 개입하며, 당 조직의 간부선발 채용·규율심사 등 아직 공개하지 않은 사항 또는 기타 비밀을 지켜야 하는 내용을 누설·확산 또는 훔치며, 임시 출국(경)단체 또는 인원 중의 당원이 임의대로 해외 및 경외(境外) 체류기한을 연장하거나 또는 임의대로 노선을 변경하는 등의 행위이다.

생활규율 : 생활규율을 위반하는 주요행위는 생활이 사치하고 향락을 탐내며, 저급한 취미를 추구하여 나쁜 영향을 초래하며, 타인과 부정당한 성관계를 일으켜 나쁜 영향을 초래하며, 사회의 공공질서와 양호한 풍습을 위배하고, 공공장소에서 부당한 행위를 하여 나쁜 영향을 초래하는 행위이다.

94

바른 풍조와 엄격한
규율을 항상 지켜야 한다

풍조건설과 규율건설은 한 정당건설에서 없어서는 안 되는 두 가지 중요한 방면이다. 당의 19차 대회 보고에서는 "바른 풍조와 엄격한 규율을 영원히 지속해야 한다."라고 강조하였으며, 시진핑 동지를 핵심으로 하는 당 중앙이 인민입장을 지속하고, 엄격하게 당을 관리하고, 다스리는 확고한 결심과 충분한 자신감을 충분히 드러냈고, 중국공산당의 전면적인 엄격한 당 관리의 새로운 길을 열었다.

바른 풍조와 엄격한 규율을 영원히 지속하는 것은 민심향배와 사업성쇠에 관련된다. 중국공산당은 인민에게서 오고, 인민에 뿌리를 내리며, 인민에게 봉사하고, 정권쟁취는 민심을 얻는 것에 의지한 것이며, 정권 공고도 반드시 민심을 응집해야 한다. 당의 18차 대회 이래 시진핑 동지를 핵심으로 하는 당 중앙은 8가지 규정을 실시하는 것으로 뜻을 밝히는 것부터 시작해서 엄격하고 신속하게 풍조를 바로잡고 규율을 엄격히 하였으며, 당의 풍조·정치 풍조·사회풍조는 완전히 새롭게 되었다. 하지만 당내에 존재하는 사상불순·조직불순·풍조불순 등의 두드러진 문제는 아직 근본적인 해결을 얻지 못했으며, 반드시 당과 인민군중의 혈육관계를 유지하는 것을 둘러싸고 바른 풍조와 엄격한 규율을 영원히 지속하며, 쇠를 잡으면 손자국이 찍히고, 밟으면 발자국이 찍히는 담당정신으로 용감하게 고질적인 병폐를 직면하고 정확하고 강력하게 지속적으로 힘을 내며, 조치가 강경하고 풍조건설의 지구전을 끝까지 싸워 이기며, 전면적인 엄격한 당 관리의 심도 있는 발전을 밀고 나아가고, 모든 사람이 한마음인 광대한 힘을 모아 당과 국가사업의 새로운 비약을 실현하도록 추진해 나가야 한다. 윗사람이 솔선수범하고 확실히 일을 해나가는 것을 지속해야 한다. 시진핑 동지를 핵심으로 하는 당 중앙은 전면적인 엄격한 당 관리의 과정에서 광범위한 당원에게 보편적인 요구를 제시했을 뿐만 아니라, 또 "관건적인 소수"에 대하여 더욱 높고, 더욱 엄격한 기준을 제시하였다. 시진핑 총서기가 솔선수범하고 몸소 모범을 보였으며, 각급 고위간부는 몸소 체험하고, 힘써 실천하며, 과감하게 관리하여 위에서 아래로, 안에서 밖으로의 풍조개혁을 밀고 나아가 실현하였다. 당의 18차 대회 이래 중국공산당은 풍조방면의 수많은 문제를 장기적으로 해결하고 싶지만 해결하지 못했던 고질적인 병폐를 해결하였으며, 한 가지 주요 경험은 바로 못을 박고 한 부분 한 부분씩 잡아 단호하게 "혀끝에서의 낭비", "바퀴에서의 부패", "회관에서의 나쁜 풍조"를 바로잡으며, 얕은데서 깊은 곳으로, 쉬운 데서 어려운 곳으로 점차적으로 진행하였고, 구체적인 문제를 하나하나 돌파해 나감으로서 풍조의 전체적인 전환을 이끌어 냈다.

일찍이 작은 것부터 움켜쥐고, 경미할 때 미리 방지하는 것을 중시해야 한다. 천리에 달하는 제방이 개미구멍 하나로 인해 무너진다. 과거의 부정풍조가 갈수록 심해지는 근본적인 원인은 바로 당의 관리가 강력하지 않고, 당의 관리가 엄격하지 않았기 때문이며, 결국 많은 사람이 위반하게 되어 처벌하기 어렵고 적폐를 고치기 어려워졌다. 풍조를 바로잡고 규율을 엄격히 하려면 반드시 주체적 책임과 감독책임을 다져야 하며, 규율과 규칙을 앞에 놓고 감독집행의 "4가지 형태"로 방어선을 층층이 설치하며, "4가지 풍조"를 포함한 나쁜 풍조를 일찌감치 발견하고, 일찍 보고하며, 일찍 처리하여 나쁜 풍조 및 부패가 자라나는 온상이 되는 것을 단호하게 방지해야 한다. 그중에서도 비평과 자아비평이라는 강력한 무기를 잘 사용하여 "얼굴을 붉히고" "진땀이 나는" 상태가 되게 하고, 간부가 최대한 착오를 범하지 않거나 적게 범하게 해야 한다. 정치규율·조직규율을 강화해야 한다. 당의 규율을 엄숙히 하려면 정치규율과 조직규율을 강화하고, 청렴규율·군중규율·업무규율·생활규율이 엄격해지도록 이끌어야 한다. 정치규율은 각급 당 조직과 당원의 정치활동과 정치행위가 반드시 준수해야 할 규범준칙이며, 조직규율은 바로 조직을 믿고 조직을 의지하며 조직에 복종하고 조직을 수호하며 자발적으로 조직의 조치를 받아드리고, 당의 단결통일을 수호하는 것이며, 청렴규율은 당 조직과 당원이 응당 준수해야 하는 청렴하게 권력을 사용하는 행위준칙이고, 간부청정·정부청렴·정치청명의 중요한 보장이며, 군중규율은 당 조직과 당원이 인민군중과의 관계를 처리하는 행위규범이며, 업무규율은 각급 당 조직과 전체 당원이 직책에 충실하고, 직무와 책임을 다하며, 규율과 규칙에 따라 일하는 것이며, 생활규율은 당원이 일상생활과 사회교류에서 응당 준수해야 하는 행위규범이며, 당원의 개인성품·가정미덕·사회공덕 등을 포함한다. 규율교육을 강화하고 규율집행을 강화하여 당원·간부들이 두려움을 알고 경각심을 지니며, 마지노선을 지키게 하고, 감독과 구속을 받는 환경에서 일하고 생활하는 것이 습관이 되도록 해야 한다.

95
반부패 투쟁의 압도적 승리를 쟁취하자

　당의 19차 대회보고에서는, "반부패 투쟁의 압도적인 승리를 쟁취하자. 인민군중은 부패현상을 제일 미워하며, 부패는 중국공산당이 직면한 제일 큰 위협이다. 오직 반부패를 영원히 진행하는 강인함과 집념으로 지엽적인 것과 근본적인 것을 함께 다스리고, 간부의 청정·정부의 청렴·정치의 청렴을 보장해야만 비로소 역사주기율을 뛰어넘어 당과 국가의 장기적인 평안을 확보할 수 있다."라고 뚜렷하게 제시하였다. "압도적인 자세를 공고히 하는 것"에서 "압도적인 승리를 쟁취하기까지" 당의 19차 대회 보고의 반부패 투쟁에 대한 서술은 과거와 미래를 연결하였고, 시진핑 동지를 핵심으로 하는 당 중앙이 반부패 투쟁을 끝까지 진행하려는 확고한 결심을 나타냈으며, 반부패 투쟁의 압도적인 승리를 쟁취하는 동원령을 발표하였다.

　"흥함도 망함도 모두 덧없다." 어떻게 이 역사주기율을 뛰어 넘을 건지는 언제나 집정자들이 생각하는 중요한 문제이다. "물건은 반드시 먼저 부패하고 나중에 벌레가 생긴다." 예로부터 대다수 정권의 와해는 외적에 의한 것이 아니고, 내부 부패에 인한 것이었다. 당내 부패현상은 한동안 비교적 심각했으며, 어떤 영역은 심지어 붕괴식 부패가 나타났고, 의심할 바 없이 당의 집정지위에 위험을 가져왔다. 당의 18차 대회 이래 시진핑 동지를 핵심으로 하는 당 중앙은 매우 큰 결심과 용기로 반부패 투쟁을 전개하였으며, 흔들림 없이 "'호랑이'를 때리고" "'파리'를 잡고" "'여우'를 사냥하였다." 440여 명의 성·군 급 이상 당원간부 및 기타 중급 간부 8,900여 명, 국장급 간부 63,000여 명, 현·처 급간부가 심각하게 법과 규율을 위반하여 처벌을 받았으며, 반부패 강도는 역사상 전례가 없고, 성과는 세계가 주목하였으며, 감히 부패하지 못하게 하는 목표는 초보적으로 실현되었고, 부패할 수 없는 울타리는 갈수록 견고해졌으며, 부패하고 싶지 않은 둑(堤)은 구축 중에 있고, 반부패 투쟁의 압도적인 태세는 이미 형성되었으며, 또한 공고히 발전하였다. 하지만 당내 청렴정치건설과 반부패 투쟁은 여전히 험준하고 복잡하며, 부패가 자라는 토양은 여전히 존재하고, 당원·간부의 규율위반문제는 여전히 빈번하며, 전면적인 엄격한 당 관리는 여전히 갈 길이 멀다. 반드시 무 금지구역, 포괄적인 적용·무관용을 지속하며, 억제를 중시하고, 높은 압력을 강화하고, 두려움에 떨게 하는 것을 지속하여 부패를 처벌하는 강도를 절대로 약화시키지 않고, 무관용의 태도를 절대 바꾸지 않으며, 극약으로 병을 고치는 결심이 절대 흔들리지 않고, 뼈를 깎아 독을 치료하는 용기가 절대 태만하지 않으며, 강하게 처벌하는 잣대를 절대 늦추지 않도록 보장해야 한다.

반부패 투쟁의 압도적인 승리를 쟁취하려면, 포괄적인 적용·무관용을 지속해야 한다. "거물급의 부패 관리"가 없어야 하며, 어떤 사람이나 그 직책이 얼마나 높은 가를 막론하고 당의 규율과 국법을 위반하면 모두 강한 처벌을 받아야 하며, 포괄적인 적용은 바로 누락이 없고, 사각지대를 남기지 않으며, 당정핵심부분에서 중점기업까지, 해외도주에서 고위간부의 개인 관련사항 보고제도까지 부패자의 '대피항(待避港)'을 단호하게 말끔히 정리하며, 무관용 하려면 바로 안건이 있으면 반드시 조사하고, 탐오가 있으면 반드시 숙청하며, 부패한 자에 대하여 한 건을 발견하면, 단호하게 한 건을 처리하고, 부패행위에 대하여 한 건을 발견하면, 한 건을 수정하이, 자라나고 만연하는 것을 방지해야 한다. 반부패 투쟁의 압도적인 승리를 쟁취하려면, 억제를 중시하고, 높은 압력을 강화하며, 두려움에 떨게 하는 것을 지속해야 한다. 억제를 중시하려면, 계속하여 '중점인(重點人)' 특히 당의 18차 대회 이래 조심하지 않고, 멈추지 않으며, 문제의 단서에 대한 반응이 집중적이고, 군중의 반응이 강한 고위간부를 드러나게 해서 부패가 자라고 만연하는 태세를 멈추게 해야 하며, 높은 압력을 강화하려면 큰 힘의 주먹을 날리고, 강한 수단을 써야 하며, 두려움에 떨게 하려면 "칼을 뽑았으면 그대로 칼집에 넣지 않고" 반부패의 예리한 칼을 높이 들고 반부패의 경종은 계속 울려야 한다. 반부패 투쟁의 압도적인 승리를 쟁취하려면 반부패 제도건설의 추진을 지속해야 한다. 시·현 당위원회에서 순찰제도를 구축하고, 군중주변의 부패문제를 다스리는 강도를 확대하며, 분부패 국가의 입법을 추진하고, 규율검사 감찰시스템을 망라하는 '검거하고 신고하는 플랫폼'을 건설한다. 감히 부패하지 못한다는 두려움을 강화하고, 부패할 수 없는 울타리를 단단히 묶어 부패하고 싶지 않은 자발성을 강화하고, 끊임없는 노력을 통하여 정치가 맑고 깨끗한 태평세월을 이루도록 해야 한다.

96

정치만 강해서는 안 되고,
본질적인 능력도 뛰어나야 한다

당의 19차 대회보고에서는 전 당이 전면적으로 집정능력을 강화하고, 정치만 강할 뿐 아니라 능력도 뛰어나야 한다고 호소하였다. 학습능력·정치지도능력·개혁혁신능력·과학발전능력·의법집정능력·군중업무능력·단호한 실시능력, 위험해결능력을 강화해야 한다. 이 중대한 명제는 신시대에 당 건설의 주 라인과 고도로 결합시켜, 집정사명의 장기성과 막중함을 실현하는데 대한 깊은 사고를 포함하고 있으며, 마르크스주의 집정당건설의 본질적인 요구를 심도 있게 밝혔다.

90여 년간 중국공산당은 각 방면의 뛰어난 능력단련을 통하여 중국인민을 이끌고 한발자국 한발자국씩 부국강국의 민족 부흥의 길을 걸어왔다. 「중국특색의 사회주의」는 신시대에 들어섰고, 새로운 역사적 방위에서 형성된 새로운 사상·새로운 판단·새로운 전략과 새로운 조치로 집정당의 능력건설에 대하여 새로운 과제를 제시하였으며, 더나아가 위대한 투쟁을 진행하고, 위대한 사업을 추진하며, 위대한 꿈을 실현하려면 반드시 흔들림 없이 당의 지도를 지속하고, 완벽히 하며, 흔들림 없이 당을 더욱 강하게 건설해야 한다. 이런 것은 모두 새로운 시대에 중국공산당이 새로운 기상, 새로운 성과가 있고, 끊임없이 집정능력과 지도수준을 향상하며, 신시대의 장정의 길을 분발하여 잘 갈 것을 요구하였다.

"정치만 강할 뿐 아니라 능력도 뛰어나려면" 반드시 심도 있게 신시대 당 건설의 주 라인을 장악해야 한다. 당의 19차 대회 보고는 "신시대 당의 건설이 당의 장기 집정능력건설, 선진성과 순결성건설을 강화하는 것을 주 라인으로 해야 하고, 이는 역사경험에 대한 심도 있는 총화이며, 또한 시대요구에 대한 심도 있는 파악이다."라고 했다. 중국공산당은 항상 시대의 선봉에 서야 하고, 민족의 중추가 되어야 하며, 항상 마르크스주의 집정당이 되어야 하며, 정치만 강할 뿐 아니라 능력도 뛰어나야 하고, 양자는 상부상조해야 하며, 하나라도 없어서는 안 된다고 강조하였다. 이 뚜렷한 주 라인을 둘러싸고 전 당은 더욱 자발적으로 당성 원칙을 견고히 하며, 용감하게 문제를 직면하고, 모든 당의 선진성과 순결성을 해치는 요소들을 없애며, 모든 당의 건강한 지체를 침식하는 바이러스를 없애고, 끊임없이 당의 정치지도력·사상인도력·군중조직력·사회호소력을 강화하며, 중국공산당의 영원히 왕성한 생명력과 강대한 전투력을 확보해야 한다.

"정치만 강할 뿐 아니라 능력도 뛰어나려면" 반드시 전면적으로 집정능력을 강화해야 한다. 당은 당정군민학(党政軍民學)·동서남북중(東西南北中) 모든 것을 이끌어야 한다. 신시대에 중국공산당의 역사적인 사명을 완성하려면, 반드시 능력위기·능력공황을 힘써 해결하고, 끊임없이 당의 집정능력과 지도수준을 향상시켜야 한다. 학습능력을 강화하고, 잘 배우고, 용감하게 실천하는 농후한 분위기를 힘써 만들며, 마르크스주의 학습형 정당을 건설해야 한다. 정치지도능력을 강화하고, 전략사고·혁신사고·변증사고·법치사고·마지노선사고를 지속하며, 당의 전 국면 총괄과 각 방면의 협조를 실제상황에 적용해야 한다. 개혁혁신능력을 강화하고, 단호하게 밀고 나가는 정신풍모를 유지하며, 실제와 잘 결합하여 창의적으로 업무를 밀고 나아가고, 인터넷기술과 정보화수단을 잘 운용하여 업무를 전개해야 한다. 과학발전능력을 강화하고, 새로운 발전이념을 잘 관철시키며, 끊임없이 새로운 국면을 열고 발전시켜야 한다. 의법집정능력을 강화하고, 당지도와 당 건설의 각 방면을 망라하는 당내 법규제도체계를 빠르게 형성하며, 국가정권기관에 대한 지도를 강화하고 개선해야 한다. 군중업무능력을 강화하고, 군중업무체제와 방식·방법을 혁신하며, 군중과 연결하는 교량유대작용을 발휘하고, 광범위한 인민 군중을 조직하고 동원하여, 확고부동하게 당을 따라가야 한다. 실시능력을 강화하고 단단히 붙잡으며, 진실을 말하고, 실질적인 일을 도모하고, 실효성 있는 방법을 제시하고, 실효성을 추구하는 것을 지속하며, 엄격하고 신속한 것과 오랫동안 공들이는 것을 유기적으로 결합시켜 용감하게 어려움을 극복하고 못을 박는 정신으로 각항의 업무를 실질적으로 하고, 세심하게 잘 해야 한다. 위험관리능력을 강화하고, 각 방면의 위험방어체제를 완벽히 하며, 각종 복잡한 모순을 잘 처리하고, 전진하는 길에서의 각종 어려움과 위험에 대해 용감하게 싸워 이기며, 업무의 주도권을 단단히 쥐어야 한다.

열한 번째

과학적인 사상방법과
업무방법을 견지하자

97

전략적 사고·혁신적 사고
변증적 사고·법치적 사고·마지노선적 사고

당의 19차 대회 보고에서는 "정치지도능력을 강화하고, 전략사고·혁신사고·변증사고·법치사고·마니노선 사고를 지속하며, 당의 노선방침정책을 과학적으로 제정하고, 단호하게 집행하며, 당의 전 국면총괄과 각 방면의 협조를 실제상황에 적용시켜야 한다."고 강조하였다. 이 다섯 가지 사고는 당원·간부들이 신시대에 국내외의 복잡한 형세와 집정환경에 대하여 반드시 장악해야 하는 과학적인 사상방법이며, 당원간부들이 더욱 과학적으로 문제를 인식하고 분석하고 해결하는데 유리하다. 전략사고는 전 국면적인 시각과 장기적인 안목에서 사물발전의 총체적인 추세와 방향을 파악하고 객관변증법으로 문제를 사고하고 처리하는 과학적인 사고를 가리킨다.

시진핑 총서기는 전략문제는 한 정당·한 국가의 근본적인 문제라고 하였다. 전략에서 정확하게 판단하고 과학적으로 계획하며 주도권을 잡으면 당과 인민사업은 희망이 크다. 마르크스주의 전국관·전체관을 지속하고, 전 국면에서 문제를 잘 계획하며, 장기적인 안목에서 문제를 잘 사고하고, 전체적인 사고에서 문제를 잘 파악해야 하며, 체계적인 전략계획, 뚜렷한 전략목표, 명확한 전략임무와 구체적인 전략조치를 제정해야 한다. 혁신사고는 마르크스주의를 때에 맞게 처리하고, 난관에 굴하지 않고 나아가는 개척혁신의 과학적인 사고를 가리킨다. 혁신은 한 민족이 진보하는 영혼이고, 한 국가가 흥왕하고 발전하는 끝없는 동력이며, 또한 중화민족의 제일 깊은 민족적 천성(稟賦)다. 크게는 한 국가가 세계무대에서 입지를 굳히거나 작게는 한 지방·한 기업 혁신은 모두 발전을 이끄는 첫 번째 동력이다. 오직 혁신자만이 진보하고, 혁신자만이 강해지며, 혁신자만이 승리한다.

변증사고는 유물변증법을 운용하여 사물을 관찰하고, 문제를 분석하며, 문제를 해결하는 과학적인 사고를 가리키며, 바로 모순을 인정하고, 모순을 분석하고, 모순을 해결하는 것이며, 관건을 파악하고, 중점을 정확하게 찾으며, 사물발전규율을 잘 통찰하는 능력이다.

법치사고는 법률을 시비판단과 사무 처리의 기준으로 하며, 법치를 숭배하고, 법률을 존중하며, 법률수단을 잘 운용하여 문제를 해결하고, 업무를 추진하는 것을 가리킨다. 법률은 사회행위에 대한 기본적인 구속이고, 또한 국가치리의 기본적인 방식이다. 의법치국은 당이 인민을 이끌고 국가를 치리하는 기본적인 계획과 책략이고, 법치는 치국이정의 기본적인 방식이며, 법치가 국가치리와 사회관리 중의 중요한 작용을 더욱 중요시하고 발휘하며, 전면적으로 의법치국을 추진하고, 사회주의법치국가를 빨리 건설해야 한다.

마지노선 사고는 객관적으로 최저목표를 설정하는데서 출발하여 최대기대치를 쟁취하는 과학적인 사고를 가리키며, 모든 일은 나쁜 곳에서 준비하고 제일 좋은 결과를 거두도록 노력하며, 유비무환과 문제가 생겼을 때 당황하지 않고, 주도권을 확고하게 장악해야 한다. 마지노선은 최저조건과 최저가치 기준이며 넘을 수 없는 "빨간 선"이다.

98
"4가지 의식"

당의 19차 대회보고는 "반드시 정치의식·대국의식·핵심의식·정렬의식을 강화하고, 자발적으로 당 중앙의 권위와 집중 통일된 지도를 수호하며, 자발적으로 사상적·정치적으로 행동하는 가운데서 당 중앙과 고도의 일치를 유지해야 한다."고 하였다. 당의 19차 대회에서 수정하여 통과된 새로운 당의 헌장에서도, "정치의식·대국의식·핵심의식·정렬의식을 견고하게 수립하며, 시진핑 동지를 핵심으로 하는 당 중앙의 권위와 집중 통일된 지도를 수호하며, 전 당의 단결통일과 행동일치를 보장하고, 당의 결정이 신속하고 효율적인 관철과 집행이 될 수 있도록 보장해야 한다."고 명확히 규정하였다. "4가지 의식"은 당의 18차 대회 이래 당에 대한 관리와 다스림의 소중한 경험을 총화하였고, 당의 신시대에서의 새로운 요구를 집중적으로 나타냈다.

정치의식의 강화는 전체 당원 특히 당원 고위간부들이 공산주의 이상과 신념을 확고히 하고 말끔한 정치두뇌·정확한 정치방향·확고한 정치입장을 유지케 하며, 자발적으로 당의 이상·신념·취지의 각도에서 문제를 보고, 일을 처리하며, 당에 대하여 충성하고, 초심을 잃지 않으며, 끊임없이 정치에 대한 예민성과 정치적 감별력을 강화하고, 정치규율과 정치규칙을 엄격하게 준수하며, 규율을 지키고 규칙을 지키는 것을 우선순위에 놓고, 공산당원의 정치적 본색을 영원히 유지하도록 요구하였다. 대국의식을 강화하려면, 자발적으로 대국적인 면에서 문제를 보며, 업무를 대국에 놓고 사고하고 위치를 정하며, 정확하게 대국을 인식하고, 자발적으로 대국에 복종하며, 단호하게 대국을 수호하고, 당 중앙의 결정과 조치가 뿌리를 내리도록 확보해야 한다. 전체적인 국면을 도모하지 않는 자는 한 구역을 도모할 수 없으며, 만대를 도모하지 않는 자는 한 시를 도모할 수가 없다. 정확한 대국관을 수립하려면 전략적인 고도에서 국가건설과 발전의 총체적인 추세를 잘 분석하고 깨달아야 하며, 자발적으로 대국에 복종하고, 국부와 전 국면·개인과 전체·현재와 미래의 이익관계를 정확히 처리하며, 단호하게 대국을 수호하고, 당의 단결통일을 확실하게 수호토록 해야 한다. 핵심의식을 강화하려면, 중국공산당이 「중국특색의 사회주의」 사업의 강한 지도핵심을 단호하게 옹호하고, 시진핑 총서기의 이 지도핵심을 확실하게 수호해야 한다. 어떠한 지도단체든 모두 핵심이 있어야 하고, 각급 당 조직의 응집력과 향심력을 강화해야 하며, 인민 군중을 당 조직의 주변에 긴밀하게 단결시켜 당의 지도가 강력하도록 확보하고, 각항의 사업이 건강하게 발전하도록 확보해야 한다. 정렬의식을 강화하려면, 사상적·정치적으로 행동하는 데서 시진핑 동지를 핵심으로 하는 당 중앙과 고도의 일치를 유지하고, 어떠한 시기에도 정확한 방향에서 벗어나서는 안 된다. 당의 18차 대회 이래 시진핑 동지를 핵심으로 하는 당 중앙은, 항상 나부터 시작하는 것을 지속하고, 솔선수범작용을 발휘하고, 모범이 되어 전 당을 위에서 아래를 이끌고, 층층이 정렬하는 양호한 풍조를 형성토록 해야 한다. 능동적으로 시진핑 동지를 핵심으로 하는 당 중앙에 맞추고, 당의 이론과 노선방침정책에 맞추며, 자발적으로 모든 업무를 당 중앙의 집중 통일된 지도아래 놓고, 당과 국가의 사업이 정확한 방향에 따라 큰 걸음으로 전진하도록 보장해야 한다. 자발적으로 당 중앙과 시진핑 동지에 맞추고, 과감하게 담당할 수 있는 선명한 품격을 구비하며, 성실하게 일하는 우수한 풍조를 유지하고, 언제나 인민을 위하여 복무하는 취지를 명심해야 한다.

99

10%의 기획, 90%의 실행

2013년 11월 시진핑 동지는 산동에서 시찰할 때, "원 포인트는 조치를 취하고, 9포인트는 실시해야 한다. 개혁청사진은 있으니 현재의 관건은 청사진을 한걸음씩 현실로 바꾸는 것이다."라고 하였다. 이 중요한 논술은 첫머리에서 개혁청사진을 현실로 바꾸는 변증법을 강조하였다. 우수한 문서를 제정하는 것은 만리 장정의 첫걸음일 뿐이고, 관건은 역시 실시에 있으며, 이른바 "공허한 담론은 나라를 망치고, 성실한 실행만이 나라를 흥하게 한다."는 것이다. "길이 가까울지라도 가지 않으면 이를 수 없고, 일이 사소할지라도 하지 않으면 이룰 수 없다." 조치는 전제이고, 실시는 결과이며, 조치는 수단이고, 실시는 목적이며, "9포인트 실시"는 실시가 조치의 관건임을 드러냈다. 과학적인 결정과 정책, 아름다운 청사진은 모두 실시를 통하여 실현할 수 있다. 행동으로 말하는 것은 공산당원의 우수한 전통과 선명한 품격이다. 40년 개혁 노정을 돌아봤을 때 매번 중대한 개혁이 당과 인민 사업의 전진을 밀고 나아가는 강한 동력으로 전환될 수 있는 것은, 모두 용감하고 과감한 실질적인 행동에 의한 것이다. 개혁목표를 제시할 뿐만 아니라, 분투하여 목표가 실현되게 해야 하며, 민족의 꿈을 마음껏 말할 뿐만 아니라, 실질적인 행동으로 꿈이 이루어지게 해야 한다. 바로 뒤를 돌아보지 않고, 앞으로 나아가는 실질적인 행동으로, 왕성한 실천으로 우리 당은 어려움 속에서 전진의 길을 개척하였고, 「중국특색의 사회주의」 길을 걸어 나갔다. 이것이 바로 중국공산당이 "하나의 행동이 한 무더기의 강령보다 낫다.""하지 않으면 한 치의 마르크스주의도 없다."고 거듭 강조하는 이유이다.

만약 조치하는 것이 1점의 힘이 필요하다면, 실시는 9점의 노력이 필요하다. 실시하지 않으면 아무리 좋은 청사진도 한 장의 휴지조각이고, 아무리 아름다운 숙원도 신기루이며, 아무리 가까운 목표도 거울 속에 꽃이고, 물속에 달이다. 관망하고, 기다리고, 움직이지 않고, 중점적으로 단계적으로 질서 있게 당의 19차 대회 정신의 실시와 추진을 잘 잡지 않고, 질서정연하게 각항 개혁의 구체적인 조치·구체적인 계획·구체적인 요구를 잘 잡지 않으면, 개혁청사진은 "그림의 떡"이 될 것이며, 인민의 소원은 물거품이 되고, 발전의 기회는 잃게 되며, 우리는 역사에 부끄럽고 미래에 부끄럽게 될 것이다.

임무가 확정되면 한걸음 한걸음씩 차근차근 확실하게 앞으로 나아가야 하며, "기다리고, 의지하고, 바라고""평범하고, 게으르고, 느슨한" 사상과 풍조를 버리고, 자신의 실제상황과 결합하여 먼저 행하고, 먼저 테스트하며, 말하면 바로 행하고, 한번 물으면 놓지 않으며, 밟으면 발자국을 남기면서 실시하고, 작은 승리를 누적하여 큰 승리가 되게 하고, 천리 길도 한걸음으로 시작하며 각항 업무의 임무를 틀림없이 완성해야 한다.

중앙의 중대한 개혁조치의 세부화와 실시를 잘 장악하려면, 시진핑 총서기가 요구한 것에 따라 정확하게 개혁을 추진하고, 확실하게 개혁을 추진하며, 질서 있게 개혁을 추진하고, 조화롭게 개혁을 추진하며, 자발적으로 당 중앙의 국정방침의 통일성·엄숙성을 수호하는 것과 상황에 맞게 주관적인 능동성을 충분히 발휘하는 것을 잘 결합시켜야 한다. 실시하는 것을 엄격하게 실천하고 분발하면 우리는 반드시 청사진을 현실이 되게 할 수 있을 것이다.

100

소매를 걷어붙이고
열심히 일하자

2017년 제야에 시진핑 주석은 중국국제방송·중앙인민방송·중앙방송·중국국제 텔레비전방송과 인터넷을 통하여 2017년 새해축사를 발표하였다. 그는 전국 인민에게, "위아래 모두가 원하는 바가 같을 때만 승리할 수 있습니다. 우리 13여 억 인민이 마음을 합쳐 난관을 극복하고, 중국공산당이 영원히 인민과 함께 하며, 모두가 소매를 걷고 열심히 일한다면, 우리는 기필코 우리 세대의 장정의 길을 잘 걸어갈수 있습니다."라고 호소하였다. "소매를 걷고 열심히 일합시다."이 소박하지만 열정 넘치는 말은 사람의 마음을 저격하는 힘이 되어 신속하게 정치 핫 키워드가 되었으며, 또한 인터넷에서 확산되었다.

"소매를 걷고 열심히 일하려면" 당 중앙의 정확한 지도아래서 전국의 모든 인민이 한마음 한뜻으로 협력하고 일치단결하여 중화민족의 위대한 부흥인「중국의 꿈」을 실현하도록 웅대한 힘을 모으고, 이기적인 생각을 버리며, 열심히 일하고 창업해야 한다. 당의 18차 대회 이래 시진핑 동지를 핵심으로 하는 당 중앙의 지도하에서, 중국은 세계가 주목하는 성과를 거두었으며, 중화민족은 일어서는 것에서 부강해지는 것으로, 부강해지는 것에서 강해지는 역사적인 변혁을 실현하였다. 우리는 중화민족의 위대한 부흥의 꿈을 실현하는데, 거리가 이처럼 가까운 적이 없다. 하지만 "백리를 가려는 사람은 90리를 반으로 잡는다."는 말처럼 목표에 가까울수록 더욱 태만해서는 안 되며, 더욱 갑절로 노력해야 한다. 시진핑 총서기는 당의 19차 대회보고에서, "중화민족의 위대한 부흥은 절대로 가볍게 북을 치면서 실현할 수 있는 게 아니다. 전 당은 반드시 더욱 힘들고, 더욱 험난한 노력을 할 준비가 되어 있어야 한다."고 전 당에 경고하였다. 만약 행동으로 옮기지 않으면, 아무리 아름다운 꿈이라도 현실이 되게 할 수 없다. 이는 우리의 위아래가 원하는 바가 같고, 과감하게 담당하며, 항상 인민군중과 함께 해야 하고, 영원히 태만하지 않는 정신상태와 뒤를 돌아보지 않고 앞으로 나아가는 분투자세로 전국인민을 한마음으로 단결시키고, 열심히 일하는 웅대한 힘을 모아 사회주의 현대화 건설의 웅장한 장을 열어가야 한다. 공허한 담론은 나라를 망치고, 성실한 실행만이 나라를 흥하게 한다. 소매를 걷고 열심히 일하는 실질은 실천정신이다. 이것은 중화민족의 우수한 품성의 생동적인 체현이며, 또한 중국공산당의 우수한 전통과 풍조의 생동적인 연출이다. 수백 년 동안 "대우치수"와 "우공이산"을 통해 "죽을 때까지 나라를 위하여 온힘을 다하는 것"과 "사람은 언제나 정신이 있어야 하는 것"을 알아야 한다고 일깨웠던 것은, 스스로 힘써 몸과 마음을 다하고, 열심히 일하는 귀한 정신이며, 중화민족의 큰일을 위하여 치욕을 참고 성실히 일하여 나라를 흥하게 하는 우수한 품성을 가져야 한다는 것을 가르치기 위함이었다. 등소평은 "세계상의 일은 모두 행동으로 해낸 것이며, 하지 않으면 조금의 마르크스주의도 없다."고 하였다. 사람은 정신이 없으면 설 수가 없고, 나라도 정신이 없으면 강해질 수가 없는 것이다. 중국공산당의 혁명·건설·개혁의 여정을 돌아보았을 때, 변화하는 것은 시공(時空)과 방위(方位)일 뿐이고, 변하지 않는 것은 공산당원이 소매를 걷고 성실하게 일하는 정신이라는 것을 알 수 있었다.

소매를 걷고 열심히 일하는 것은 전국인민에 대한 강한 호소일 뿐만 아니라, 나아가 당원·간부에 대한 시대적인 요구이다. 2020년까지 전면적인 샤오캉사회 건설의 책임은 중대하고, 시간은 긴박하며, 임무는 어려우므로 전 당이 사명감과 긴박감을 확실하게 강화하고, 열심히 일하며, 단호하게 추진하고, 착실하게 일하며, 엄격하게 실시하고, 분발하는 정신 상태와 성실하게 일하는 업무풍조, 그리고 진실하게 일하는 업무태도로써 전면적인 샤오캉사회 건설의 실천에 헌신토록 해야 할 것이다. 당과 국가의 각항 업무의 새로운 국면을 열심히 개척하고, 당과 인민에게 만족하는 답안지를 제출해야 한다. 당원·고위간부는 항상 일과 창업을 우선순위에 놓고 사업을 산처럼 무겁게 여기고, 명리를 물처럼 가볍게 여기며, 온 힘을 다하여 일하고, 근면하게 일해야 하며, 백배의 자신감·백배의 열정·백배의 지혜로 대담하게 탐색하고, 끊임없이 혁신하여「중국특색의 사회주의」사업의 새로운 승리를 쟁취해야 할 것이다.

후기

　당의 18차 대회 이래 시진핑 총서기는 비범한 정치적 지혜, 완강한 의지가 있는 성품, 강력한 역사에 대한 책임의식으로 전당과 전국의 각 소수민족을 단결하고 이끌어 수많은 새로운 역사적 특징이 있는 위대한 투쟁을 진행하였고, 개혁개방과 사회주의 현대화 건설이 새로운 중대한 성과를 거두도록 추진해 나아갔으며, 당과 국가사업이 전면적으로 새로운 국면을 열고, 역사적인 변혁이 발생하도록 추진해 나아갔고, 전당·전군·전국 각 소수민족으로부터 고도의 평가와 진심어린 존경을 받았으며, 당 중앙의 핵심과 전 당의 핵심이 되었다.

　전당과 전국을 이끌고, 당과 국가사업을 추진하는 실천과정에서 시진핑 총서기는 마르크스주의 정치가·이론가의 깊은 통찰력과 예민한 판단력, 그리고 전략적인 정력으로 사상을 무장하고 실사구시 했으며, 시대와 더불어 나아가고, 진리와 실효를 추구하며 새로운 시대 조건과 실천요구에 긴밀히 결합하여 일련의 혁신적인 의미를 지닌 새로운 이념·새로운 사상·새로운 전략을 제시하였으며, 시진핑 신시대에「중국특색의 사회주의」사상을 형성시켰고, 전당과 전국의 인민이 중화민족의 위대한 부흥을 실현하기 위하여 분투하는 행동지침이 되었다. 시진핑 신시대에「중국특색의 사회주의」사상은 그 내포하고 있는 뜻이 풍부하고, 특색이 선명하며 "인민의 아름다운 삶에 대한 추구는 바로 우리의 분투목표이다." "중화민족의 위대한 부흥 목표인

「중국의 꿈」 "쇠를 두드리려면 반드시 자신이 먼저 강해야 한다." "권력을 제도의 틀 안에 가둬야 한다"는 이런 고전적인 서술은 친화력과 감화력이 있을 뿐만 아니라, 또한 침투력과 충격력이 있으며, 매우 강한 역사적 무게감이 있을 뿐만 아니라, 또한 독특한 현실적인 심오함도 있으며, 귀에 들어오고, 머리에 들어오고, 마음에 들어오고, 마음을 빼앗으며, 이성의 빛이 반짝거리고, 소박·화평·침착·냉정·민첩하고 화합하는 풍격을 드러냈으며, 신속하게 현재 유행하는 핫 키워드가 되었다. 이 하나하나의 관건적인 단어가 나타낸 것은 시진핑 동지를 핵심으로 하는 당 중앙의 치국이징의 이론과 실천혁신이며, 중국의 미래 발전전략을 배우고 깨닫는 중요한 열쇠가 되었다. 우리는 고도의 사명감과 책임감을 가지고 체계적으로 심도 있게 학습하고, 시진핑 신시대에는 「중국특색의 사회주의」 사상으로 두뇌를 무장하고, 실천을 지도하고, 업무를 추진하여 신시대에는 「중국특색의 사회주의」 위대한 승리를 거두어야 한다.

이 책은 국방 정치학원 송옌리(宋艷麗), 후레이(胡磊), 천샤오밍(陳小明) 동지가 집필하였고, 홍바오시우(洪保秀) 교수가 적극적으로 지도하고 도와주었다. 시간이 촉박하고, 지면의 한정으로 인해 이 책은 분석함이 치밀하지 못하고, 논술력이 약한 점 등 단점과 부족함이 많으므로 독자들의 지도편달을 부탁한다.

편집자 일동